电工电子技术实验

主 编 李世荣
副主编 岳开华 叶 青 自兴发
　　　　彭跃红 王新春

北京理工大学出版社
BEIJING INSTITUTE OF TECHNOLOGY PRESS

内 容 简 介

为了适应电子技术的最新发展，满足应用型人才培养的需求，本教材总结了作者多年教学实践经验，在原使用的电工学实验讲义、电子技术基础实验讲义等基础上，结合教学实践和改革成果编写而成。

实验内容的安排遵循由浅入深、由易到难的规律。本教材分为 4 部分：第一部分为基础实验，安排了电路仿真软件 Multisim 基础、电路仿真软件 Multisim 的使用——共射极单管放大电路的仿真等 4 个实验；第二部分为电工学实验，安排了基尔霍夫定律的验证、功率因数的提高等 10 个实验；第三部分为模拟电路实验，安排了晶体管共射极单管放大器实验、晶体管两级放大器等 17 个实验；第四部分为数字电路实验，安排了门电路逻辑功能验证及参数测试、译码器及其应用等 9 个实验。

本教材可以作为"电工学""电工电子技术""模拟电路""电子技术基础"及相关课程的实验教材。

版权专有　侵权必究

图书在版编目（CIP）数据

电工电子技术实验 / 李世荣主编. -- 北京 ：北京理工大学出版社, 2025.2.
ISBN 978-7-5763-5159-0

Ⅰ. TM-33;TN-33

中国国家版本馆 CIP 数据核字第 2025KK1241 号

责任编辑：张鑫星	**文案编辑**：张鑫星
责任校对：刘亚男	**责任印制**：李志强

出版发行 / 北京理工大学出版社有限责任公司
社　　址 / 北京市丰台区四合庄路 6 号
邮　　编 / 100070
电　　话 /（010）68914026（教材售后服务热线）
　　　　　（010）63726648（课件资源服务热线）
网　　址 / http://www.bitpress.com.cn

版 印 次 / 2025 年 2 月第 1 版第 1 次印刷
印　　刷 / 涿州市京南印刷厂
开　　本 / 787 mm×1092 mm　1/16
印　　张 / 14.5
字　　数 / 345 千字
定　　价 / 68.00 元

图书出现印装质量问题，请拨打售后服务热线，负责调换

前　　言

"电工电子技术实验"是物理专业和相关工科专业实验实践环节的一个重要组成部分。通过对该课程的学习，学生能够巩固并加深对基础理论知识的理解，提高动手能力和创新能力、分析问题、解决问题的能力，养成严谨的工作作风，以适应社会发展的要求。

本教材根据"电工学""电工电子技术""模拟电路""电子技术基础"等课程大纲对课程实验实践教学的要求，对各门课程实验内容进行精选、优化和整合，编写了40个实验。每个实验主要包含实验目的、实验原理、实验器材、实验内容及操作、实验报告等部分。

本教材改革了实验原理，淡化了电路原理，增加了实验测量原理，便于学生了解要做什么、怎么去做，并培养其进行实验设计、实验验证的能力，为学生今后从事相关工作和研究奠定基础。

本教材在基础实验部分安排了两个电路仿真软件使用的实验，将实物实验与虚拟仿真实验有机地结合起来，对后续实验可以先仿真再实验，或者通过仿真进行实验设计，大大丰富了实验方法和内容，培养和提高学生的实践动手能力与工程设计能力。

本教材具有普适性和针对性。实验目的、实验原理按相关课程的教学大纲编写，适合在所有实验器材和设备上使用。实验内容及操作部分具有一定的针对性：电工学实验主要针对 DGJ-2 型电工技术实验台；模拟电路实验主要针对 TDX-AS 模拟电路实验箱；数字电路实验可在目前主流的数字电路实验箱上使用。

本教材内容丰富，涵盖了"电工电子技术"等课程的典型实验，可作为物理专业的"电工学实验""电子技术基础实验"以及电气工程及自动化、电子信息科学与技术、新能源科学与工程等工科专业的"模拟电路实验""电工电子技术实验"等相关课程的实验教材，也可以作为高职高专学校相关课程的实验教材。在实际使用中，教师可以根据具体课程要求对内容进行适当调整，针对不同的教学对象选择不同的实验教学内容，从而因材施教。

本教材基于楚雄师范学院电工电子技术教研室各位教师多年教学经验积累，不断完善而成。参与编写工作的有李世荣、岳开华、叶青、自兴发、彭跃红、王新春，全书由李世荣统稿。在编写过程中，得到楚雄师范学院李雷教授等的大力支持和帮助，在此一并表示衷心的感谢！

由于编者水平有限，书中难免有不妥之处，殷切希望使用本教材的广大读者提出改进意见。

编　者

目　录

绪　论 ……………………………………………………………………………………… 1

第一部分　基础实验 ……………………………………………………………………… 13
   实验一　电路仿真软件 Multisim 基础 ………………………………………………… 15
   实验二　电路仿真软件 Multisim 的使用——共射极单管放大电路的仿真 ………… 43
   实验三　常用电子元器件的识别与判断 ……………………………………………… 48
   实验四　模拟电路实验系统的使用 …………………………………………………… 55

第二部分　电工学实验 …………………………………………………………………… 65
   实验五　基尔霍夫定律的验证 ………………………………………………………… 67
   实验六　叠加原理的验证 ……………………………………………………………… 70
   实验七　戴维南定理和诺顿定理的验证——有源二端网络等效参数的测定 ……… 73
   实验八　最大功率传输条件测定 ……………………………………………………… 78
   实验九　RC 一阶电路的响应测试 …………………………………………………… 81
   实验十　R、L、C 元件阻抗特性的测定 …………………………………………… 84
   实验十一　功率因数的提高 …………………………………………………………… 86
   实验十二　三相负载电路研究 ………………………………………………………… 90
   实验十三　三相鼠笼式异步电动机 …………………………………………………… 93
   实验十四　三相鼠笼式异步电动机的继电接触控制 ………………………………… 98

第三部分　模拟电路实验 ………………………………………………………………… 101
   实验十五　晶体管共射极单管放大器实验 …………………………………………… 103
   实验十六　晶体管两级放大器 ………………………………………………………… 110
   实验十七　射极跟随器 ………………………………………………………………… 114
   实验十八　负反馈放大器 ……………………………………………………………… 118
   实验十九　差动放大器 ………………………………………………………………… 122
   实验二十　场效应管放大器 …………………………………………………………… 127
   实验二十一　集成运算放大器的基本应用——模拟运算电路 ……………………… 131
   实验二十二　集成运算放大器的基本应用——波形发生器 ………………………… 135
   实验二十三　集成运算放大器的基本应用——电压比较器 ………………………… 140
   实验二十四　有源滤波器 ……………………………………………………………… 144
   实验二十五　低频功率放大器——OTL 功率放大器 ………………………………… 150
   实验二十六　低频功率放大器——集成功率放大器 ………………………………… 155

实验二十七　直流稳压电源——晶体管稳压电源……………………………… 158
　　实验二十八　直流稳压电源——集成稳压电源…………………………………… 166
　　实验二十九　RC 正弦波振荡电路……………………………………………………… 169
　　实验三十　　LC 正弦波振荡电路……………………………………………………… 171
　　实验三十一　超外差收音机的组装与调试…………………………………………… 173

第四部分　数字电路实验 ……………………………………………………………… 179
　　实验三十二　门电路逻辑功能验证及参数测试……………………………………… 181
　　实验三十三　半加器和全加器………………………………………………………… 186
　　实验三十四　译码器及其应用………………………………………………………… 189
　　实验三十五　数码管显示实验………………………………………………………… 194
　　实验三十六　编码器及其应用………………………………………………………… 200
　　实验三十七　数据选择器及其应用…………………………………………………… 204
　　实验三十八　锁存器和触发器及其应用……………………………………………… 208
　　实验三十九　计数器及其应用………………………………………………………… 213
　　实验四十　　555 定时器及其应用…………………………………………………… 219

参考文献 ………………………………………………………………………………… 224

绪 论

第一节 电工电子技术实验的基本要求

电工电子技术实验课是一门着重培养学生掌握电工电子技术实验基本技能以及应用电工电子技术基础理论分析解决实际问题能力的技术基础课。

一、电工电子技术实验课的目的和要求

（1）本实验课是电工电子技术教学中的实践环节，目的是进行电工电子技术实验实践基本技能的训练。通过该实验，学会使用各种常见的电工电子技术仪器仪表以及常用的实验设备，能按电路图正确接线，认真观察实验现象，正确处理实验数据，分析实验结果，写出实验报告，并学会简单实验的设计和操作。

（2）理论联系实际，培养分析和解决实际问题的能力，巩固和加深新学到的基础理论知识。

（3）学会常用电工电子技术仪器仪表的选用、使用方法及测量方法。

（4）培养实事求是、严肃认真的科学作风和良好的实验习惯。

（5）培养安全用电、爱护公物的良好习惯，团结互助的优良品德。

二、开展实验课的主要步骤

1. 预习

在实验前要认真阅读实验指导书，复习有关理论，明确实验目的，了解实验原理、电路结构、方法和步骤，看懂（或自行绘制）实验电路图，搞清仪器仪表的使用方法，对实验中要观察哪些现象、记录哪些数据及注意事项做到心中有数，并备好记录表。

2. 实施实验

1）准备工作

到实验室后，应先认真听取指导老师对本次实验的说明、要求及注意事项，然后到指定的桌位做好以下准备工作：

清点仪器仪表是否齐全完好，并了解它们的使用方法。做好本组的接线、操作、记录、监护等工作的分工。

2）连接实验线路

在断开电源的情况下按实验电路接线。接线是很重要的一步，往往实验成败、短路事故、电路损坏、仪表反偏、设备损坏，都由这一步的错误操作造成。一般先连接主要的串联电路，再连接分支电路。连接要牢靠，所有仪器仪表的布局及布线，要尽量做到安全、方便、整齐和减少相互影响。接线完成后，同组同学进行互检，确认无误，报告指导老师复

检。严禁未检查就接通电源。

3）接通实验电源

接通电源时要眼观全局，注意观察仪器仪表有无异常，若有异常，立即切断电源，查出原因，排除故障，方可进行实验。

4）操作、观察、读取数据

操作前要做到心中有数，目的明确。操作要胆大心细，并同时认真观察实验现象。实验现象、数据应正确、完整，并认真做好记录，这是实验的原始数据。认真审查数据，是否正确、有无遗漏，若有，及时补正。所测数据最后要经指导老师审查。

5）扫尾工作

完成规定的全部实验项目，审查数据、实验现象，完成后方可拆线。做好仪器仪表、实验器材整理工作。经指导老师检查后方可离开实验室。

三、编写实验报告

实验报告是对实验工作的全面总结，要用简明的形式将实验情况完整、真实地表达出来。实验报告应字迹端正、图表清晰、分析合理、讨论深入、结果正确，实事求是地写出实验报告。

完整的实验报告一般应包括以下内容：

（1）实验名称，以及日期、班级、组别、实验者的姓名和学号。

（2）实验目的。

（3）实验器材：仪器仪表的名称、型号、主要规格和编号。

（4）实验任务、实验原理、实验电路图和实验步骤。

（5）实验数据图表：分析计算、曲线图、矢量图。

（6）实验结论、问题讨论、心得体会、改正意见、建议等。

四、严格遵守实验室守则、安全规则

1. 实验室守则

（1）实验前必须认真按要求预习，没有预习不准进入实验室。

（2）进入实验室后应认真检查桌子上的仪器仪表和材料，检查无误后请在实验记录卡上签上班级和姓名。若发现缺少和损坏，应及时报告指导老师调换。

（3）实验时必须认真，不能大声喧哗，不能串位，实验必须独立完成。

（4）实验课不得无故迟到、早退和缺席，有事必须向指导老师请假，否则按旷课论处，且本实验按零分记载，不得补做。

（5）未经指导老师许可，不准随便拿用其他桌子上的器材和仪器仪表。

（6）未经指导老师许可不准通电，以防损坏仪器仪表及发生伤亡事故。

（7）实验结束整理好仪器仪表，请指导老师检查无误签字后才能离开，否则发现短缺和损坏，由学生负责。

（8）实验时要爱护公物，损坏实验设备，照价赔偿。

2. 安全规则

（1）进行实验时要严肃认真，不得做与规定实验无关的事。

（2）对实验仪器仪表、器材等设备在未弄清其使用方法之前不得使用。使用时要轻拿轻放、放置稳妥。不得拆卸仪器仪表。对于因使用不当造成的损坏，应按有关规定处理。

(3) 实验线路接好后,应经过认真检查并通知全组人员后,方可接通电源。

(4) 实验中不得触摸带电部分,改接线路及拆线时应断开电源,电容放电后才能进行。

(5) 每次实验都应认真观察,确认无误后,方可正式进行测试。一旦发生异常,应立即切断电源,报告指导老师,查找原因,待故障排除后重新接通电源。

(6) 实验完毕后应随即切断电源。

为了确保人身安全及仪器仪表安全,必须认真遵守本规则。

第二节 基本电工仪表的使用及测量误差

一、仪表内阻

为了准确地测量电路中实际的电压和电流,必须保证仪表接入电路后不会改变被测电路的工作状态。理论上电压表的内阻为无穷大,电流表的内阻为零,而实际使用的仪表都不能满足上述要求。因此,测量仪表一旦接入电路,就会改变电路原有的工作状态,这就导致仪表的读数值与电路原有的实际值之间出现误差。误差的大小与仪表本身内阻的大小密切相关。只要测出仪表的内阻,即可计算出由其产生的测量误差。以下介绍几种测量指针式仪表内阻的方法。

1. 用"分流法"测量电流表的内阻

如图 0-1 所示,A 为被测内阻(R_A)的直流电流表。测量时先断开开关 S,调节电源的输出电流 I,使电流表 A 的指针满偏转。然后合上开关 S,并保持 I 值不变,调节电阻箱 R_B 的阻值,使电流表 A 的指针指在 1/2 满偏转位置,此时有

$$I_A = I_S = I/2$$

所以

$$R_A = R_B // R_1$$

式中,R_1 为固定电阻器的值;R_B 可从电阻箱的刻度盘上读得。

2. 用"分压法"测量电压表的内阻

如图 0-2 所示,V 为被测内阻(R_V)的电压表。测量时先将开关 S 闭合,调节直流稳压电源的输出电压,使电压表 V 的指针满偏转。然后断开开关 S,调节电阻箱 R_B 的阻值,使电压表 V 的指示值减半,此时有

$$R_V = R_B + R_1$$

电压表的灵敏度为

$$S = R_V/U (\Omega/V)$$

式中,U 为电压表满偏时的电压值。

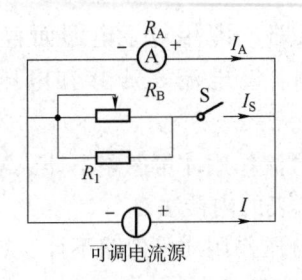

图 0-1 测量电流表的内阻　　图 0-2 测量电压表的内阻

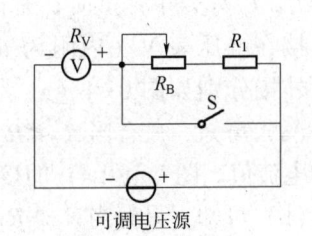

二、仪表内阻引起的测量误差

仪表内阻引起的测量误差称为方法误差，而仪表本身结构引起的误差称为仪表基本误差。这里讨论方法误差。

以图 0-3 所示电路为例，先讨论接入内阻为 R_V 的电压表后引起的测量误差。

R_1 上的电压为 $U_{AB} = \dfrac{R_1}{R_1+R_2}U$，若 $R_1 = R_2$，则 $U_{AB} = \dfrac{1}{2}U$。

现用一内阻为 R_V 的电压表来测量 R_1 上的电压，当 R_V 与 R_1 并联后，$R_{AB} = \dfrac{R_1 R_V}{R_1+R_V}$。用 R_{AB} 代替 R_1，则

$$U'_{AB} = \dfrac{\dfrac{R_1 R_V}{R_1+R_V}}{\dfrac{R_1 R_V}{R_1+R_V}+R_2}U$$

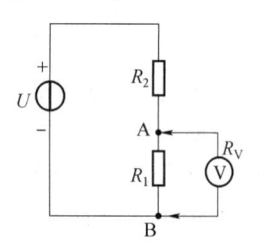

绝对误差为

$$\Delta U = U'_{AB} - U_{AB}$$

图 0-3 电压表接入误差

化简后得

$$\Delta U = \dfrac{-R_1^2 R_2 U}{R_V(R_1^2+2R_1R_2+R_2^2)+R_1R_2(R_1+R_2)}$$

若 $R_1 = R_2 = R_V$，则得

$$\Delta U = -U/6$$

相对误差

$$\sigma = \dfrac{\Delta U}{U_{AB}} \times 100\% = \dfrac{-\dfrac{U}{6}}{\dfrac{U}{2}} \times 100\% = -33.3\%$$

由此可见，当电压表的内阻与被测电路的电阻相近时，测量的误差是非常大的。

同理，可推导接入内阻为 R_A 的电流表后引起的测量误差。

三、减小仪表内阻引起的测量误差的方法

1. 电流表内接和外接

伏安法测量电阻的原理为：测出流过被测电阻 R_X 的电流 I_R 及其两端的电压降 U_R，则其阻值 $R_X = U_R/I_R$。实际测量时，有两种测量线路，即相对于电源而言：①电流表 A（内阻为 R_A）接在电压表 V（内阻为 R_V）的内侧；②电流表 A 接在电压表 V 的外侧。电流表内接和外接分别如图 0-4（a）、（b）所示。

由图 0-4（a）可知，只有当 $R_X \ll R_V$ 时，R_V 的分流作用才可忽略不计，A 的读数接近于实际流过 R_X 的电流值。图 0-4（a）的接法称为电流表的内接法。

由图 0-4（b）可知，只有当 $R_X \gg R_A$ 时，R_A 的分压作用才可忽略不计，V 的读数接近于 R_X 两端的电压值。图 0-4（b）的接法称为电流表的外接法。

实际应用时，应根据不同情况选用合适的测量线路，才能获得较准确的测量结果。

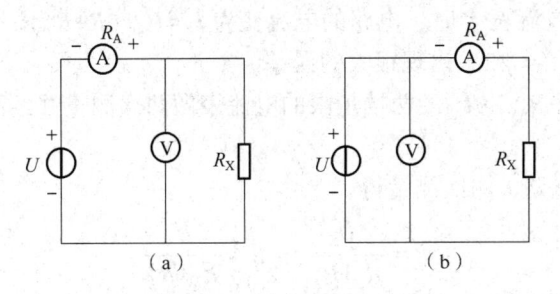

图 0-4 电流表内接和外接

(a) 电流表内接；(b) 电流表外接

例 在图 0-4 中，设 $U=20\text{ V}$，$R_\text{A}=100\text{ }\Omega$，$R_\text{V}=20\text{ k}\Omega$。假定 R_X 的实际值为 $10\text{ k}\Omega$。

如果采用图 0-4（a）所示电路测量，经计算，A、V 的读数分别为 2.96 mA 和 19.73 V，故 $R_\text{X}=19.73\div2.96\approx6.666$（$\text{k}\Omega$），相对误差为 $(6.666-10)\div10\times100\%\approx-33.3\%$。

如果采用图 0-4（b）所示电路测量，经计算，A、V 的读数分别为 1.98 mA 和 20 V，故 $R_\text{X}=20\div1.98\approx10.1$（$\text{k}\Omega$），相对误差为 $(10.1-10)\div10\times100\%=1\%$。

可见，对于同一电路，采用电流表的内接法和电流表的外接法测量误差存在较大的差别，实际测量中要根据具体情况选择恰当的方法。

2. 不同量限两次测量计算法

同一电表在不同量限时内阻不同，引起的测量误差也不同。当电压表的内阻不是太大（电压表的灵敏度不够高）或电流表的内阻太大时，可利用多量限仪表对同一被测量值用不同量限进行两次测量，用所得读数经计算后可得到较准确的结果。

如图 0-5 所示电路，欲测量电动势为 U_S、内阻 R_o 较大的电压源的开路电压 U_OC 时，如果所用电压表的内阻 R_V 与 R_o 相差不大，将会产生很大的测量误差。

设电压表有两挡量限，U_1、U_2 分别为在这两个不同量限下测得的电压值，令 R_V1 和 R_V2 分别为这两个相应量限的内阻，则由图 0-5 可得出

$$U_1=\frac{R_\text{V1}U_\text{S}}{R_\text{o}+R_\text{V1}},\quad U_2=\frac{R_\text{V2}U_\text{S}}{R_\text{o}+R_\text{V2}}$$

由以上两式可解得 U_S 和 R_o，其中 U_S（即 U_OC）为

$$U_\text{S}=\frac{(R_\text{V2}-R_\text{V1})U_1U_2}{U_1R_\text{V2}-U_2R_\text{V1}}$$

由上式可知，当电源内阻 R_o 与电压表的内阻 R_V 相差不大时，通过上述两次测量结果，即可计算出开路电压 U_OC 的大小，且其准确度要比单次测量好得多。

对于电流表，当其内阻较大时，也可用类似的方法测得较准确的结果。如图 0-6 所示电路，不接入电流表时的电流为

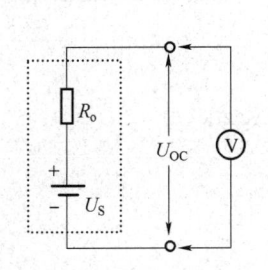

$$I=U_\text{S}/R$$

图 0-5 测量开路电压 U_o

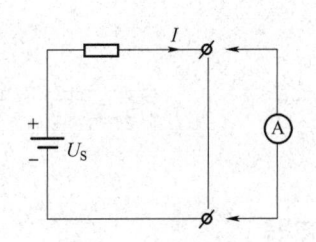

图 0-6 测量电流 I

接入内阻为 R_A 的电流表 A 时，电路的电流变为 $I'=U_S/(R+R_A)$。

例如，$R_A=R$，则 $I'=I/2$，出现很大的误差。

如果用有不同内阻 R_{A1}、R_{A2} 的两挡量限的电流表做两次测量并经简单计算就可得到较准确的电流值。

按图 0-6 所示的电路，两次测量得

$$I_1 = \frac{U'_S}{R_o+R_{A1}}, \quad I_2 = \frac{U_S}{R_o+R_{A2}}$$

由以上两式可解得 U_S 和 R，进而可得 $I = \dfrac{(R_{A2}-R_{A1})\,I_1 I_2}{I_1 R_{A1}-I_2 R_{A2}}$。

3. 同一量限两次测量计算法

当电压表（或电流表）只有一挡量限，且电压表的内阻较小（或电流表的内阻较大）时，可用同一量限两次测量法减小测量误差。其中，第一次测量与一般的测量并无两样。第二次测量时必须在电路中接入一个已知阻值的附加电阻。

（1）电压测量——测量如图 0-7 所示电路的开路电压 U_{OC}。

设电压表的内阻为 R_V。第一次测量，电压表的读数为 U_1。第二次测量时应与电压表串接一个已知阻值的电阻 R，电压表读数为 U_2。由图 0-7 可知

$$U_1 = \frac{R_V U_S}{R_o+R_V}, \quad U_2 = \frac{R_V U_S}{R_o+R+R_V}$$

由以上两式可解得 U_S 和 R_o，其中 U_S（即 U_{OC}）为

$$U_S = \frac{R U_1 U_2}{R_V (U_1-U_2)}$$

（2）电流测量——测量电路类似图 0-7。

设电流表的内阻为 R_A。第一次测量电流表的读数为 I_1。第二次测量时应与电流表串接一个已知阻值的电阻 R，电流表读数为 I_2。由图 0-7 可知

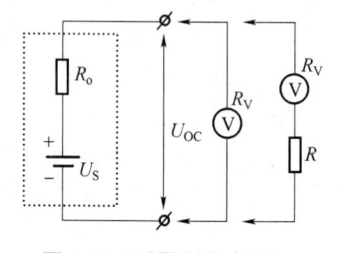

图 0-7　测量开路电压 U_o

$$I_1 = \frac{U_S}{R_o+R_A}, \quad I_2 = \frac{U_S}{R_o+R+R_A}$$

由以上两式可解得 U_S 和 R_o，从而可得

$$I = \frac{R I_1 I_2}{I_2(R_A+R)-I_1 R_A}$$

由以上分析可知，当所用仪表的内阻与被测线路的电阻相差不大时，采用多量限仪表不同量限两次测量法或单量限仪表两次测量法，通过计算就可得到比单次测量准确得多的结果。

第三节　常用电子仪器介绍

一、示波器

示波器是一种常用的电子测量仪器，它是利用电子示波管的特性，将人眼无法直接观测

的交变电信号转换为图像，显示在荧光屏上以便测量的电子测量仪器。它是观察电路实验现象、分析实验中的问题、测量实验结果必不可少的重要仪器。

示波器可用来测量信号的幅度、频率、周期、信号的上升沿/下降沿、信号的过冲、信号的占空比、信号的噪声、信号间的时序关系等。

示波器一般分为模拟示波器和数字示波器。模拟示波器使用电子枪扫描示波器的屏幕，偏转电压使电子束从上到下均匀扫描，将波形显示到屏幕上，它的优点在于实时显示图像。模拟示波器由示波管和电源系统、同步系统、X轴偏转系统、Y轴偏转系统、延迟扫描系统、标准信号源组成。数字示波器对波形进行采样，并用A/D转换器将模拟图像转换为数字波形，最后将波形重现到屏幕上。

示波器的主要功能：

1. 显示波形

示波器作为一种测试仪器，最主要的功能是显示电信号的波形。一般来说，示波器可以显示出电压随时间变化的波形，从而让我们能够清晰地观察电路中各信号的变化情况。

2. 测量电压

示波器还可以用来测量电压，通过示波器的刻度调节，可以测量出电路中信号的幅值、峰-峰值、有效值等指标。

3. 测量时间

示波器的另一个重要功能是测量时间量。利用示波器可以快速测量电路中信号的频率、周期，信号的上升沿/下降沿，信号的占空比等。

4. 测量相位

示波器还可以测量电路中信号的相位差，帮助我们分析电路中各个信号之间的关系，从而更好地进行电路分析和故障诊断。

5. 触发

示波器除了可以查看和测量信号之外，还可以设置触发条件来捕捉指定的信号，从而更好地观察信号波形。

二、函数信号发生器

函数信号发生器是一种可以提供精密信号源的仪器，也就是俗称的波形发生器。信号发生器是一种多波形的信号源，用于产生实验和研究中所需要的波形信号，如产生正弦波、方波、三角波、锯齿波及脉冲波等多种波形的信号。

函数信号发生器的主要功能包括：

1. 调节频率

函数信号发生器提供一定范围的频率调节，如几 Hz 到几 GHz，我们可以通过调整仪器上的频率控制按钮或旋钮，选择所需的信号频率。

2. 调节幅度

函数信号发生器允许我们调节输出信号的幅度大小，这可以通过仪器上的幅度控制按钮或旋钮来实现。

3. 选择波形类型

函数信号发生器可以提供多种波形信号，如正弦波、方波、锯齿波等，我们可以选择所需的波形类型。有些函数信号发生器还支持产生噪声信号。

4. 调节相位

有些函数信号发生器允许我们调节输出信号的相位，以便研究电路系统与相位的关系，或者实现与其他设备、系统的同步。

三、万用表

万用表是电子测量技术领域中最早出现的一种仪表，是电工电子技术领域中不可缺少的测量仪表，一般以测量电压、电流和电阻为主要目的。早期以测量电压、电流、电阻三大参量为主，所以也称三用表。随着测量技术的发展，万用表的功能也得到扩展，还可以对交流电流、电容、电感及半导体三极管的穿透电流和直流电流放大倍数等许多电参量进行直接测量。对于每一种电参量，一般都有几个量程，又称多用电表（简称多用表）。万用表具有用途广泛、操作简单、携带方便、价格低廉等优点。

万用表种类繁多，按其测量原理及测量结果的显示方式可分为模拟式万用表（指针式万用表）和数字式万用表两大类。

指针式万用表的测量过程是先将被测模拟电量经测量电路转换为电流信号，再由电流信号去驱动微安表头的指针偏转，在刻度盘上即指示出被测量的大小。数字式万用表的工作原理是先由模/数转换器将被测模拟量转换成数字量，然后通过电子计数器计数，最后把测量结果用数字直接显示在液晶显示屏上。数字式万用表的测量值由液晶显示屏直接以数字的形式显示，读取方便。数字式万用表灵敏度高，精确度高，显示清晰，过载能力强，便于携带，使用也更方便简单。

四、毫伏表

毫伏表是一种专门用来测量正弦小信号电压（毫伏级）有效值的仪表。按测量的频率范围可分为低频毫伏表、中高频毫伏表和高频毫伏表，也有数字型和模拟型之分。毫伏表和万用表交流电压挡的区别主要在于测量信号的频率范围不一样，测量精度也不一样，万用表交流挡不能用于交流小信号测量，交流毫伏表主要用于交流小信号测量，一般不用来测量交流大信号。

毫伏表的输入阻抗很高，从被测电路上取得的功率非常微弱。因此，将毫伏表并联到测试电路上时，不会影响被测电压的数值。毫伏表的输入电容很小，测量不同频率的电压时误差较小。毫伏表内部均设有放大器，所以它的测量灵敏度很高。

第四节 电工技术实验台介绍

一、DGJ-2型电工技术实验台介绍

DGJ-2型电工技术实验台可完成电工基础、电机控制、继电接触控制等实验。本装置由实验屏、实验桌和若干实验组件挂箱等组成。

实验屏结构如图0-8所示，主要分为三部分：实验电源区、测量电表区、实验挂箱区。

1. 实验电源区

（1）提供三相交流电源，包括输出及启动、调压、显示。实验屏的左后侧有一根三相四芯电源线接通实验室内的三相380 V交流电。

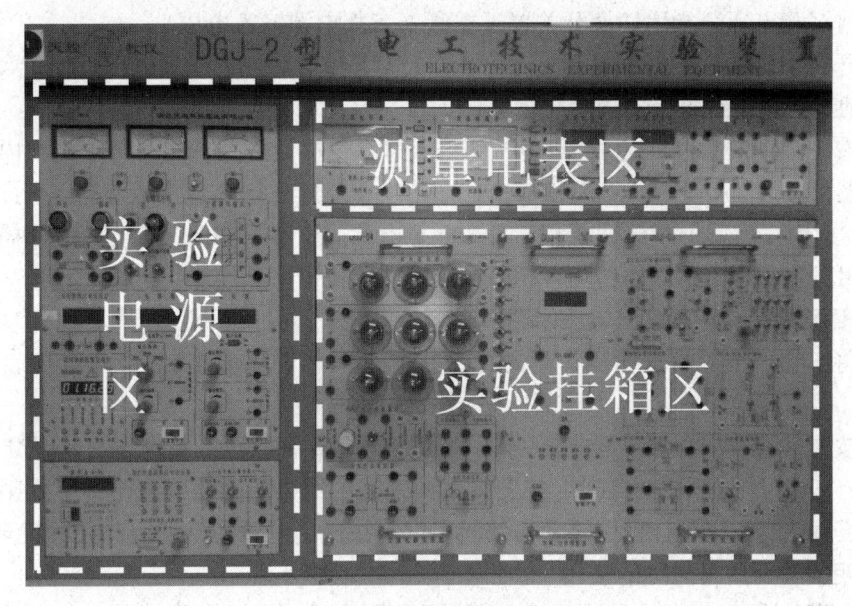

图 0-8　实验屏结构

（2）设置定时器兼报警记录仪模块，可设定定时时间，具有漏电告警及仪表超量程告警报警管理功能。

（3）提供两路 0~30 V 可调的电压源，一路 0~200 mA 可调的恒流源。

（4）配置多功能函数信号发生器，可以为实验提供多种波形和频率可调的信号源。

整套设备实验屏供电采用三相隔离变压器隔离，并设有内、外电压型漏电保护器和电流型漏电保护器。采用三相四线供电，提供三相 0~450 V 连续可调交流电，同时可得到单相 0~250 V 连续可调交流电。

定时器兼报警记录仪，平时可作为时钟使用，具有设定实验时间、定时报警、切断电源等功能；还可以自动记录由于接线或操作错误所造成的漏电告警及仪表超量程告警的总次数。

2. 测量电表区

测量电表区配置 0~500 V 指针式交流电压表、0~5 A 指针式交流电流表、0~200 V 直流数显电压表、0~2 000 mA 直流数显毫安表，用于实验中交直流电压、电流的测量。

3. 实验挂箱区

实验挂箱区设有一个 74 cm×48.5 cm 的大凹槽，凹槽上下边框各设有固定螺柱，凹槽内装有 220 V 电源插座，可根据具体实验安装不同的实验挂箱。

二、实验屏操作、使用说明

实验屏为铁质喷塑结构，铝质面板。屏上固定装置着交流电源的启动控制装置，三相电源电压指示切换装置，高压直流电源、低压直流稳压电源、恒流源、受控源、函数信号发生器以及等精度数字频率计和各类测量仪表等。

1. 交流电源的启动

（1）实验屏的左后侧有一根三相四芯电源线（并已接好三相四芯插头），接好机壳的接地线，然后将三相四芯插头接通三相 380 V 交流电。

（2）利用置于左侧面的三相自耦调压器的旋转手柄，按逆时针方向旋至零位。

(3) 将三相电压表指示切换开关置于左侧（三相电源输入电压）。

(4) 开启钥匙式三相电源总开关，停止按钮灯亮（红色），三只电压表（0~450 V）指示出输入的三相电源线电压之值。

(5) 按下启动按钮（绿色），红色按钮灯灭，绿色按钮灯亮，同时可听到屏内交流接触器的瞬间吸合声，面板上 U1、V1 和 W1 上的黄、绿、红三个 LED 指示灯亮。至此，实验屏启动完毕，此时，实验屏左侧面单相二芯 220 V 电源插座和三相四芯 380 V 电源插座以及右侧面的单相三芯 220 V 电源插座均有相应的交流电压输出。

2. 三相可调交流电源输出电压的调节

(1) 将三相"电源指示切换"开关置于右侧（三相调压输出），三只电压表指针回到零位。

(2) 按顺时针方向缓缓旋转三相自耦调压器的旋转手柄，三只电压表将随之偏转，即指示出屏上三相可调电压输出端 U、V、W 两两之间的线电压之值，直至调节到某实验内容所需的电压值。实验完毕，将旋转手柄调回零位，并将"电压指示切换"开关拨至左侧。

3. 照明实验两用日光灯的使用

本实验屏上的 30 W 日光灯是照明和实验兼用的，通过手动切换开关进行切换，当开关拨至左侧，日光灯即点亮，作为实验时照明之用；当开关拨至右侧，日光灯熄灭，此时灯管的 4 个引出端已从屏上的照明电路中分离出来，以作为日光灯实验中的灯管元件使用。

4. 电压源、恒流源输出与调节

(1) 开启电压源电源带灯开关，两路输出插孔均有电压输出。

(2) 将"显示切换"开关按下或弹出，直流数显电压表可以分别显示两路电压源的电压值。

(3) 调节"输出调节"多圈电位器旋钮，可平滑地调节输出电压，调节范围为 0~30 V，额定电流为 0.5 A。

(4) 两路输出均设有软截止保护功能。

(5) 恒流源的输出与调节。

将负载接至"恒流输出"两端，开启恒流源开关，数显毫安表即指示输出恒流电流值，调节"输出粗调"波段开关和"输出细调"多圈电位器旋钮，可在三个量程段（满度为 2 mA、20 mA 和 200 mA）连续调节输出的恒流电流值。

本恒流源虽有开路保护功能，但不应长期处于输出开路状态。

5. 多功能数控智能函数信号发生器

1）概述

该信号源是一种以单片机为核心的数控式函数信号发生器，它可输出正弦波、三角波、锯齿波、矩形波等 6 种信号波形。通过面板上键盘的简单操作，就可以很方便地连续调节输出信号的频率，并用绿色 LED 数码管直接显示出输出信号的频率值、矩形波的占空比及内部基准幅值。输出信号波形的各项技术指标都能满足大专院校电工、电路、模拟和数字电路实验的需求。本仪器还兼有频率计的功能，可精确地测定各种周期信号的频率。本仪器采用先进技术，智能化程度高，因而具有输出波形失真小、精度高、输出稳定、工作可靠、功耗低、线路简洁、使用调节灵活简便、结构轻巧等突出优点。

2）主要技术指标

(1) 输出频率范围：正弦波为 1 Hz~150 kHz；矩形波为 1 Hz~150 kHz；三角波和锯齿

波为 1 Hz~10 kHz；四脉方列和八脉方列固定为 1 kHz。频率调整步幅：1 Hz~1 kHz 为 1 Hz；1~10 kHz 为 10 Hz；10~150 kHz 为 100 Hz。

(2) 输出脉宽调节：占空比固定为 1∶1、1∶3、1∶5 和 1∶7 四挡；输出脉冲前后沿时间：小于 50 ns。

(3) 输出幅度调节范围：A 口 15 mV~17V_{P-P}，B 口 0~4V_{P-P}。

(4) 输出阻抗：大于 50 Ω。

(5) 频率测量范围：1 Hz~200 kHz。

6. 指针式交流电压表的使用与特点

开启电源总开关，指针式交流电压表即可进入正常测量。其测量电压范围为 0~500 V，分 5 个量程挡：10 V、30 V、100 V、300 V 和 500 V，用琴键开关切换。在与本装置配套使用过程中，所有量程挡均有超量程保护和告警，并使控制屏上接触器跳闸的功能，此时，指针式交流电压表红色告警灯点亮，实验屏上的蜂鸣器同时告警。按电压表的"复位"键，蜂鸣告警停止，该电压表的告警指示灯熄灭，电压表即可恢复测量功能。如要继续实验，则需再次启动控制屏。下同。

7. 指针式交流电流表的使用与特点

其电流测量范围为 0~5 A，分 4 个量程挡：0.3 A、1 A、3 A 和 5 A，用琴键开关切换。其他使用和特点均与指针式交流电压表相同。

8. 直流数显电压表的使用

其电压测量范围为 0~200 V，分 4 个量程挡，用琴键开关切换，三位半位数码管显示，输入阻抗 10 MΩ，测量精度为 0.5 级，有过电压保护功能。

9. 直流数显毫安表的使用

其电流测量范围为 0~2 000 mA，分 4 个量程挡，用琴键开关切换，三位半数码管显示，测量精度为 0.5 级，有过电流保护功能。

10. 受控源 CCVS 和 VCCS 的使用

开启带灯电源开关，两个 CCVS、VCCS 受控源即可工作，通过适当的连接（见实验指导书），可获得 VCVS 和 CCCS 受控源的功能。此外，还输出±12 V 两路直流稳定电压，并有发光二极管指示。

三、实验组件挂箱

整套设备配有 DGJ-03 电工基础实验挂箱、DGJ-04 交流电路实验挂箱、DGJ-05 元件挂箱、D61-2 继电接触控制挂箱等实验挂件，根据不同实验内容选择相应的挂箱进行实验。

1. DGJ-03 电工基础实验挂箱（大）

提供叠加、戴维南、双口网络、谐振、选频及一、二阶电路实验。在需要测量电流的支路上均设有电流插座。

2. DGJ-04 交流电路实验挂箱（大）

提供单相、三相、日光灯、变压器、电度表、互感器等实验所需的器件。

灯组负载为三个各自独立的白炽灯组，可连接成 Y 形或△形两种三相负载线路，每个灯组设有三个并联的白炽灯罗口灯座（每个灯组均设有三个开关，控制三个并联支路的通断），可插 60 W 以下的白炽灯 9 只，各灯组均设有电流插座；日光灯实验器件有 30 W 镇流器、启辉器插座、4.7 μF 电容器等。

3. DGJ-05 元件挂箱（小）

提供实验所需各种外接元件（如电阻器、二极管、稳压管、发光管、电容器、电位器及 12 V 灯泡等），还提供十进制可变电阻箱，输出阻值为 0~99 999.9 Ω/1 W。

4. D61-2 继电接触控制挂箱（大）

提供交流接触器 CJ10-10（线圈电压 220 V）三只、热继电器 JR16R-20/3D 一只、带灯按钮 LA20380V5A 三只（黄、绿、红各一只）、时间继电器 JS7-1A 一只。面板上画有器件的外形，且供电线圈、开关等均已引出，供实验接线用。

5. D62-2 继电接触控制挂箱（小）

提供中间继电器 JZ7-44 一只、行程开关 JW2A-11H 一只、时间继电器 JS7-4A 一只、变压器（原边 220 V，附边两个绕组分别为 26 V、6.3 V）一只、电力电容器 1.2 μF/A.C. 450 V 一只、桥堆一只。面板上画有器件的外形，且供电线圈、开关等均已引出，供实验接线用。

6. D63-2 继电接触控制挂箱（大）

三刀双投开关两只、3A 熔断器三只、中间继电器 JS7-44 两只、行程开关 JW2A-11H 四只及珐琅电阻（100 Ω/20 W）三只，且供电线圈、开关等均已引出，供实验接线用。

第一部分

基础实验

资料链接

实验一　电路仿真软件 Multisim 基础

Multisim 是 National Instruments 公司推出的电子电路设计与仿真软件，它采用了直观的图形用户界面和丰富的元器件库，使用户能够通过软件环境设计、测试和分析电路，而无须实际搭建硬件。

一、操作环境介绍

Multisim 14 主界面主要由菜单栏、工具栏、电路窗口、工具窗口、仪器仪表栏和信息显示窗口等组成，如图 1-1 所示。

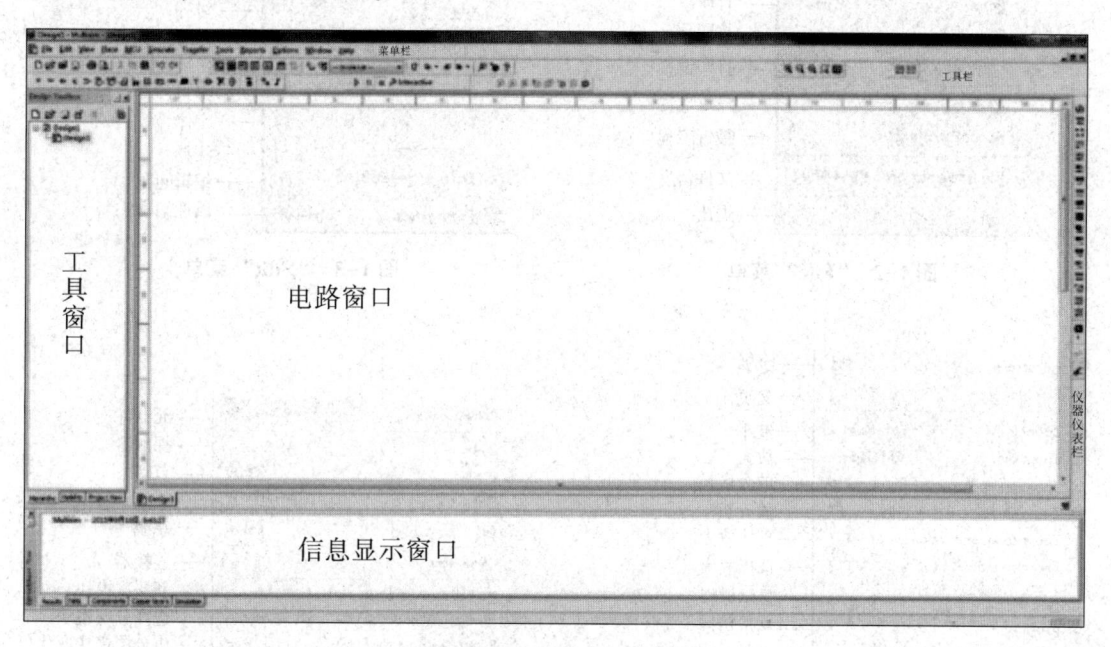

图 1-1　Multisim 14 主界面

Multisim 14 共有 12 个主菜单，可以实现所有功能的操作。

1. 文件菜单

文件（File）菜单主要用于管理所创建的电路文件，如图 1-2 所示。

2. 编辑菜单

编辑（Edit）菜单包括最基本的编辑命令及元器件的位置命令，如图 1-3 所示。

3. 视图菜单

视图（View）菜单包括调整窗口视图等命令，如图 1-4 所示。

4. 放置菜单

放置（Place）菜单包括放置元器件、节点等常用的绘图元素，同时包括层次化电路设计的选项，如图 1-5 所示。

图 1-2 "File" 菜单

图 1-3 "Edit" 菜单

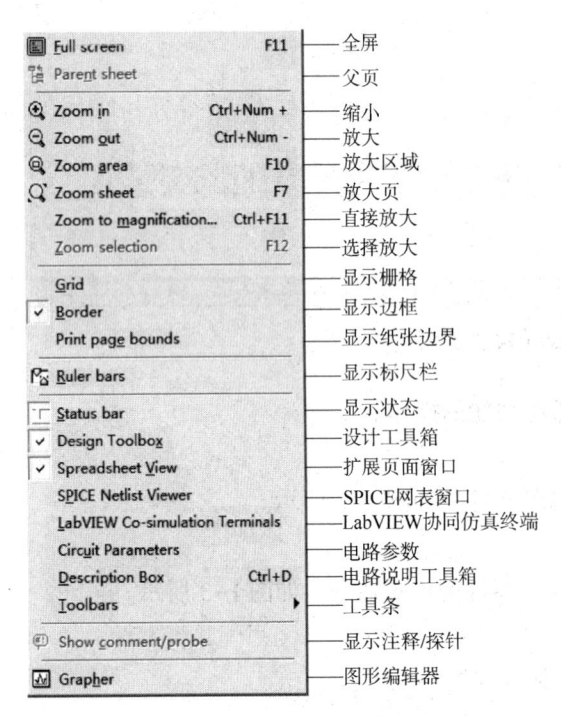

图 1-4 "View" 菜单

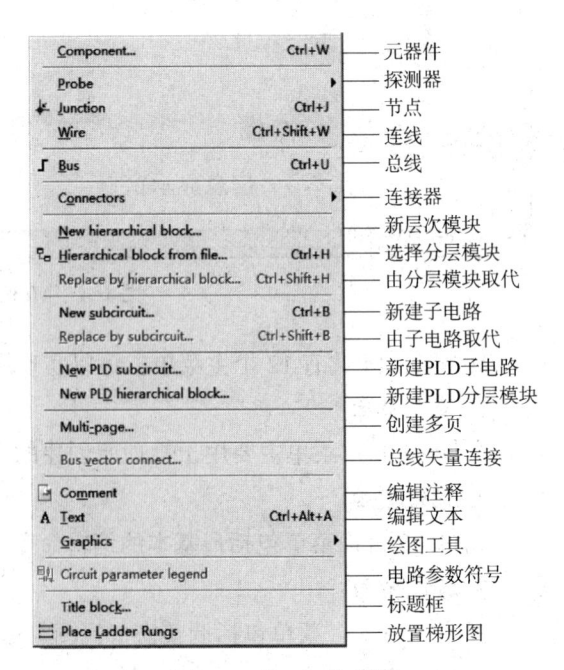

图 1-5 "Place" 菜单

5. 微控制器菜单

微控制器（MCU）菜单包括一些与 MCU 调试相关的选项，如图 1-6 所示。

6. 仿真菜单

仿真（Simulate）菜单包括一些与电路仿真相关的选项，如图 1-7 所示。

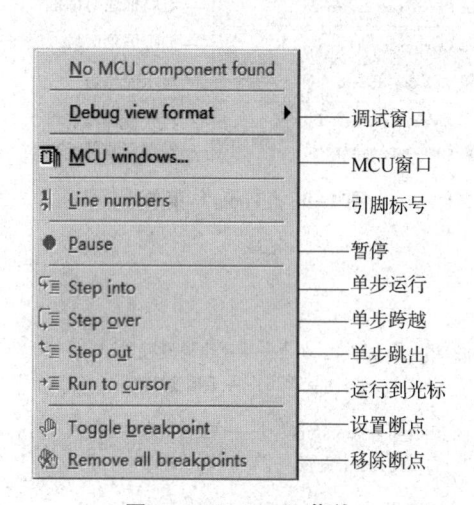

图 1-6 "MCU" 菜单

图 1-7 "Simulate" 菜单

7. 文件传输菜单

文件传输（Transfer）菜单用于将所搭建电路及分析结果传输给其他应用程序，如图 1-8 所示。

8. 工具菜单

工具（Tools）菜单用于创建、编辑、复制、删除元器件，可管理、更新元器件库等，如图 1-9 所示。

9. 报表菜单

报表（Reports）菜单包括与各种报表相关的选项，如图 1-10 所示。

10. 选项菜单

选项（Options）菜单可对程序的运行和界面进行设置，如图 1-11 所示。

11. 窗口菜单

窗口（Window）菜单包括与窗口显示方式相关的选项，如图 1-12 所示。

12. 帮助菜单

帮助（Help）菜单提供帮助文件，键盘【F1】键也可获得帮助，如图 1-13 所示。

图 1-8 "Transfer" 菜单

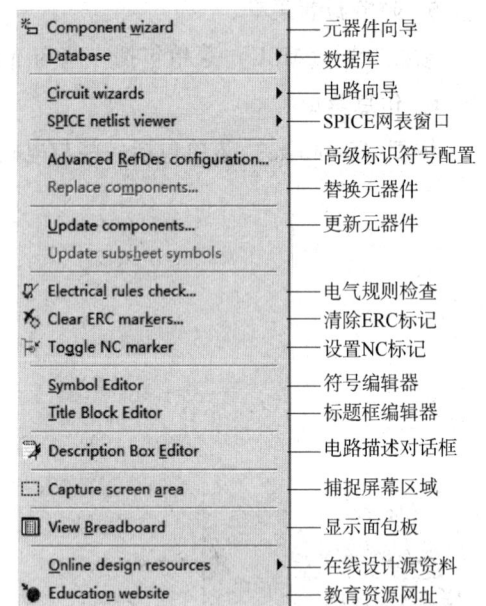

图 1-9 "Tools" 菜单

图 1-10 "Reports" 菜单

图 1-11 "Options" 菜单

图 1-12 "Window" 菜单

图 1-13 "Help" 菜单

二、常用工具栏

根据工具的功能，Multisim 14 的工具栏可分为标准工具栏、主要工具栏、浏览工具栏、元器件工具栏、仿真工具栏、探针工具栏、梯形图工具栏和仪器库工具栏等。

1. 标准工具栏

标准工具栏（Standard toolbar）包含新建、打开、打印等常见的功能按钮，如图 1-14 所示。

图 1-14　标准工具栏

2. 主要工具栏

主要工具栏（Main toolbar）包含窗口的取舍、后处理、元器件向导、数据库管理器等功能按钮，如图 1-15 所示。

图 1-15　主要工具栏

3. 浏览工具栏

浏览工具栏（View toolbar）包含放大、缩小等功能按钮，如图 1-16 所示。

图 1-16　浏览工具栏

4. 元器件工具栏

元器件工具栏（Component toolbar）是用户在电路仿真中可以使用的所有元器件组，每个组中放置着同一类型的元器件，共有 18 个元器件组，如图 1-17 所示。

图 1-17　元器件工具栏

单击每个元器件组（Group），都会显示出一个该类元件的窗口，如图 1-18 所示。

注意：在元器件组界面中，数据库（Database）包含 Master Database、Corporate Database 和 User Database。其中 Master Database 为默认数据库。

1）电源组（Sources）

电源组中包含各种形式的电源、信号源等，如图 1-19 所示。电源类型如图 1-20 所示。

2）基本元器件组（Basic）

基本元器件组包含实际元器件箱 17 个、虚拟元器件箱 3 个，如图 1-21 所示，基本元器件系列如图 1-22 所示。

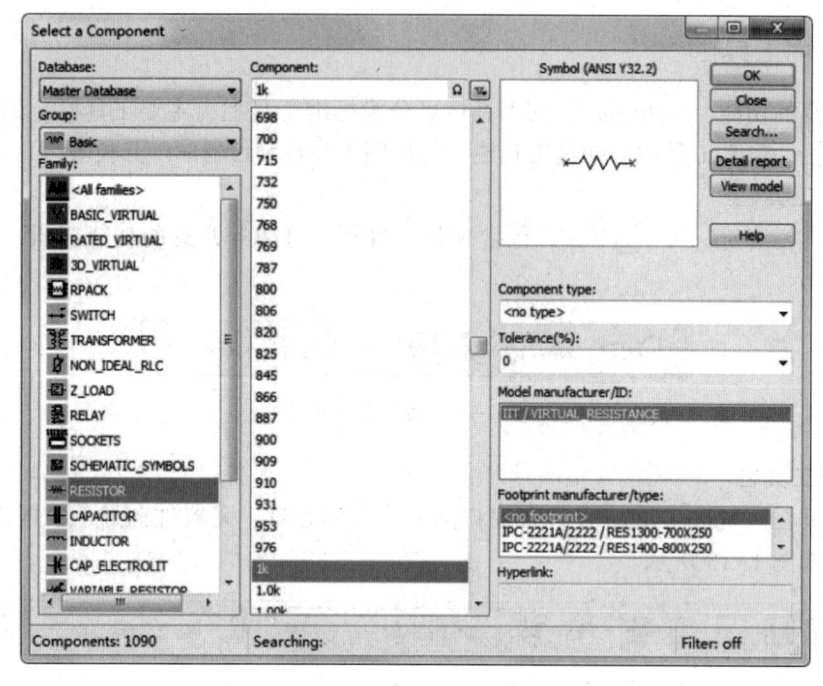

图 1-18　元器件组界面

图 1-19　电源组

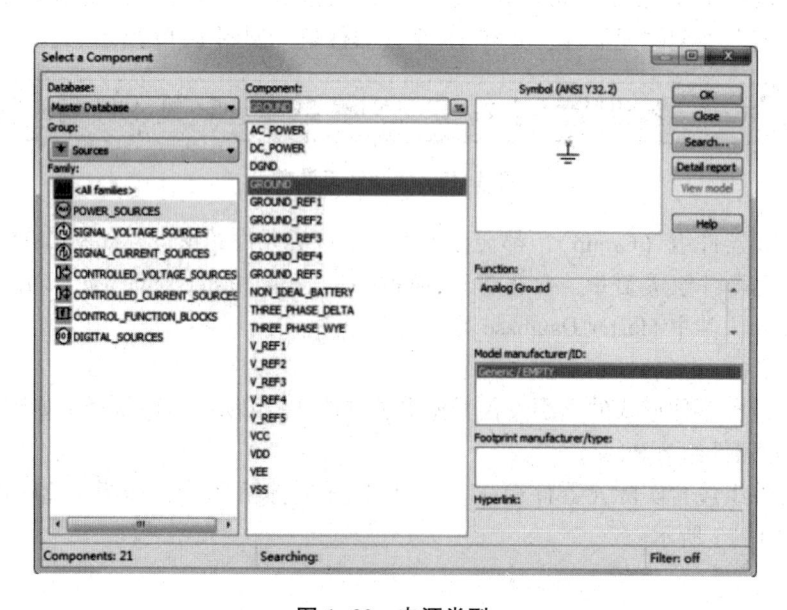

图 1-20　电源类型

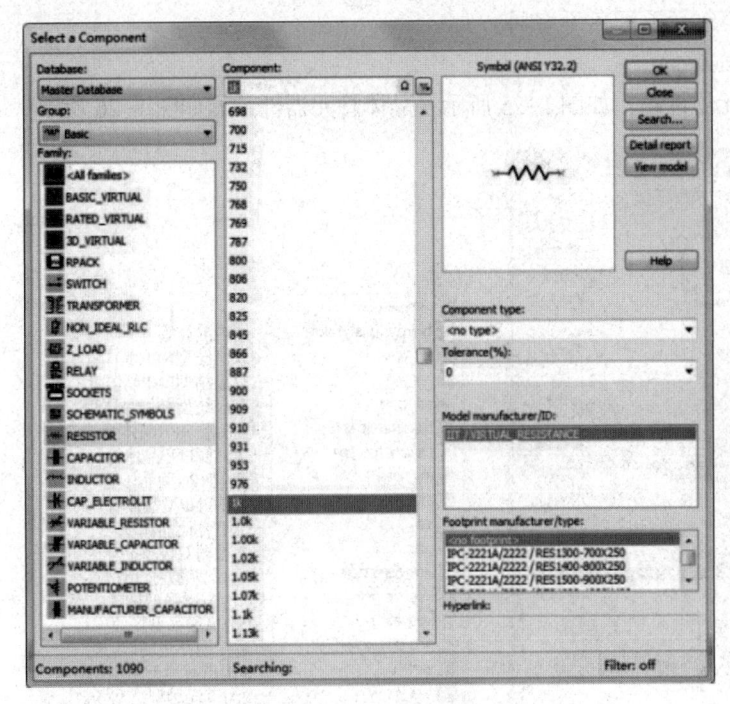

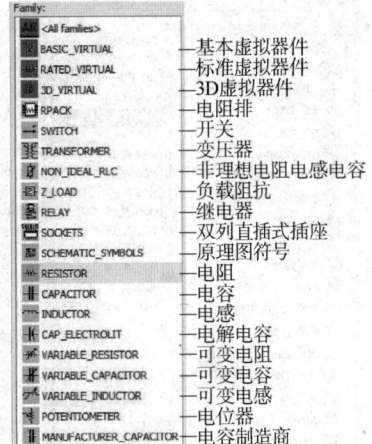

图 1-21　基本元器件组　　　　　　　　　　图 1-22　基本元器件系列

注意：基本元器件组中的元器件可通过其属性对话框对其参数进行设置。

3）二极管元器件组（Diodes）

二极管元器件组中包含 14 个元器件箱和 1 个虚拟元器件箱，如图 1-23 所示。

二极管元器件系列如图 1-24 所示。

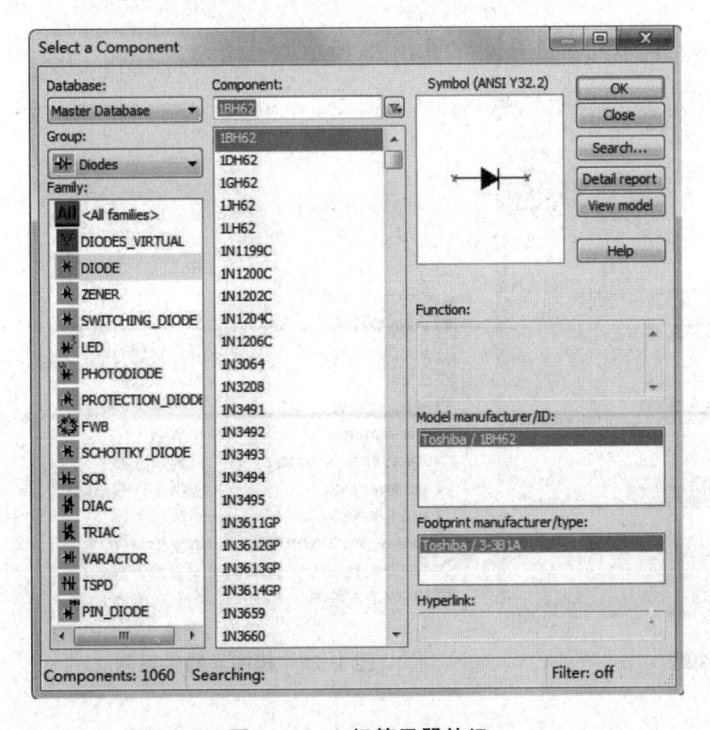

图 1-23　二极管元器件组　　　　　　　　　图 1-24　二极管元器件系列

注意：发光二极管有 6 种颜色且压降各不相同。

4）晶体管元器件组（Transistors）

晶体管元器件组共有 21 个元器件箱，如图 1-25 所示。晶体管元器件系列如图 1-26 所示。

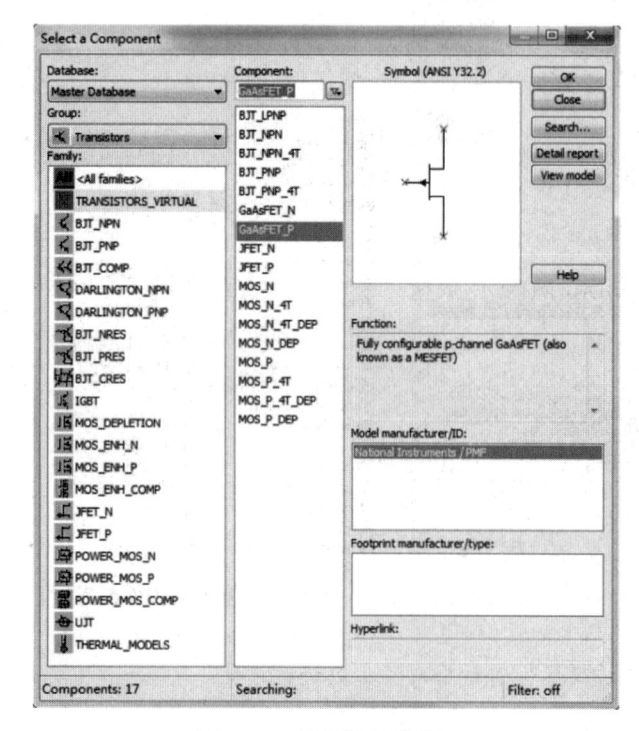

图 1-25　晶体管元器件组　　　　　　图 1-26　晶体管元器件系列

5）模拟元器件组（Analog）

模拟元器件组如图 1-27 所示。模拟元器件系列如图 1-28 所示。

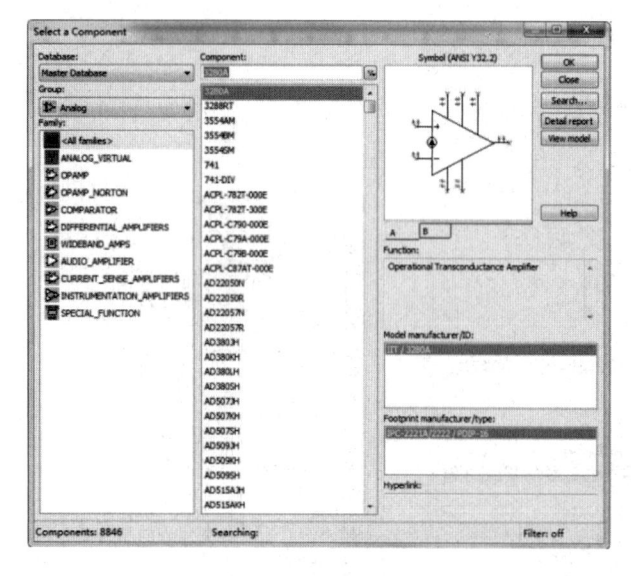

图 1-27　模拟元器件组　　　　　　图 1-28　模拟元器件系列

6）TTL 元器件组（TTL）

TTL 元器件组如图 1-29 所示。

注意：器件逻辑关系可查阅相关手册或 Multisim 14 的帮助文件。

7）CMOS 元器件组（CMOS）

CMOS 元器件组如图 1-30 所示。

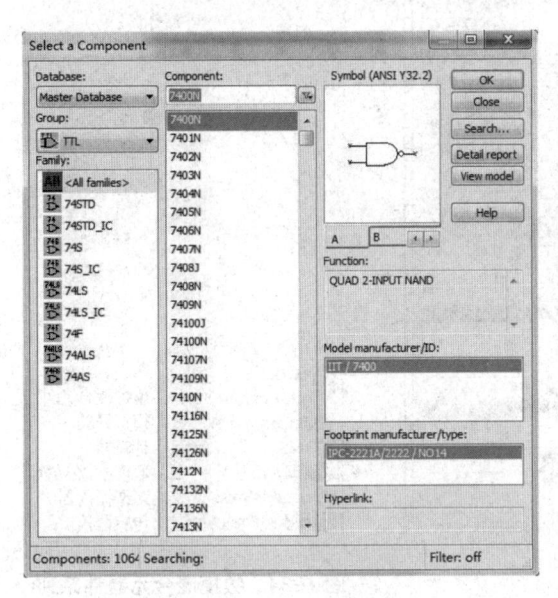

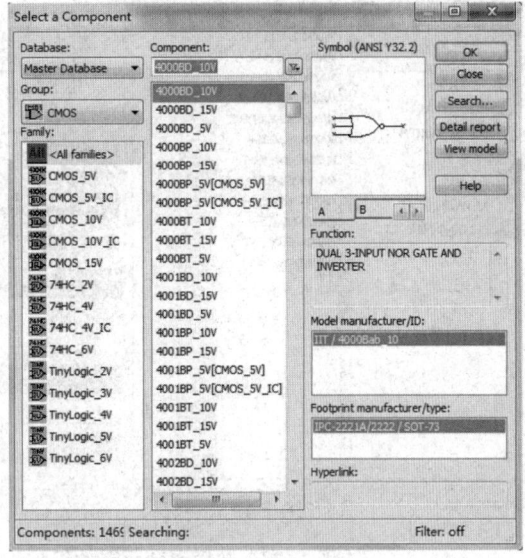

图 1-29 TTL 元器件组

图 1-30 CMOS 元器件组

8）集成数字芯片元器件组（Misc Digital）

集成数字芯片元器件组包含了集成的数字芯片，如图 1-31 所示；集成数字芯片元器件系列如图 1-32 所示。

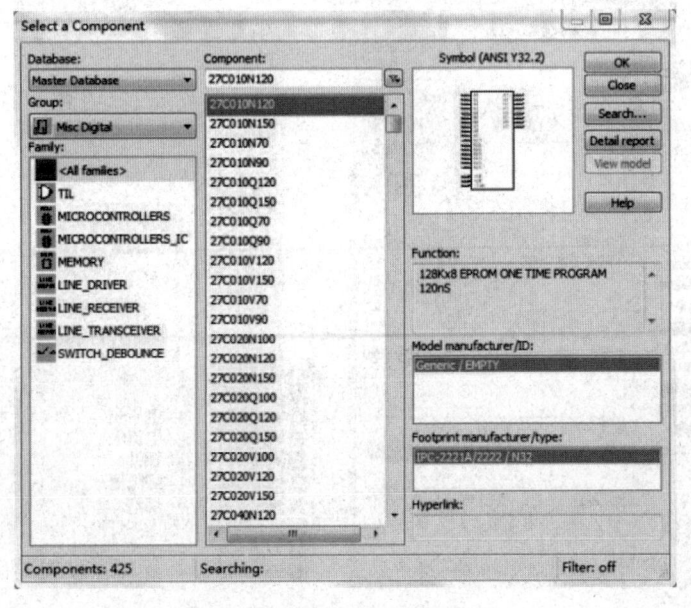

图 1-31 集成数字芯片元器件组

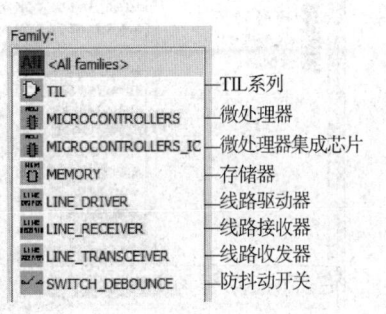

图 1-32 集成数字芯片元器件系列

9) 数模混合元器件组（Mixed）

这个组包含了将数字电路和模拟电路集成在一起的集成芯片，如图1-33所示。数模混合元器件系列如图1-34所示。

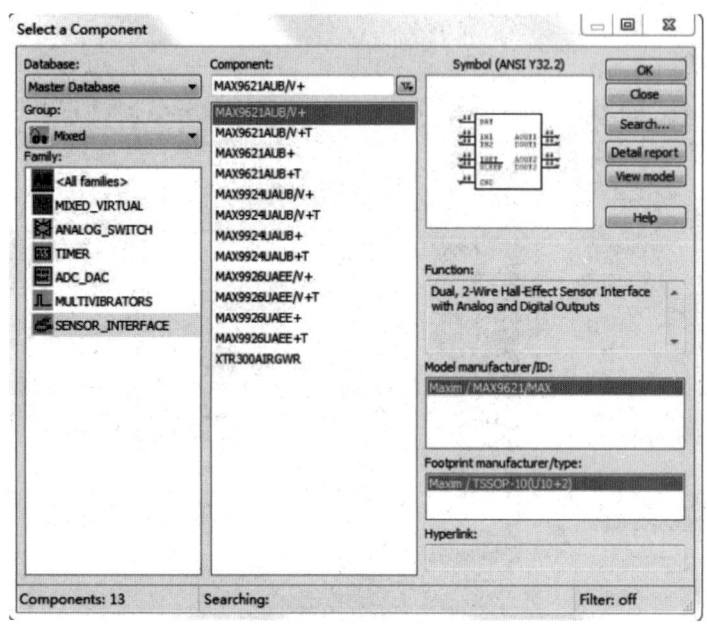

图1-33　数模混合元器件组

图1-34　数模混合元器件系列

10) 指示元器件组（Indicators）

指示元器件组如图1-35所示，含有8种交互式元器件，是用来显示电路仿真结果的显示器件。指示元器件系列如图1-36所示。

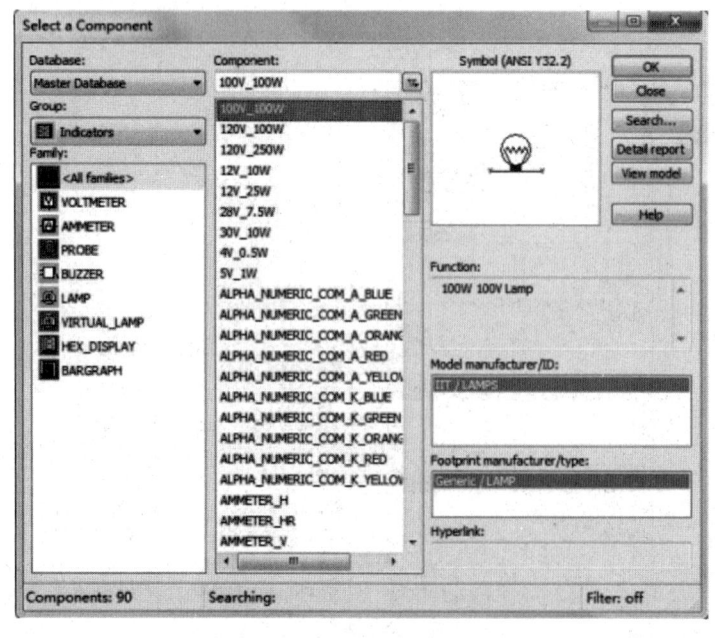

图1-35　指示元器件组

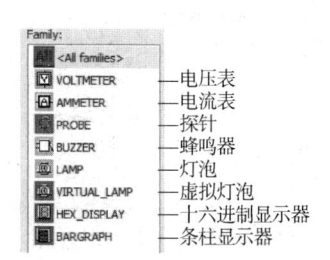

图1-36　指示元器件系列

11）电源元器件组（Power）

电源元器件组如图 1-37 所示。电源元器件系列如图 1-38 所示。

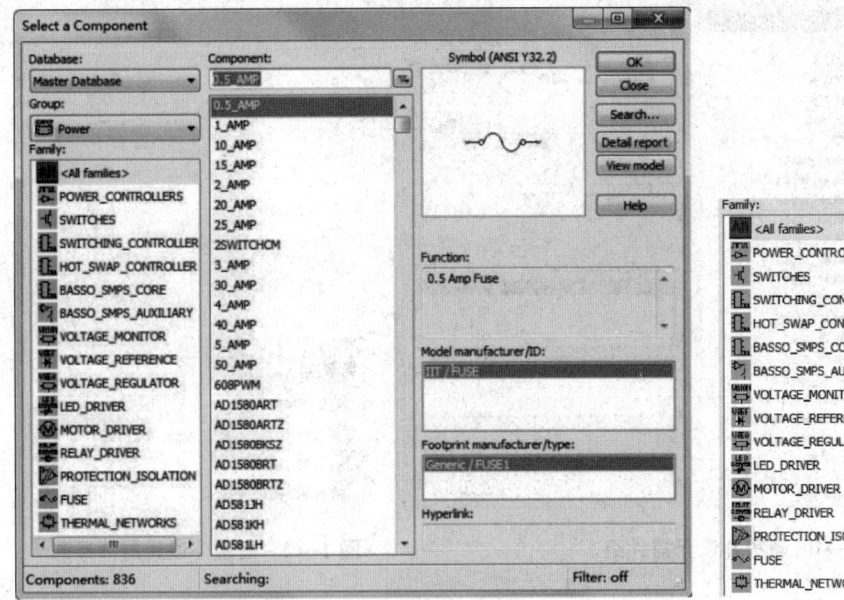

图 1-37　电源元器件组

图 1-38　电源元器件系列

12）混合项元器件组（Misc）

混合项元器件组中包含了不能明确归类的一些元器件，如晶振、传输线、滤波器等，如图 1-39 所示。混合项元器件系列如图 1-40 所示。

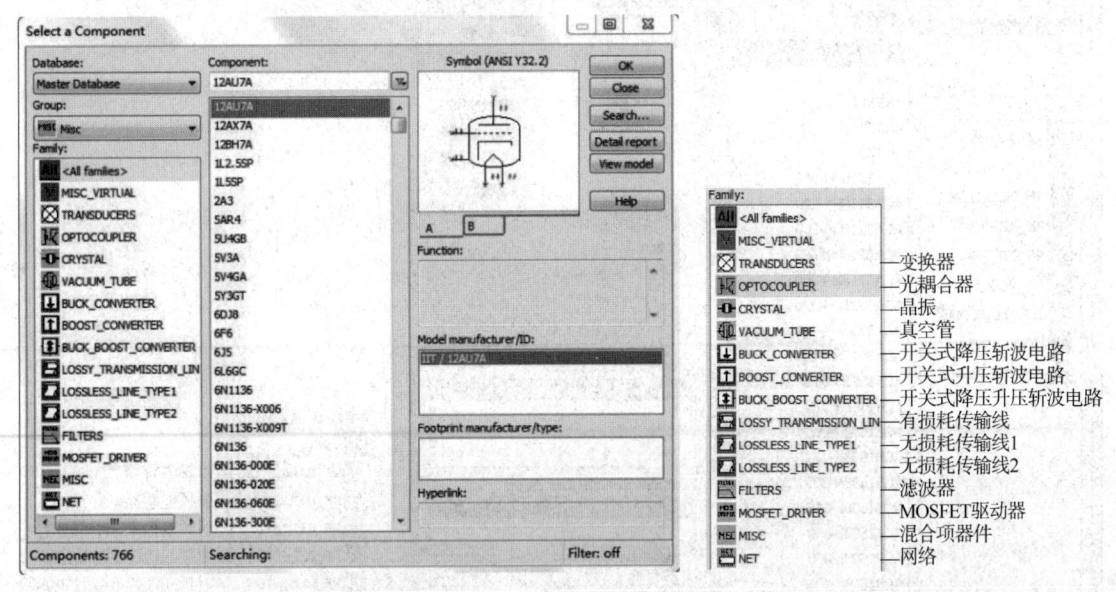

图 1-39　混合项元器件组

图 1-40　混合项元器件系列

13）高级外设元器件组（Advanced_Peripherals）

高级外设元器件组如图 1-41 所示，高效外设元器件系列如图 1-42 所示。

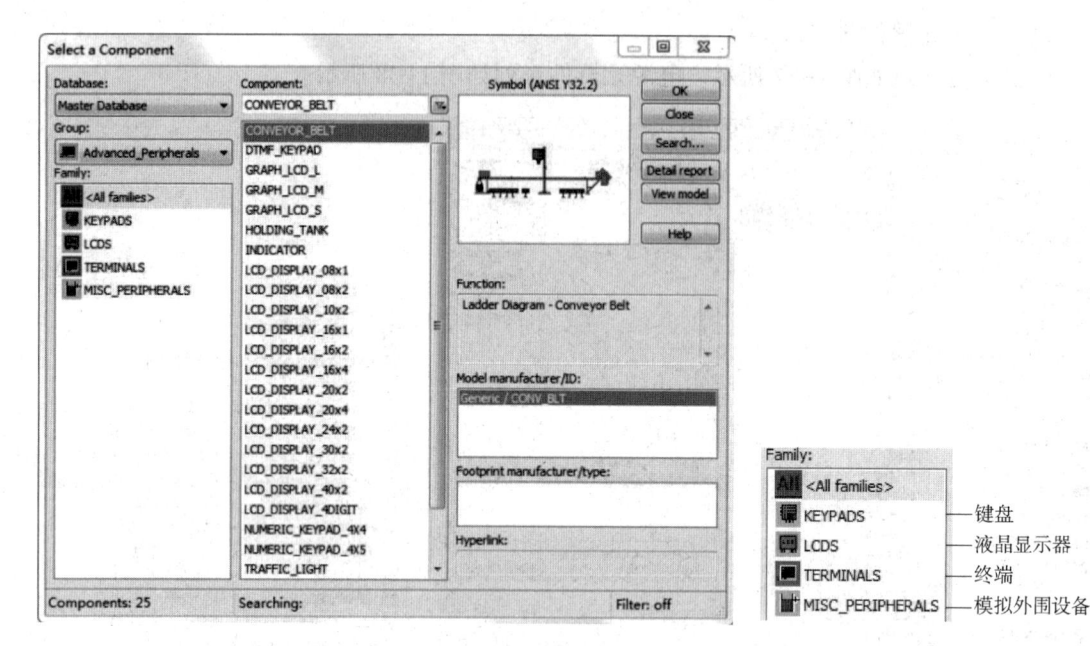

图 1-41 高级外设元器件组　　　　图 1-42 高级外设元器件系列

14）射频元器件组（RF）

射频元器件组如图 1-43 所示，提供了一些适合高频电路的元器件。射频元器件系列如图 1-44 所示。

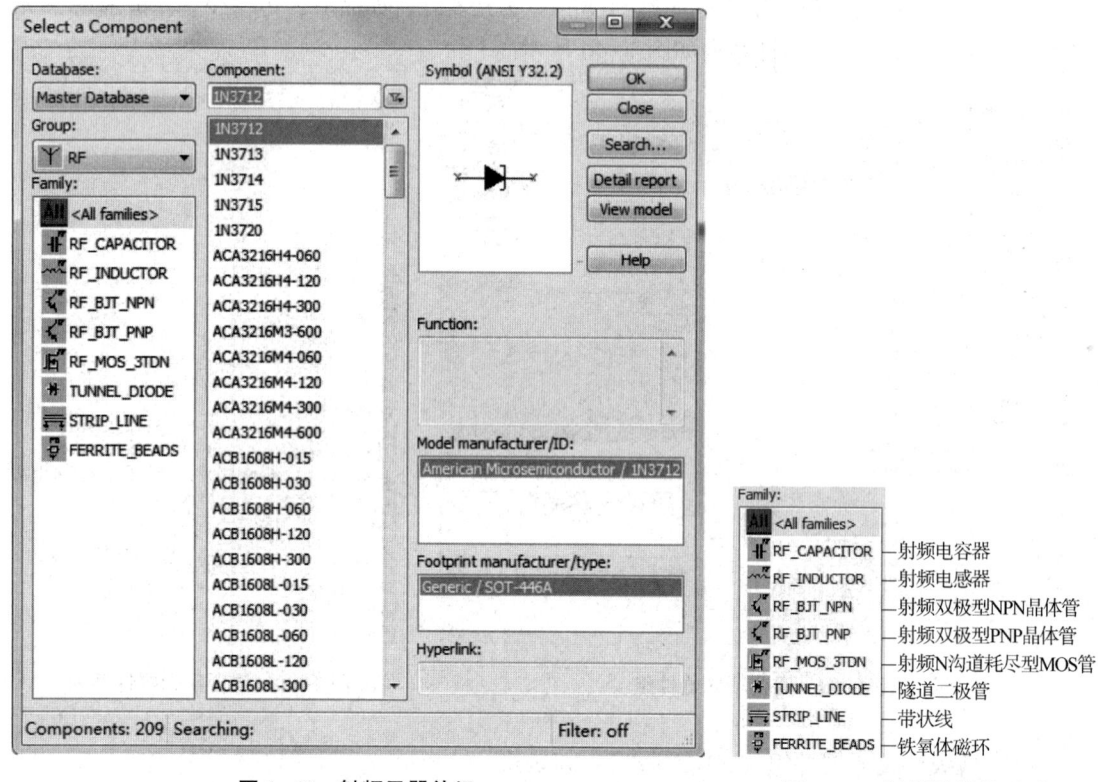

图 1-43 射频元器件组　　　　图 1-44 射频元器件系列

15) 机电类元器件组 (Electro_Mechanical)

该组共包含 8 个元器件箱，如图 1-45 所示。机电类元器件系列如图 1-46 所示。

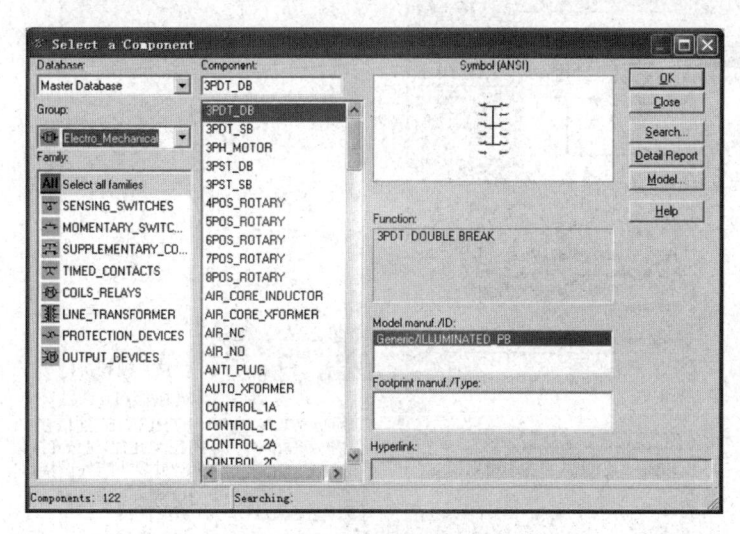

图 1-45　机电类元器件组

图 1-46　机电类元器件系列

16) NI 元器件组 (NI_Components)

这个组中存放了由 NI 公司自己开发的元器件，如图 1-47 所示。

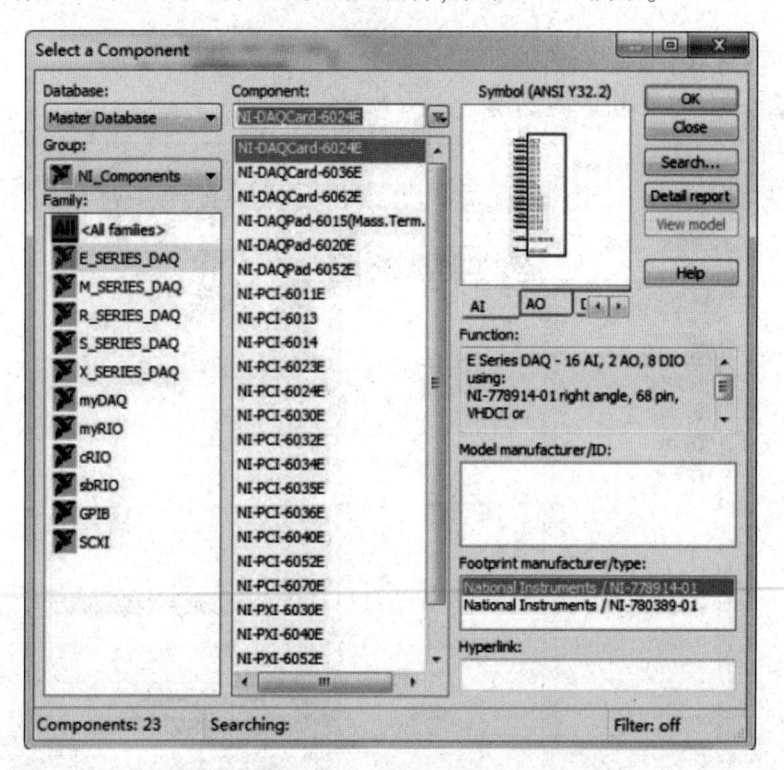

图 1-47　NI 元器件组

17) 接口元器件组 (Connectors)

该组中包含了各类接口电路，如图 1-48 所示。接口元器件系列如图 1-49 所示。

电工电子技术实验

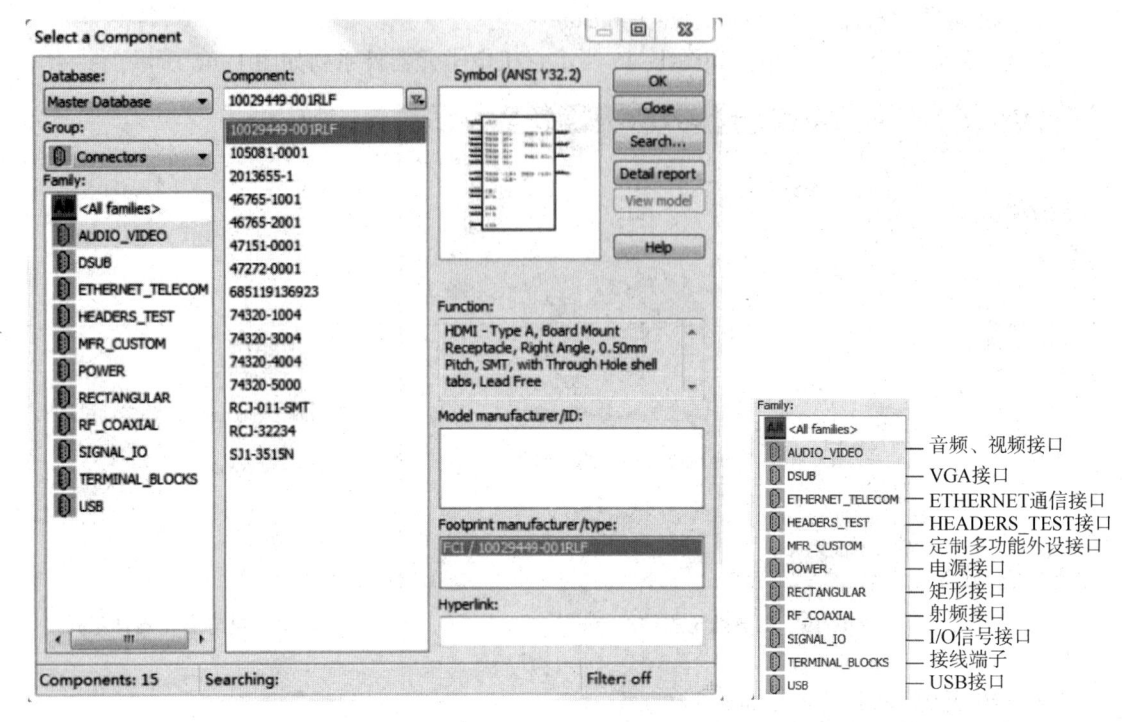

图 1-48 接口元器件组　　　　图 1-49 接口元器件系列

18）微处理器元器件组（MCU）

微处理器元器件组如图 1-50 所示。

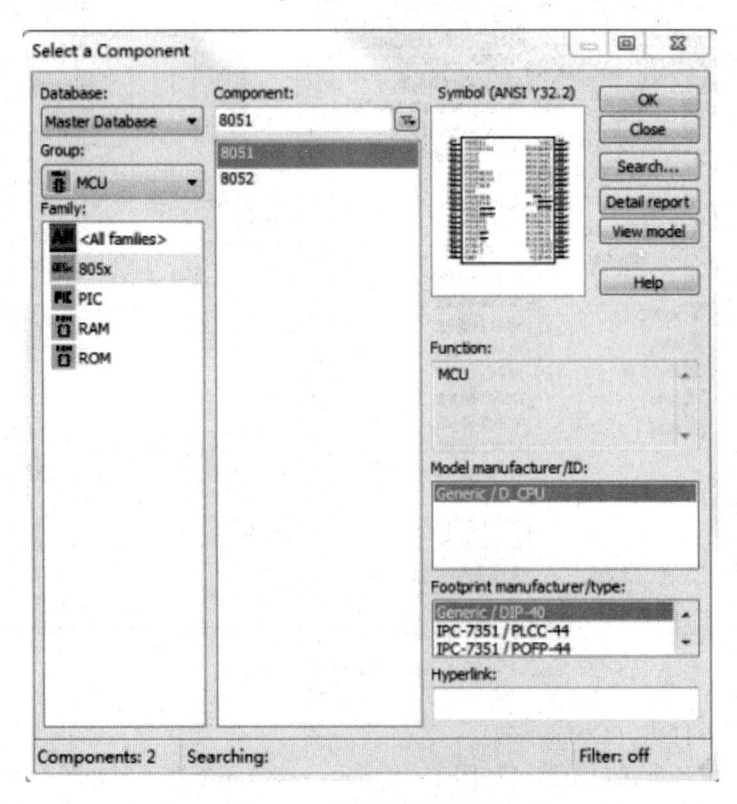

图 1-50 微处理器元器件组

28

19）层次块电路设置按钮和总线放置按钮

层次块电路设置按钮可以选择并设置层次块子电路；总线放置按钮可放置总线元件。

5. 仿真工具栏

仿真工具栏（Simulation toolbar）包含仿真和分析电路的快捷功能按钮，如图 1-51 所示。

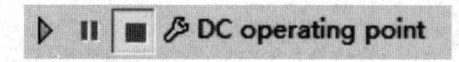

图 1-51 仿真工具栏

6. 探针工具栏

探针工具栏包含在设计电路时放置各种探针的功能按钮，还能对探针进行设置，如图 1-52 所示。

7. 梯形图工具栏

梯形图工具栏包含绘制梯形图的功能按钮，可以设计 PLC 控制系统和继电器控制系统，如图 1-53 所示。

图 1-52 探针工具栏   图 1-53 梯形图工具栏

8. 仪器库工具栏

Multisim 14 提供了 21 种用来对电路工作状态进行测试的虚拟仪器，这些仪器的使用方法和外观与真实仪器相当。

三、部分常用的基本操作

1. 创建电路窗口

运行 Multisim 14 后软件自动新建一个空白的电路窗口，或单击工具栏中的 按钮新建。电路窗口是用户放置元器件、创建电路的工作区域，可通过菜单"Options"设置界面大小、符合标准、电路颜色及设置字体等功能。

2. 元器件的选取

可以通过以下两种方法在元器件库中找到元器件：

（1）通过电路窗口上方的元器件工具栏或选择菜单"Place"→"Component"命令浏览所有的元器件。

（2）查询数据库中特定的元器件。

注意：若经常使用某一类型的元器件，可以单击"View"→"Toolbars"，选中所需类型的对应项。

3. 放置元器件

1）选择元器件和使用浏览窗口

默认情况下，元器件浏览窗口如图 1-54 所示。

图 1-54 元器件浏览窗口

通过鼠标拖动放置元器件，每个元器件主动分配一个流水号，如 U1、U2，以此类推。

此外，浏览窗口右侧按钮也能提供对应元器件的信息。

（1）"Search"按钮：输入元器件的相关信息即可查找到需要的元器件。

（2）"Detail report"按钮：列出此元器件的详细列表。

（3）"View model"按钮：列出此元器件的相关性能指标。

2）使用"In-Use List"

放置过的元器件和子电路都会被"记忆"，通过"In-Use List"可方便再次使用，如图 1-55 所示。

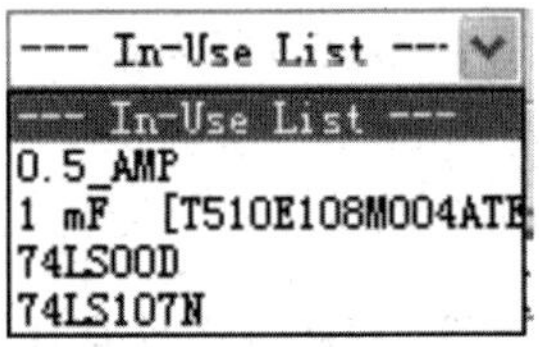

3）移动一个已经放好的元器件

选中单个或多个元器件，并用鼠标拖动或键盘光标移动该元器件，同时系统将自动调整连接线的位置。

图 1-55 正在使用的元器件清单

4）复制/替换一个已经放置好的元器件

（1）复制已经放置好的元器件。可使用"Copy"→"Paste"命令实施。

（2）替换已经放置好的元器件。在将被替换的元器件上双击，弹出如图 1-56 所示元器件属性对话框。使用窗口左下方的"Replace"按钮即可替换元器件。

4. 连线

Multisim 14 默认的是自动连线，如果在连线过程中按下了鼠标，相当于把导线锁定到了这一点（这就是手动连线），继续拖动可进行自动连线。

注意：

① 如果连线失败，可稍微移动一下元件位置，或用手动连线。

② 按【Esc】键，可终止连线；按【Delete】键，可删除连线。

③ 单击连线右键菜单中"Net Color"命令，可选择连线颜色。

5. 手动添加节点

如果从一个既不是元器件引脚也不是节点的地方连线，就需要添加一个新的节点（连接点）。单击连线上想要放置节点的位置，可手动添加一个节点。

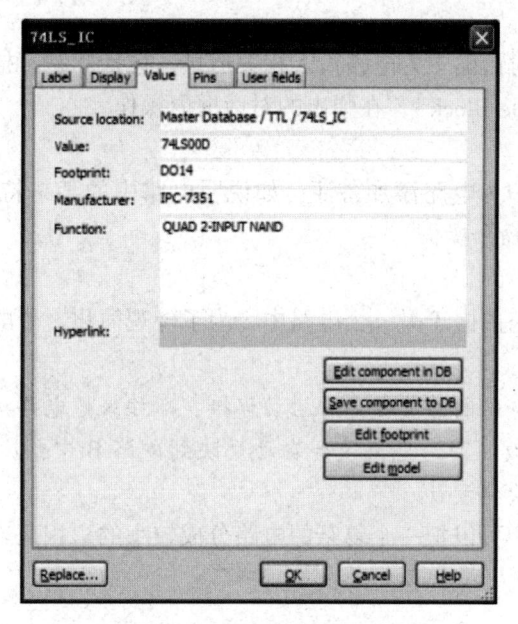

图 1-56　元器件属性对话框

6. 设置元器件属性

在元器件上双击，或者选中元器件后单击"Edit"→"Properties"，即可弹出"元器件属性"对话框（这些属性仅影响该元器件）。

7. 标识

Multisim 14 自动为元器件、网络和引脚分配标识。也可以在元器件的"Properties"对话框中更改标识、流水号字体风格和大小等，如图 1-57 所示。

1）更改网络编号

Multisim 14 自动为电路中的网络分配编号，用户也可以更改或移动这些网络编号，如图 1-58 所示。

注意：在更改网络编号时要格外谨慎，因为对于仿真器和外挂 PCB 软件来说，网络编号是非常重要的。

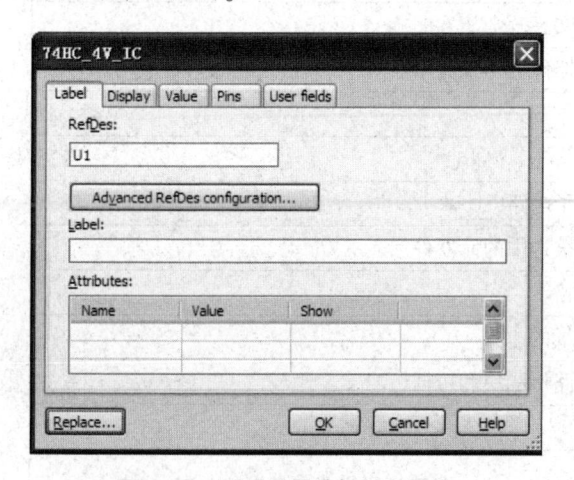

图 1-57　更改元器件标识和属性　　　　图 1-58　更改网络编号

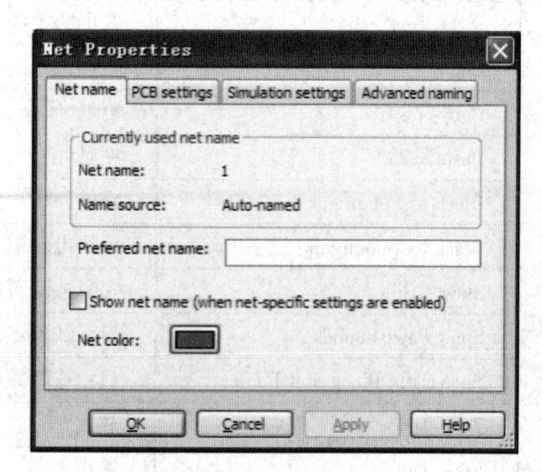

2）添加标题框

用户可以在标题框对话框中为电路输入相关信息，包括标题、描述性文字和尺寸等。可通过单击"Place"→"Title Block"，在弹出的对话框内操作。

3）添加备注

Multisim 14 允许用户为电路添加备注，如说明电路中的某一特殊部分等，可通过单击"Place"→"Place Text"命令操作。

8. 子电路和层次化

用户可以把一个电路内嵌于另一个电路中，为了外观简化，子电路在主电路中仅仅显示为一个符号。

注意：子电路和主电路的连接是一种活动连接，即如果把电路 A 作为电路 B 的子电路，可以单独打开 A 进行修改，而这些修改会自动反映到电路 B 中，以及其他用到电路 A 的电路中，这种特性称为层次化设计。

通过这种方法，用户可以把一个复杂的电路分成较小的、相互连接的电路，由不同的小组成员完成。

9. 打印电路

单击"File"→"Print Options"→"Print Sheet Setup"，为电路设置打印环境。

10. 使用鼠标右键弹出菜单

菜单主要命令说明如表 1-1 和表 1-2 所示。

表 1-1　没有选中元器件时右键弹出菜单主要命令说明

命令	说明
Place Component	浏览元器件，添加元器件
Place Junction	添加连接点
Place Wire	添加连线
Place Bus	添加总线
Place Input/Output	为子电路添加输入/输出节点
Place Hierarchical Block	打开子电路文件
Place Text	在电路上添加文字
Cut	把电路中的元器件剪切到剪贴板
Copy	复制
Paste	粘贴
Place as Subcircuit	在电路中放置子电路
Place by Subcircuit	由子电路取代被选中的元器件
Show Grid	显示或隐藏网格
Show Page Bounds	显示或隐藏图纸的边界
Show Title Block and Border	显示或隐藏电路标题块和边框
Zoom In	放大
Zoom Out	缩小
Find	显示电路中元器件的流水号的列表

续表

命令	说明
Color	设置电路的颜色
Show	在电路中显示或隐藏元器件信息
Font	设置字体
Wire Width	为电路中的连线设置宽度
Help	打开 Multisim 14 的帮助文件

表 1-2　选中元器件或仪器时右键弹出菜单主要命令说明

命令	说明
Cut	剪切被选中的元器件、电路或文字
Copy	复制被选中的元器件、电路或文字
Flip Horizontal	水平翻转
Flip Vertical	垂直翻转
90 Clockwise	顺时针旋转 90°
90 CounterCW	逆时针旋转 90°
Color	更改元器件的颜色
Help	打开 Multisim 14 的帮助文件

四、常用虚拟仪器

1. 虚拟仪器概述

1) 虚拟仪器

Multisim 14 软件中提供了许多虚拟仪器来测量仿真电路中的各种电参数和电性能，且可以对测试的数据进行分析。虚拟仪器在仪器库工具栏中以图标方式显示，如图 1-59 所示。

图 1-59　仪器库工具栏

仪器库工具栏中各仪器图标排序为：万用表、函数信号发生器、功率表、双通道示波器、四通道示波器、波特图仪、频率计、字发生器、逻辑转换仪、逻辑分析仪、伏安分析仪、失真度分析仪、频谱分析仪、网络分析仪、Agilent 函数发生器、Agilent 万用表、Agilent 示波器、Tektornix 示波器、LabVIEW 测试仪、NI ELVIS 测试仪、电流探针。

注意： 若界面中没有仪器库工具栏显示，则可单击主菜单上的"View"→"Toolbars"（工具）→"Instruments"（仪器）。

（1）基本操作。

（2）双击仪器接线符号，即可弹出仪器面板进行参数设置。

（3）观测电路：单击"仿真"按钮后，与仪器相连的电路那个点上的电路特性和参数就可测量并显示出来。

注意：

① 仿真仪器接线端的颜色和仪器显示波形的颜色是关联的。

② 可以改变仪器面板的尺寸大小。

③ 仿真结果可以 .TXT、.LVM 和 .TDM 等形式输出。

2）虚拟仪器分类

Multisim 14 虚拟仪器可分为模拟仪器、数字仪器、射频仪器、测试探针、真实仪器、LabVIEW 仪器 6 个大类。以下介绍常用的 3 个大类。

2. 模拟仪器

1）数字式万用表

数字式万用表主要用于测量交、直流电路中电流、电压、阻抗和分贝。测量灵敏度根据测量需要，可以修改内部电阻来调整。图 1-60 所示为数字式万用表的接线符号与面板。图 1-61 所示为数字式万用表测量选项。

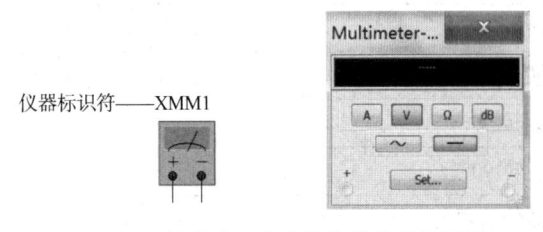

图 1-60　数字式万用表的接线符号与面板 　　图 1-61　数字式万用表测量选项

（1）选择测量项目。

（2）选择信号模式（AC 或 DC）。

仪器面板中的 ∿ 按钮可用于测量正弦交流信号的电压或电流， ▬ 按钮可用于测量直流电压或电流。

2）函数信号发生器

函数信号发生器可产生正弦波、三角波和方波等信号。其中"公共端"是信号的参考点，若信号以地作为参考点，则将"公共端"接地。信号发生器接线符号与面板如图 1-62 所示。

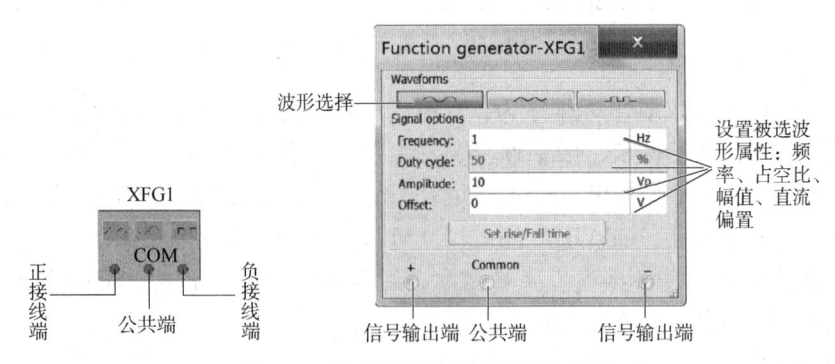

图 1-62　信号发生器接线符号与面板

（1）波形选择。

按钮可以选择三种波形作为输出。

（2）信号设置（Signal options）。
① 频率（Frequency，1 Hz~1 000 THz）：设置信号发生器频率。
② 占空比（Duty cycle，1%~99%）：设置脉冲保持时间与间歇时间之比。
③ 振幅（Amplitude，0~1 000 TV$_P$）：设置信号发生器输出信号幅值的大小。
④ 直流偏移量（Offset）：设置函数信号发生器输出直流成分的大小。
（3）上升和下降时间设置（Set rise/Fall time）（或称波形上升和下降沿的角度），输出波形设置成方波才起作用。

3）功率表

功率表用来测量电路的交流、直流功率，功率因数。功率表接线符号与面板如图1-63所示。

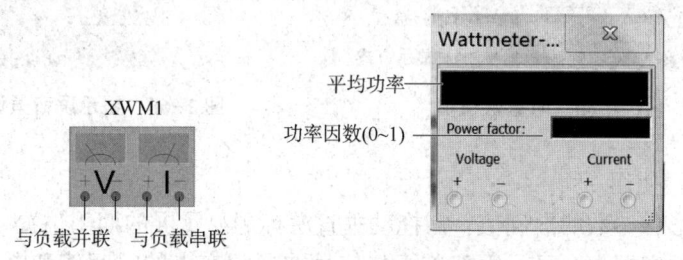

图1-63 功率表接线符号与面板

4）双踪示波器

双踪示波器可分析被测周期信号的幅值和频率。双踪示波器接线符号与面板如图1-64所示。

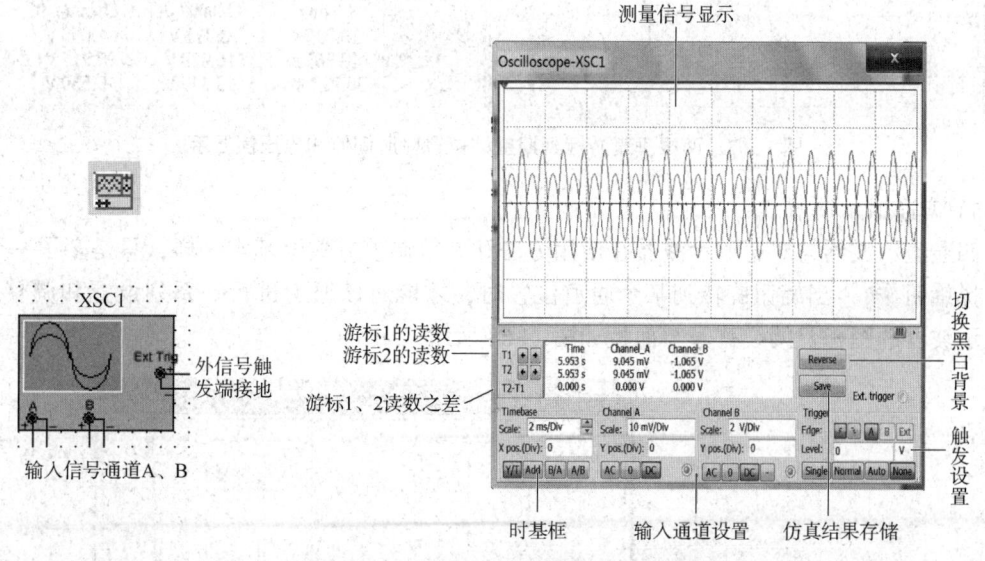

图1-64 双踪示波器接线符号与面板

（1）时基。
时基（Timebase）：用于设置扫描时间及信号显示方式，如图1-65所示。
① "Y/T" 按钮：示波器显示信号波形是关于时间轴 X 的函数。
② "A/B" 或 "B/A" 按钮：示波器显示信号波形是把 B 通道（或 A 通道）作为 X 轴扫描信号，将 A 通道（或 B 通道）信号加载在 Y 轴上。
③ "Add" 按钮：将 A、B 通道信号相加在一起显示。

（2）示波器接地。

若电路中已有接地端，示波器可以不接地。

（3）显示屏设置和存盘。

显示屏背景设置、存盘如图 1-66 所示。

① "Reverse" 按钮：显示屏黑白背景切换按钮（仿真状态下）。

② "Save" 按钮：保持仿真数据，并以扩展名为 scp、lvm 或 tdm 的文件形式保存。

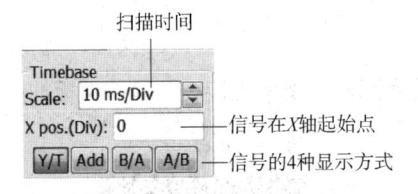

图 1-65　时基数值框

图 1-66　显示屏背景设置、存盘

（4）垂直游标使用。

若要观测波形各参数的准确值，需拖动垂直游标到显示屏的期望位置。

显示屏下方的方框内会显示垂直游标与信号波形相交点的时间值和电压值，如图 1-67 所示。两根垂直游标可同时显示两个不同测点的时间值和电压值，并可同时显示其差值。

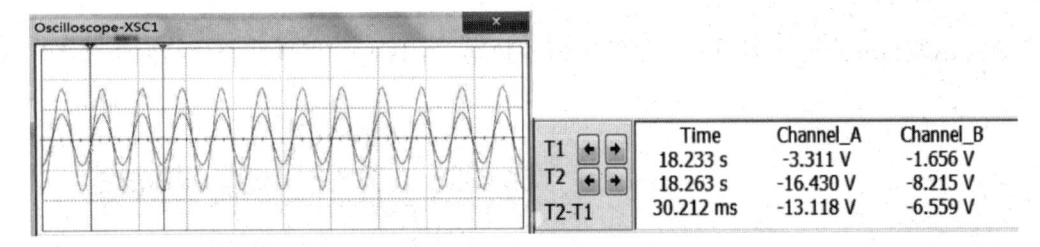

图 1-67　两根垂直游标到期望的位置时时间值和电压值显示

5）四通道示波器

四通道示波器与双通道示波器在使用方法和参数调整方式上基本一样，只是多了一个通道选择旋钮 。当旋钮旋转到某个通道位置时，才能对该通道进行一系列设置和调整。四通道示波器的图标、接线符号与面板如图 1-68 所示。

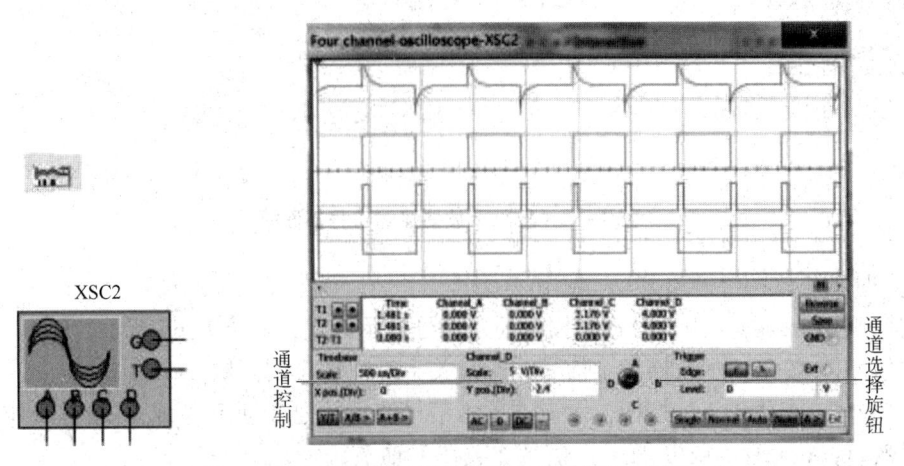

图 1-68　四通道示波器的图标、接线符号与面板

6）伯德图仪

伯德图仪（Bode Plotter）用以测量电路幅频特性和相频特性，其图标、接线符号与面板如图 1-69 所示。

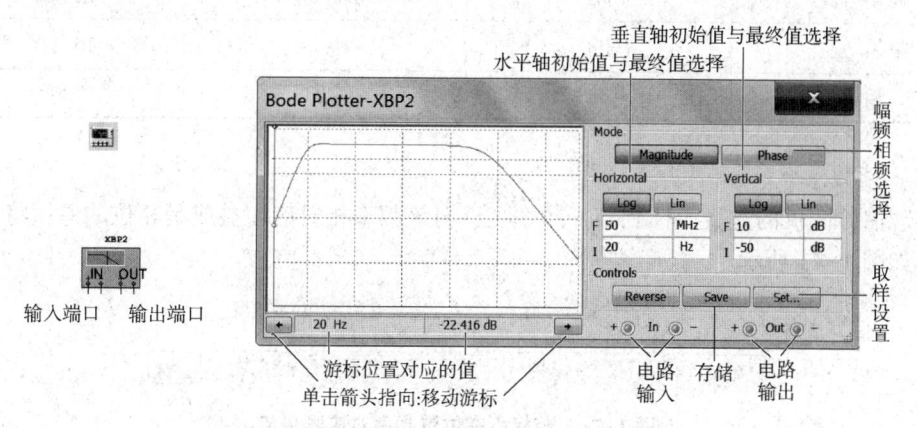

图 1-69　伯德图仪的图标、接线符号与面板

（1）测量模式。

① 幅频特性测量。可测量并显示两测试点间（电路输入 In、电路输出 Out）的幅度比率随频率变化的特性。

注意：伯德图仪显示屏水平轴和垂直轴的初始值和最终值要预置一个合适值。水平轴设置某一个频带段，垂直轴需要根据电路特性来预置值。

② 相频特性测量。可测量并绘制一定频段内两测试点间的相频特性曲线。

③ 测量方法。将仪器输入端口正极与电路输入 In 的正极相连，将仪器输出端口正极与电路输出 Out 的正极相连，将仪器输入端口的负极与仪器输出端口的负极一并接地。

（2）水平轴与垂直轴的设置。

① 基本设置。当比值或增益有较大变化范围时坐标轴一般设置为对数方式，这时频率通常也用对数表示，如图 1-70 所示。

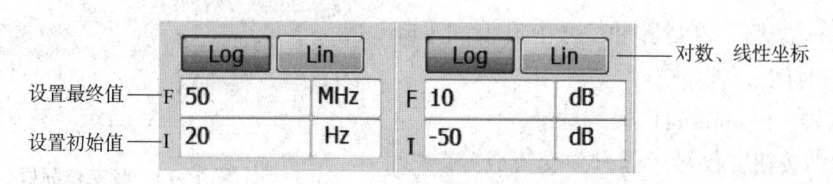

图 1-70　伯德图仪坐标轴等设置

② Horizontal 水平轴刻度。水平轴（X 轴）显示的是频率，它的刻度由横轴的初始值和最终值决定。当要分析的频率范围比较大时，使用对数刻度，且保证参数设计要使 $I<F$。

③ Vertical 垂直轴刻度。垂直轴（Y 轴）的刻度和单位是由测量的内容决定的，如表 1-3 所示。测量电压增益时，垂直轴显示的是电路输出电压与输入电压的比率，使用对数坐标时，单位是分贝（dB）。使用线性坐标时，显示输出电压与输入电压的比率。当测量相频响应曲线时，垂直轴刻度显示相位角的差值，单位为度（°）。

表 1-3 测量内容

测量内容	使用坐标	最小初始值	最大最终值
幅频增益	log	−200 dB	200 dB
幅频增益	lin	0	10×10^9
相频	lin	−720°	720°

（3）读数。

移动伯德图仪的垂直游标到某一频率上，与该频率相对应增益或是相位的差值将被显示出来，如图 1-71 所示。

图 1-71 游标所在位置频率对应测量值

注意：

① 用伯德图仪测试电路幅频特性和相频特性曲线时，电路中一定要有信号源。

② 设置垂直轴（Y 轴）初始值（I）和最终值（F）时，一定要使 $I<F$。

7）频率仪

频率仪可测量信号频率、周期、相位、脉冲信号的上升沿时间和下降沿时间等。频率仪面板如图 1-72 所示。使用过程中应注意根据输入信号的幅值，调整频率仪的灵敏度（Sensitivity）和触发电平（Trigger level）。

面板上各按钮的功能介绍如下。

（1）测量（Measurement）。

Freq 按钮，测量频率。

Pulse 按钮，测量正负脉冲宽度。

Period 按钮，测量信号一个周期所用时间。

Rise/Fall 按钮，测量脉冲信号上升沿和下降沿所占用的时间。

（2）耦合（Coupling）模式选择。

AC 按钮，仅显示信号中交流成分。

DC 按钮，显示信号交流加直流成分。

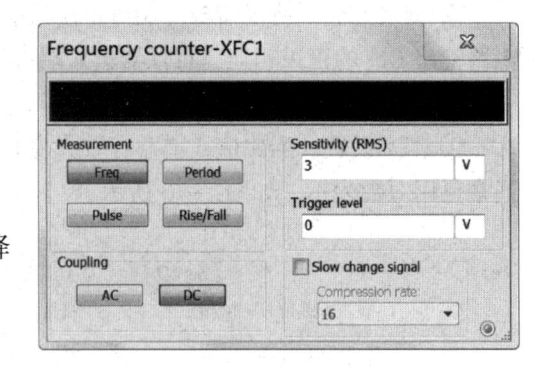

图 1-72 频率仪面板

（3）灵敏度（RMS）。电压灵敏度设置输入电压灵敏度及单位。

（4）触发电平（Trigger level）。输入波形的电平达到并超过触发电平设置数值时才开始测量。

8）伏安特性的图示仪

伏安特性的图示仪面板如图 1-73 所示。

从 IV Analyzer 操作面板右边的 Components 器件下拉菜单中选择要测试的器件类别，同时在面板右边的下方有一个映像该类别器件的电路接线符号。单击"Simulate param"仿真参数按钮，系统弹出"仿真参数设置"对话框，如图 1-74 所示。根据要求选择相应的参数范围。注意：所选器件不同，参数设置框也不同。

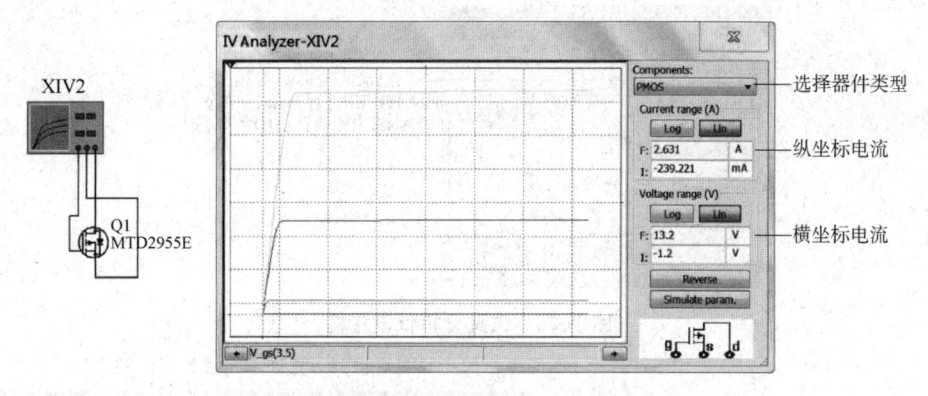

图 1-73 伏安特性的图示仪面板

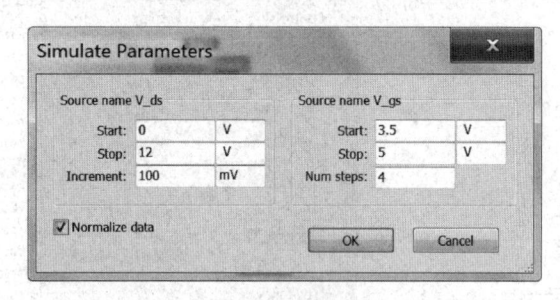

图 1-74 "仿真参数设置"对话框

9) 失真度分析仪

失真度分析仪是测试电路总谐波失真和信噪比的仪器。失真度分析仪只有一个输入点，其图标、接线符号与面板如图 1-75 所示。

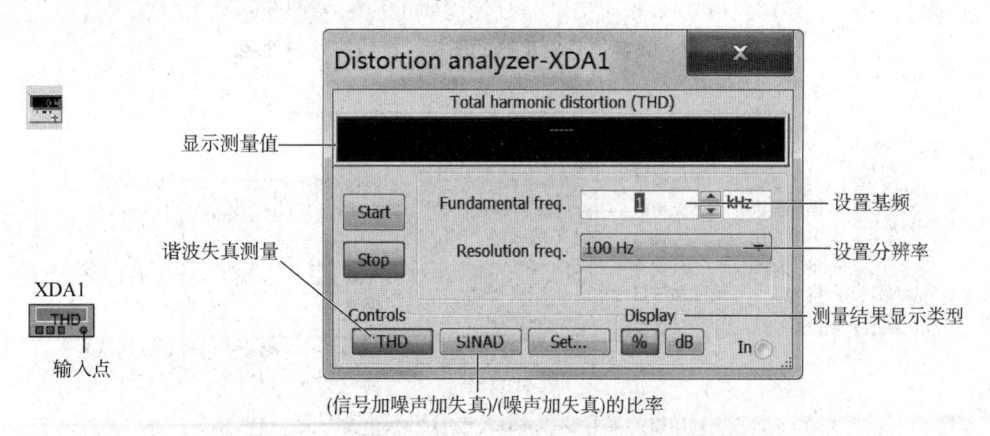

图 1-75 失真度分析仪的图标、接线符号与面板

当使用失真度分析仪时，需选择测试电路总谐波失真还是测试信噪比以及定义总谐波失真 THD 类型，如图 1-76 所示的"Settings"对话框。

3. 数字仪器

1) 数字信号发生器

数字信号发生器是一个可编辑的通用数字激励源，产生并提供 32 位的二进制数。数字信号发生器的图标、接线符号与面板如图 1-77 所示。

字值的输出方式控制、字值设置模板如图 1-78 所示。

图 1-76　失真分析仪设置框

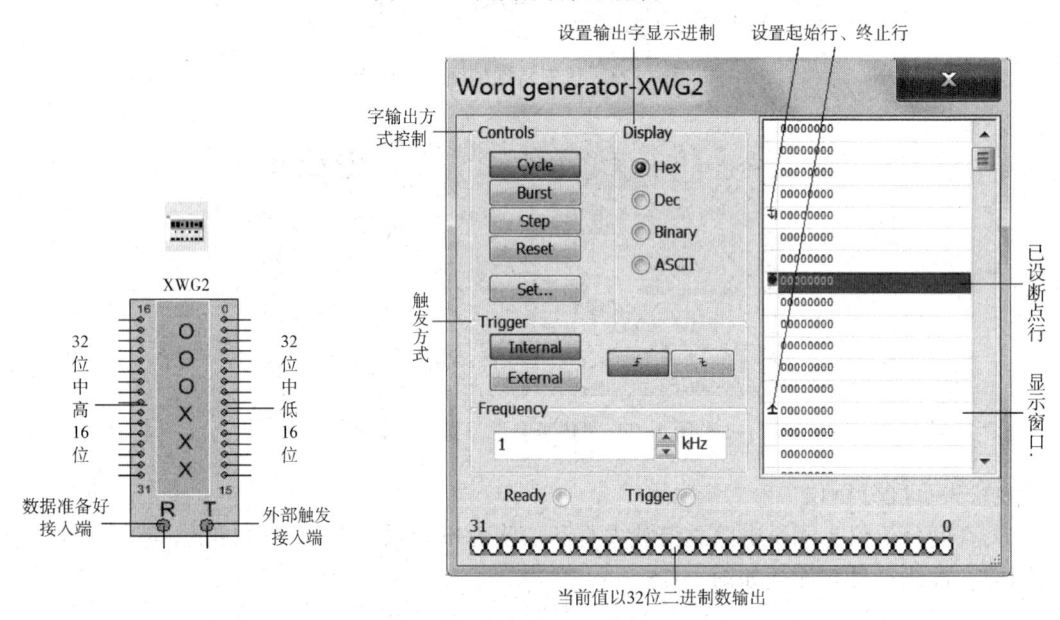

图 1-77　数字信号发生器的图标、接线符号与面板

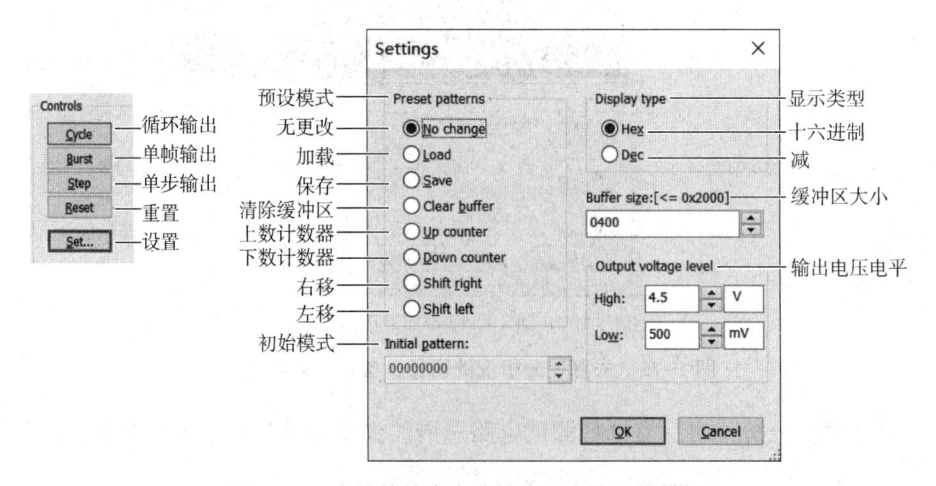

图 1-78　字值的输出方式控制、字值设置模板

2）逻辑分析仪

Multisim 14 中，逻辑分析仪可同时显示 16 个逻辑信号。逻辑分析仪的图标、接线符号与面板如图 1-79 所示。

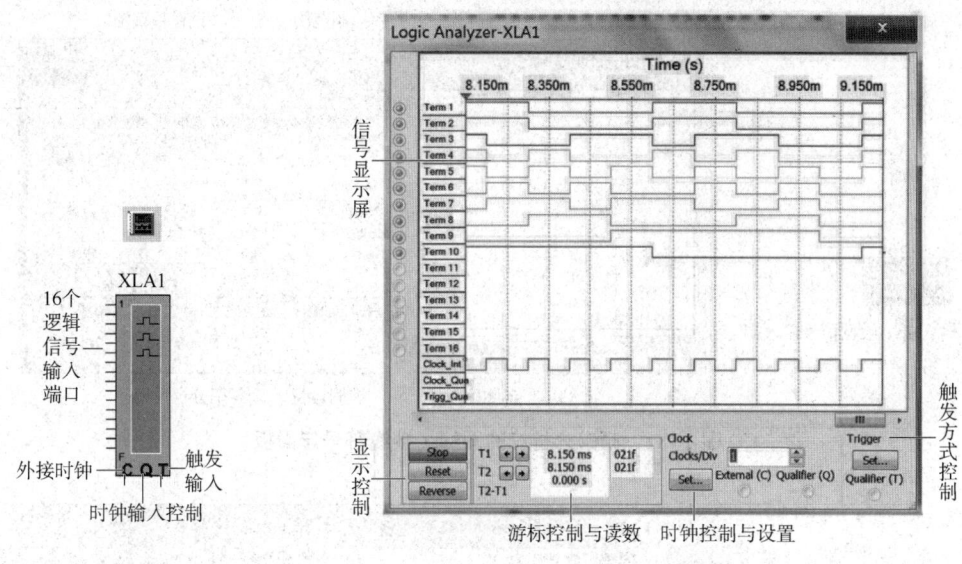

图 1-79　逻辑分析仪的图标、接线符号与面板

注意：用逻辑分析仪观察特殊信号或数据流某段数据，需要对时钟、触发方式等进行相应的设置。

3）逻辑转换仪

逻辑转换仪能把数字电路转换为相应的真值表或布尔表达式，也能把真值表或布尔表达式转换为相应的数字电路。逻辑转换仪的接线符号与面板如图 1-80 所示。

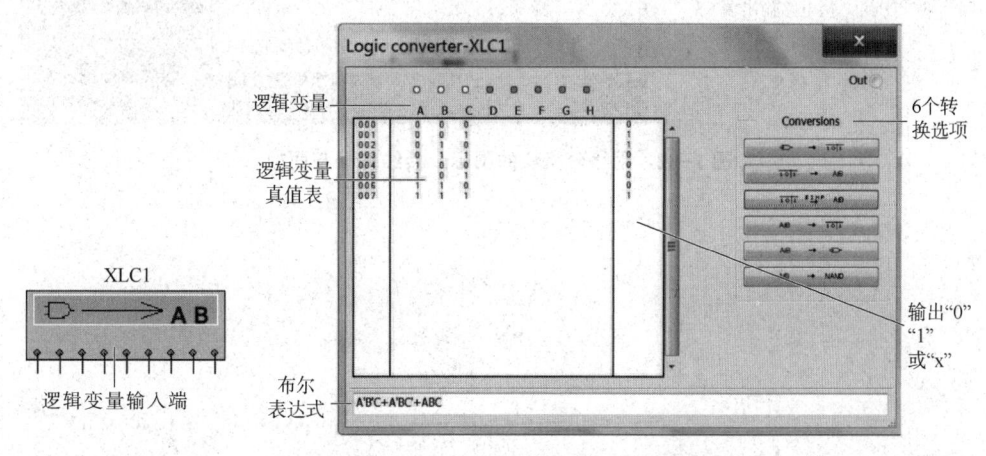

图 1-80　逻辑转换仪的接线符号与面板

4. 射频仪器

1）频谱分析仪

频谱分析仪用于分析信号在频域上的特性，测量某信号中所包含的频率与频率相对应的幅度，测量电路中谐波信号的成分以及测量不同频率信号的功率。本频谱分析仪分析频率范围的上限为 4 GHz。频谱分析仪的图标、接线符号与面板如图 1-81 所示。

2）网络分析仪

网络分析仪是用来测量电路散射参数的仪器，一般用于描述电路在高频工作时的特征。网络分析仪的图标、接线符号与面板如图 1-82 所示。

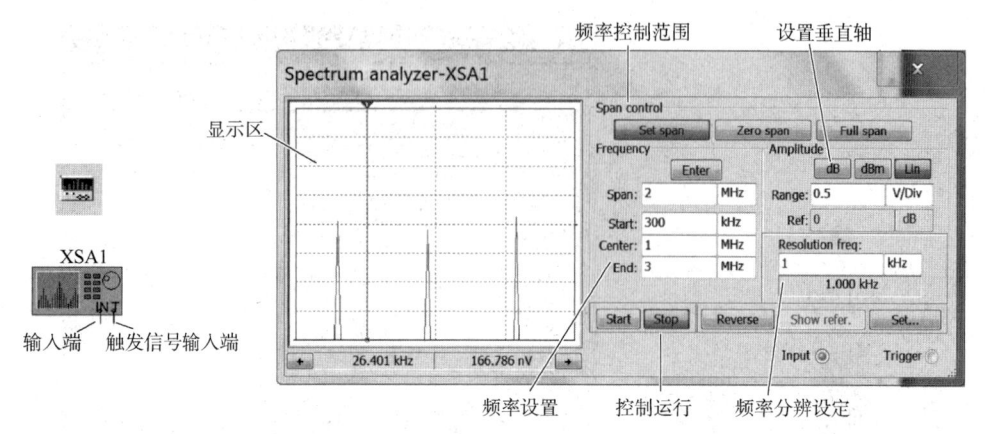

图 1-81　频谱分析仪的图标、接线符号与面板

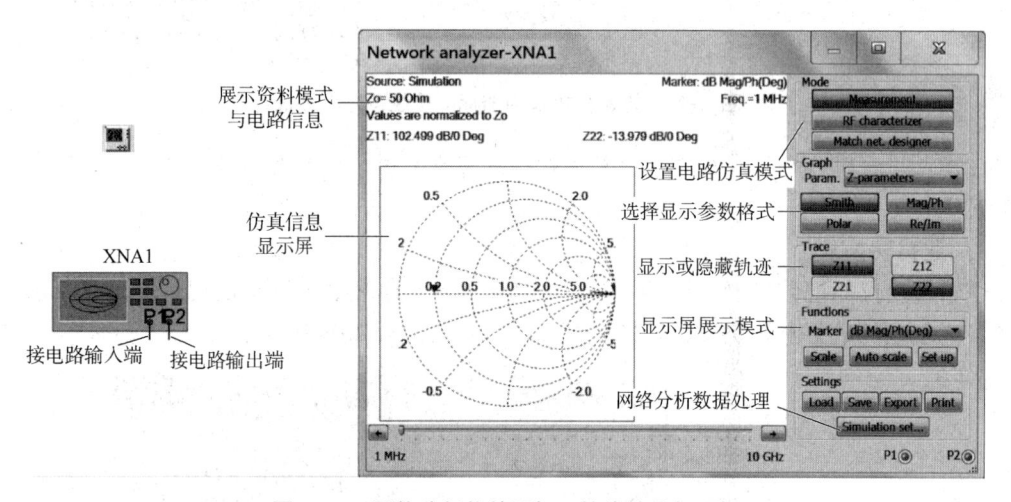

图 1-82　网络分析仪的图标、接线符号与面板

实验二 电路仿真软件 Multisim 的使用——共射极单管放大电路的仿真

一、实验目的

(1) 熟悉 Multisim 14 软件的使用方法。
(2) 掌握放大电路静态工作点的仿真调试方法和测量方法。
(3) 掌握放大电路电压放大倍数、输入电阻、输出电阻的仿真测试方法。
(4) 熟悉常用虚拟电子仪器的使用方法及仿真分析方法。

二、实验器材

(1) 计算机设备。
(2) Multisim 14 仿真软件。

三、实验原理

本实验主要学习 Multisim 14 仿真软件在实际中的应用。利用 Multisim 14，可以结合多种分析方法和各式虚拟仪器，对设计电路进行模拟，达到分析、改进和优化的目的。本实验电路为电阻分压式共射极单管放大电路，如图 2-1 所示。

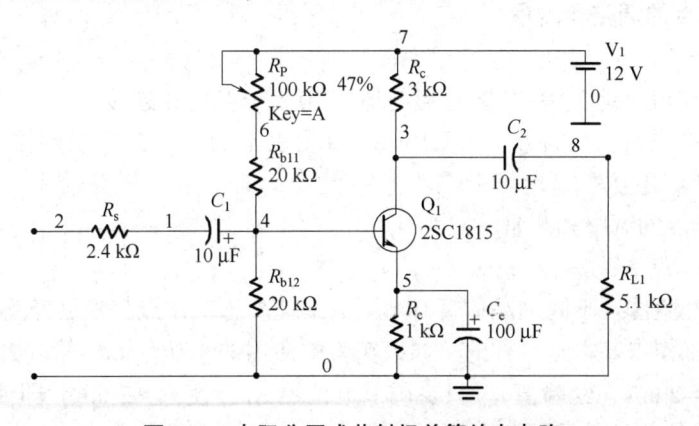

图 2-1 电阻分压式共射极单管放大电路

图 2-1 中的偏置电路采用 R_{b11}、R_P 和 R_{b12} 组成的分压电路，并在发射极中接有电阻 R_e，以稳定放大器的静态工作点。当在放大器的输入端加入输入信号 U_i 后，在放大器的输出端便可得到一个与 U_i 相位相反、幅值被放大了的输出信号 U_o，从而实现电压放大。

详细的工作原理和测量原理请参看实验十五 晶体管共射极单管放大器实验。

理论计算公式：

$$U_B \approx \frac{R_{b12}}{R_{b11}+R_P+R_{b12}} V_{CC} \quad (2\text{-}1)$$

$$I_E = \frac{U_B - U_{BE}}{R_e} \approx I_C \quad (2\text{-}2)$$

$$U_{CE} = V_{CC} - I_C(R_c + R_e) \quad (2\text{-}3)$$

电压放大倍数 $\quad A_V = -\beta \dfrac{R_c // R_L}{r_{be}} \quad (2\text{-}4)$

输入电阻 $\quad R_i = (R_{b11}+R_P) // R_{b12} // r_{be} \quad (2\text{-}5)$

输出电阻 $\quad R_o \approx R_c \quad (2\text{-}6)$

测量计算公式：

电压放大倍数 $\quad A_V = \dfrac{v_8}{v_1} \quad (2\text{-}7)$

输入电阻 $\quad R_i = \dfrac{v_1}{v_2 - v_1} R_s \quad (2\text{-}8)$

输出电阻 $\quad R_o = \dfrac{v_{8\infty} - v_8}{v_8} R_{L1} \quad (2\text{-}9)$

在Multisim 14中调入所有电阻、电容、晶体管和电源接地，按图2-1连接好各元件，完成电路绘制。

如果电路中没有显示节点编号，可单击菜单栏中的"选项"→"电路图属性"，弹出"电路图属性"对话框，选择"网络名称"下的"全部显示"。

四、实验内容及操作

1. 静态工作点的调整和测量

1）准备工作

（1）输入端交流接地：将"2"号点与地（"0"号点）相连接。

（2）调用虚拟设备：从右方拖出万用表，万用表正端接"5"，负端接"0"。双击万用表，选择"直流""电压"。

2）静态工作点的调整和测量

（1）静态工作点的调整。

该实验采用经验法：不同的晶体管有不同的最佳静态工作点，根据经验，某一类型的晶体管的最佳静态工作点基本是一样的，如该实验中使用的小功率晶体管（2SC1815）最佳静态工作点约为 $I_C = 2$ mA（经验值）。只要调节电位器 R_P，使 $I_C = 2$ mA，即使 R_e 两端的电压为2 V，则认为晶体管处于最佳工作状态。

将 R_P 的增量值调整为"0.1%"，启动仿真，按【A】键或【Shift+A】组合键，使万用表读数为2 V，静态工作点调整完成。

（2）静态工作点的测量。

单击"仿真"→"Analyses and simulation"，弹出"仿真分析"对话框，选择"直流工作点"，打开"直流工作点"对话框，选择输出变量：I(Q1[IB])、I(Q1[IE])、I(Q1[IC])、V(3)、V(4)、V(5)，如图2-2所示。

单击"Run"按钮，得到仿真结果，如图2-3所示。

图 2-2 "仿真分析"对话框

图 2-3 共射极单管放大电路静态工作点的仿真结果

数值保留小数点后三位：

V_{BQ} = 2.498 V，V_{CQ} = 5.989 V，V_{EQ} = 2.021 V，I_{BQ} = 16.911 μA，I_{CQ} = 2.004 mA，I_{EQ} = -2.021 mA。

$V_{BE} = V_{BQ} - V_{EQ}$ = 2.498 - 2.021 = 0.477（V）；$V_{CE} = V_{CQ} - V_{EQ}$ = 5.989 - 2.021 = 3.968（V）。

2. 放大电路电压放大倍数的测量

在"2"与"0"间输入 1 000 Hz、10 mV 的正弦波信号，单击"仿真"→"Analyses and simulation"，弹出"仿真分析"对话框，选择"瞬态分析"，弹出"瞬态分析"对话框，选择输出变量：V(1)、V(8)，单击"Run"按钮，得到仿真结果，如图 2-4 所示。

单击"光标"→"显示光标"，打开光标列表，如图 2-4 所示。

电压放大倍数：$A_V = \dfrac{475.887 - (-446.579)}{3.934 - (-3.783)} \approx 119.537$

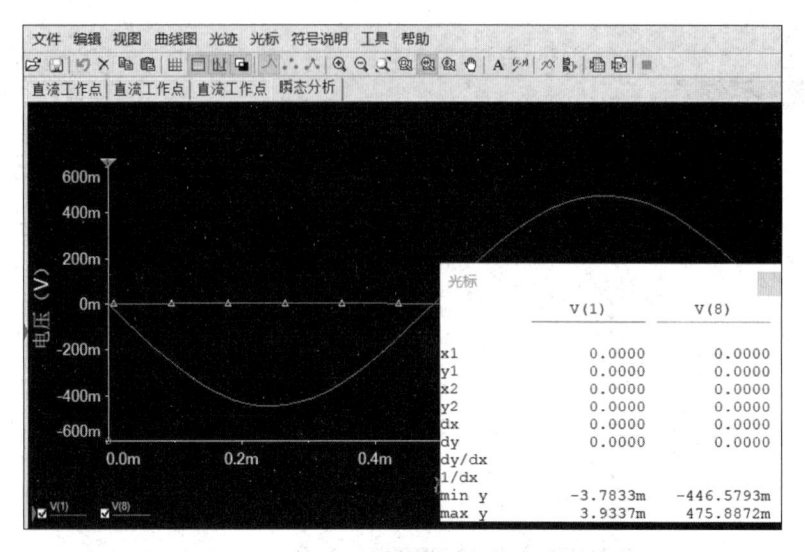

图 2-4　共射极单管放大电路仿真结果及光标列表

3. 输入输出电阻的测量

分别拖出三块万用表，正极接入电路中的"2""1""8"点，负极接"0"点，用于测量 v_s、v_i、v_o。拖出一台示波器，A 通道接输入"1"点，B 通道接输出"8"点，如图 2-5 所示。

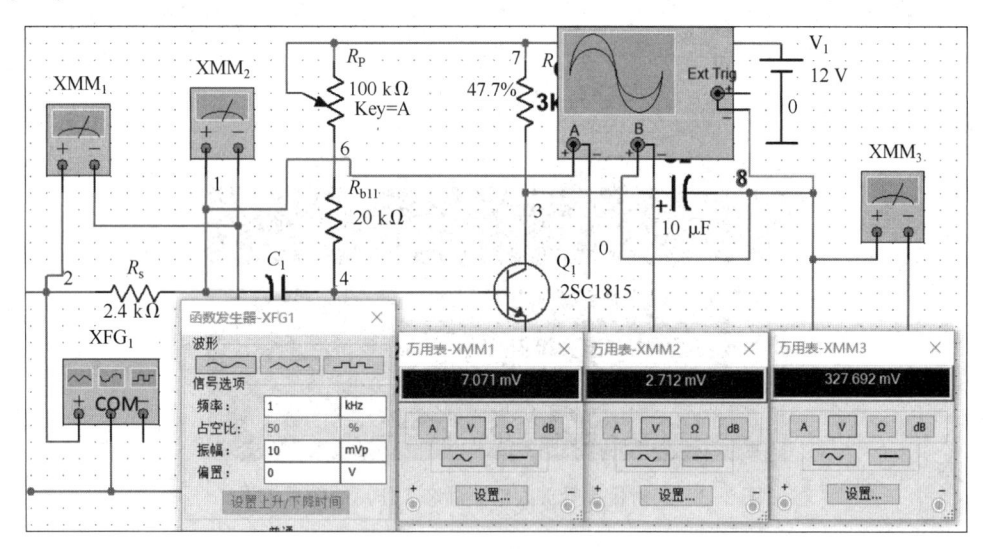

图 2-5　动态测量电路

信号源设置为 1 000 Hz、10 mV 的正弦波，万用表选择交流电压。启动仿真，先打开示波器，观察输出波形有无失真，如果有失真，需要减小信号源输出电压，直到失真消失。万用表显示交流电压的有效值，如图 2-5 所示。

（1）求电压放大倍数。

$$A_V = \frac{327.692}{2.712} \approx 120.8$$

（2）求输入电阻。

$$R_i = \frac{2.712}{7.071-2.712} \times 2.4 \approx 1.493(\text{k}\Omega)$$

(3) 求输出电阻。

万用表 3 的读数为 $v_8 = 327.692$ mV。停止仿真，断开负载（R_{L1}），再启动仿真，万用表 3 的读数为 $v_{8\infty} = 491.377$ mV，所以

$$R_o = \frac{491.377 - 327.692}{327.692} \times 5.1 \approx 2.547(\text{k}\Omega)$$

4. 频率特性分析

在"2"与"0"间输入 1 000 Hz、10 mV 的正弦波信号，单击"仿真"→"Analyses and simulation"，弹出"仿真分析"对话框，选择"交流分析"，弹出"交流分析"对话框，选择输出变量：V(8)，单击"Run"按钮，得到仿真结果，如图 2-6 所示。

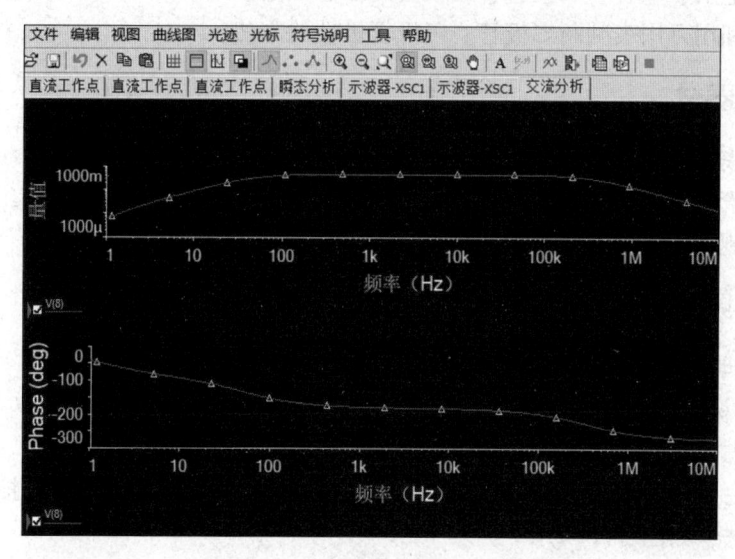

图 2-6　频率特性分析仿真结果

图 2-6 中，上部为幅频特性，下部为相频特性。

五、实验预习

（1）复习 Multisim 14 基本功能及操作方法。
（2）理解共射极单管放大电路静态工作点的概念和测量方法。
（3）理解共射极单管放大电路中 A_V、R_i、R_o 等动态参数的实验测量原理和方法。

六、实验报告

（1）整理测量数据，计算电压放大倍数、输入电阻、输出电阻，并把实测的静态工作点、电压放大倍数、输入电阻、输出电阻的值与理论计算值比较，分析产生误差的原因。
（2）总结心得体会。

实验三　常用电子元器件的识别与判断

一、实验目的

（1）掌握电阻、电容、二极管、三极管的标志方法。
（2）掌握利用万用表判断二极管、三极管极性的方法。

二、实验器材

（1）万用表。
（2）晶体管特性测试仪。
（3）各种规格的电阻、电容、二极管、三极管若干。

三、实验原理

1. 电阻元件的识别

1）电阻的标志方法

电阻的标志方法主要有直标法、文字符号法、色标法（色环法）三种。

（1）直标法。直标法是利用阿拉伯数字和单位符号在电阻器的表面直接标出电阻值和允许误差的方法，如图3-1所示。

图3-1　直标法

直标法中用 Ω、kΩ、MΩ 符号表示电阻值的单位，分别表示欧姆、千欧、兆欧。

（2）文字符号法。文字符号法是利用阿拉伯数字加字母符号的组合来表示阻值、允许误差的方法。

① 字母符号表示的单位，如表3-1所示。

表3-1　字母符号表示的单位

字母符号	表示的单位	字母符号	表示的单位
R	欧姆（10^0 Ω）	G	吉欧（10^9 Ω）
k	千欧（10^3 Ω）	T	太欧（10^{12} Ω）
M	兆欧（10^6 Ω）		

② 数字与字母符号组合的意义：字母符号 R、k、M 之前的数字表示整数位阻值；字母符号 R、k、M 之后的数字表示小数位阻值。例如，R10 表示 0.1 Ω；1R0 表示 1 Ω；1k0 表示 1 kΩ；5k6 表示 5.6 kΩ；等等。

(3) 色标法（色环法）。

四色环两位有效数字标志法：电阻器用四条色环表示阻值与允许误差，称为四色环法。其意义为：前三条色环表示两位有效数及倍率，最后一条色环表示允许误差，如图 3-2 所示。色环与阻值的关系如表 3-2 所示。例如，四条色环为绿、蓝、黄、银，则表示阻值为 560 kΩ，允许误差为±10%。对于第三条色环，还可以采用简便读法：上例中第三条色环为黄色，即可判定该电阻值为几百几十千欧。

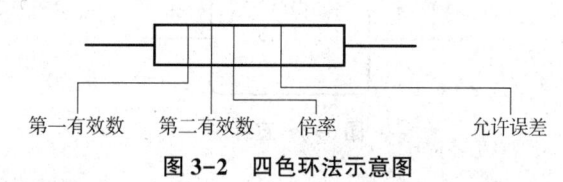

图 3-2 四色环法示意图

表 3-2 色环与阻值的关系

颜色	第一有效数	第二有效数	倍率	简便读法	允许误差
黑	0	0	10^0	几十几欧	
棕	1	1	10^1	几百几十欧	
红	2	2	10^2	几点几千欧	
橙	3	3	10^3	几十几千欧	
黄	4	4	10^4	几百几十千欧	
绿	5	5	10^5	几点几兆欧	
蓝	6	6	10^6	几十几兆欧	
紫	7	7	10^7		
灰	8	8	10^8		
白	9	9	10^9		
金			10^{-1}	几点几欧	±5%
银			10^{-2}	零点几欧	±10%
无色					±20%

五色环电阻的读法与四色环电阻类似，不同之处是：前四条色环表示三位有效数及倍率，最后一条色环表示允许误差。

2）电阻的分类

电阻的种类很多，概括起来可分为固定电阻和可调电阻（电位器）两大类。常用固定电阻的标志符号如表 3-3 所示。

表 3-3 常用固定电阻的标志符号

标志符号	代表的意义	标志符号	代表的意义
RT	碳膜电阻	RR	热敏电阻
RJ	金属膜电阻	RM	压敏电阻
RX	线绕电阻	RG	光敏电阻

3）电阻的选用

一般，对于无线电而言电阻的选用无特别的要求，绝大多数情况下，用 1/8 W 的小型电阻就可以了。在小型电阻中，以碳膜电阻和金属膜电阻较常见。大于 2 W 的电阻，就要选用线绕电阻。

所有电阻使用前都要用万用表校测一次,看阻值是否正确。

2. 电容元件的识别

1) 电容的标志方法

（1）直标法。直标法是利用阿拉伯数字和单位符号在电容器的表面直接标出电容值和允许误差的方法,如图 3-3 所示。

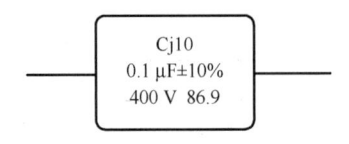

```
Cj10
0.1 μF±10%
400 V  86.9
```

图 3-3　直标法

直标法中用 pF、μF、F 这些字母表示电容的容量单位,分别为皮法、微法、法拉。

（2）文字符号法。文字符号法是利用阿拉伯数字及字母符号的组合来表示电容值、允许误差的方法。文字符号法是小电容的一种主要标志方法。

① 字母符号表示单位,如表 3-4 所示。

表 3-4　字母符号表示的单位

字母符号	表示的单位	字母符号	表示的单位
p	皮法（10^{-12} F）	m	毫法（10^{-3} F）
n	纳法（10^{-9} F）	F	法拉（10^0 F）
μ	微法（10^{-6} F）		

② 数字与字母符号组合的意义。字母符号 p、n、μ 之前的数字表示整数位电容值;字母符号 p、n、μ 之后的数字表示小数位电容值。如果文字符号之后没有单位且数字部分为整数,则其单位为 pF;如果数字部分有小数点,则其单位为 μF。如果两位数字前带有 R 字母,则 R 相当于小数点;对于三位数字的电容值,最后一位数字应视为倍率,且单位为 pF。例如,334 表示 $33×10^4$ pF,即 0.33 μF;若第三位数字为 9,则表示 10^{-1} 倍率。文字符号法如表 3-5 所示。

表 3-5　文字符号法

文字符号	计算方法	表示电容值	文字符号	计算方法	表示电容值
7	7（pF）	7 pF	103	$10×10^3$（pF）	0.01 μF
560	560（pF）	560 pF	683	$68×10^3$（pF）	0.068 μF
0.22	0.22（μF）	0.22 μF	331	$33×10^1$（pF）	330 pF
47n	$47×10^{-9}$（F）	0.047 μF	479	$47×10^{-1}$（pF）	4.7 pF
2p2	2.2（pF）	2.2 pF	R22	0.22（μF）	0.22 μF

③ 电容容量误差表。电容容量误差如表 3-6 所示。

表 3-6　电容容量误差

F	G	J	K	L	M
±1%	±2%	±5%	±10%	±15%	±20%

例如，一瓷片电容为 104J，表示容量为 0.1 μF，容量误差为±5%。

2）电容的分类

电容的种类繁多，按介质材料的不同可分为纸介电容（Z）、电解电容（D）、云母电容（Y）、高频瓷介电容（C）、低频瓷介电容等；按形状不同可分为筒形电容、立式矩形电容、圆片形电容等。

3）电容的选用

电容的选用要综合工作电压、工作频率等多方面的因素来考虑。谐振回路可选用云母电容、高频瓷介电容；用以隔直流时，可选用纸介电容、电解电容等；用于滤波，可选用电解电容。对于电解电容的使用要注意区分极性（在电容表面有标记的一端为负极，另一端为正极）。用于定时装置或稳定性较高的地方，应选用大容量的钽电容。电容器在装入整机前，应检查有无短路、断路、漏电等现象。

3. 电感元件的识别

1）电感的标志方法

电感在电路中常用"L"加数字表示，如 L6 表示编号为 6 的电感。

电感一般有直标法和色标法，色标法与电阻类似。如棕、黑、金、金表示 1 μH（允许误差为 5%）的电感。电感的基本单位为亨（H），换算单位为 1 H = 10^3 mH = 10^6 μH。

2）电感的选用

电感线圈是将绝缘的导线在绝缘的骨架上绕一定的圈数制成的。直流可通过线圈，直流电阻就是导线本身的电阻，压降很小；当交流信号通过线圈时，线圈两端将会产生自感电动势，自感电动势的方向与外加电压的方向相反，阻碍交流的通过，所以电感的特性是通直流阻交流，频率越高，线圈阻抗越大。电感在电路中可与电容组成振荡电路。

4. 半导体元件的识别

1）国产半导体元件的命名方法

半导体元件主要指二极管、三极管和场效应管等，其命名方法如表 3-7 所示。

表 3-7　国产半导体元件的命名方法

第一部分		第二部分		第三部分	
表示电极数目		表示材料和极性		表示元件的类型	
符号	意义	符号	意义	符号	意义	符号	意义
2	二极管	A B C D	N 型，锗材料 P 型，锗材料 N 型，硅材料 P 型，硅材料	P V W C Z L S N U K X G	普通管 微波管 稳压管 参量管 整流管 整流堆 隧道管 阻尼管 光电管 开关管 低频小功率管 高频小功率管	D A T Y B J CS BT FT PIN JG	低频大功率管 高频大功率管 半导体闸流管（可控硅） 体效应器件 场效应管激光器件 阶跃恢复管 场效应器件 半导体特殊器件 复合管 PIN 型管 激光器件
3	三极管	A B C D	PNP 型，锗材料 NPN 型，锗材料 PNP 型，硅材料 NPN 型，硅材料				

例如，2AP9 为 N 型锗材料普通二极管；3DG6 为 NPN 型硅材料高频小功率管。

注意：场效应管、激光器件等的命名，仅有第三部分。

2）二极管的识别

（1）以色环表示负极，有些二极管用二极管专用符号来表示 P 极（正极）或 N 极（负极），也有采用符号标志"P""N"来确定二极管极性的。有些发光二极管的正负极可从引脚长短来识别，长脚为正，短脚为负，如图 3-4 所示。

图 3-4 二极管的识别

(a) 用专用符号表示；(b) 以色环表示负极

（2）晶体二极管在电路中常用"D"加数字表示，如 D5 表示编号为 5 的二极管。

晶体二极管按作用可分为整流二极管（如 1N4004）、隔离二极管（如 1N4148）、肖特基二极管（如 BAT85）、发光二极管、稳压二极管等。

① 1N4000 系列二极管的参数如表 3-8 所示。

表 3-8 1N4000 系列二极管的参数

型号	1N4001	1N4002	1N4003	1N4004	1N4005	1N4006	1N4007
耐压/V	50	100	200	400	600	800	1 000
电流/A	1	1	1	1	1	1	1

② 稳压二极管。稳压二极管在电路中常用"ZD"加数字表示，如 ZD5 表示编号为 5 的稳压管。稳压二极管的稳压原理：稳压二极管的特点是击穿后，其两端的电压基本保持不变。这样，当把稳压二极管接入电路后，若由于电源电压发生波动，或其他原因造成电路中各点电压变动时，负载两端的电压将基本保持不变。常用稳压二极管的型号及稳压值如表 3-9 所示。

表 3-9 常用稳压二极管的型号及稳压值

型号	1N4728	1N4729	1N4730	1N4732	1N4733	1N4734	1N4735	1N4744
稳压值/V	3.3	3.6	3.9	4.7	5.1	5.6	6.2	15

3）三极管的识别

（1）引脚的识别。根据三极管引脚的排列形状，可以识别三极管的三个电极（e、b、c），如图 3-5 所示。

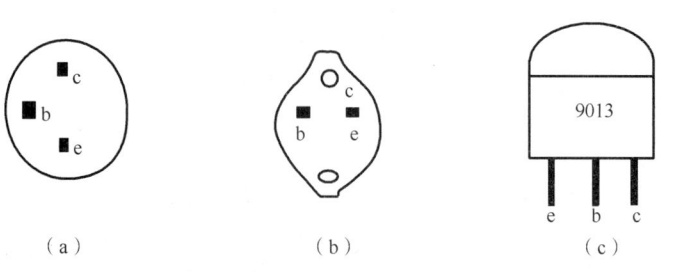

图 3-5 三极管引脚的识别

图 3-5（a）识别规则是：引脚朝上，有管键的，管键置左下角；无管键的，空位置朝向右边。然后从下边一根引脚顺时针排列过去依次是 e、b、c 三个电极。

图 3-5（b）识别规则是：引脚朝上，安装孔上下排列，使中间两根引脚与安装距离较大的一端置下方，则两根引脚中，左边一根为 b，右边一根为 e，外壳就是 c。

图 3-5（c）识别规则是：如图中位置放置，然后从最左边一根引脚开始依次为 e、b、c。

（2）90 系列三极管的识别。90 系列三极管的型号与极性如表 3-10 所示。

表 3-10　90 系列三极管的型号与极性

型号	表示极性	型号	表示极性
9012	PNP，中功率硅管	9014	NPN，小功率硅管
9013	NPN，中功率硅管	9015	PNP，小功率硅管

四、实验内容及操作（实验前请认真学习原理部分）

1. 电阻元件的识别

（1）按直标法或色环法读出所给电阻元件的标称值，填入表 3-11。

（2）用万用电表测量所给电阻元件的阻值，填入表 3-11。比较两次所得的电阻值。

表 3-11　数据记录表

序号	1	2	3	4	5
色环					
标称值					
测量值					
标志					
标称值					
测量值					

（3）用万用表测量所给电位器转角与电阻值的关系。

① 当电位器转动过程中，万用表电阻挡指针连续偏转，电位器性能良好。

② 当电位器转动过程中，万用表电阻挡指针不动或指针偏转不连续（有抖动），电位器已坏或性能变差。

2. 电容元件的识别

（1）按直标法或文字符号法读出所给电容的电容值，填入表 3-12。

表 3-12　数据记录表

序号	1	2	3	4	5	6	7	8
标称值								
电容值								

（2）根据电解电容外壳标记，判断其电解电容的极性。

（3）利用万用表判断电容（电容值较大，微法级）的好坏。

用指针式万用表测量，看电阻挡指针连续偏转与回摆（充放电）情况。

3. 二极管的识别和极性判断

（1）根据二极管的标志，判断所给二极管的类型，填入表3-13。

表 3-13　数据记录表

标志	1N4007	2AP15	2DW1.5
类型			

（2）根据所给二极管的管壳标记，判断二极管的极性。

整流管："白色"环一端为"+"。

检波管："尖头"一端为"+"。

（3）利用万用表判断二极管的极性，测量二极管的正、反向电阻。

4. 三极管的识别和极性判断

（1）根据三极管的标志，判断所给三极管的类型，填入表3-14。

表 3-14　数据记录表

标志	C9013（S9013）	3DG12（3DG6）	3DD15（3DD01）
类型			

（2）根据所给三极管的管壳形状，判断三极管的极性。

（3）利用万用表判断三极管的极性和类型。

五、实验报告

（1）简述电阻、电容、晶体管各种标志方法的规则及意义。

（2）分析标称值和测量值的误差范围。

（3）简述万用表判断二极管、三极管类型和极性的方法。

六、实验预习

（1）熟悉常用元器件的外部结构。

（2）熟悉常用元器件的功能和分类方法。

（3）了解常用元器件的标志方法和识别方法。

实验四　模拟电路实验系统的使用

一、实验目的

(1) 理解模拟电路实验系统的结构和各部分的功能。
(2) 掌握信号源的使用和操作方法。
(3) 掌握毫伏表的使用方法。
(4) 掌握示波器的调节方法，观察波形的方法和测量信号幅度、周期（频率）的方法。

二、实验器材

(1) 实验箱 TDX-AS。
(2) 万用表。

三、实验原理

1. 模拟电路实验系统概述

TDX-AS 实验系统为模拟电路、电路分析教学提供了功能齐全的实验教学平台。系统主要由实验电路区、恒压电源、可调直流信号源、波形发生器和专用测量分析仪器等构成。TDX-AS 实验系统结构如图 4-1 所示。

图 4-1　TDX-AS 实验系统结构

1) 实验电路区

TDX-AS 实验系统的实验电路区包括基本放大电路、集成运算电路、差动放大电路、功率放大电路 4 个实验单元，学生可以通过不同的连接方式完成相应的模拟电路实验。

2）恒压电源

其提供±5 V、±12 V、-10~-1.5 V 连续可调和+1.5~+10 V 连续可调共 6 路电压源，通过调节电位器可得到在-10~-1.5 V、+1.5~+10 V 范围内的任意电压值。

3）可调直流信号源

其提供-0.5~+0.5 V 和-5~+5 V 两路直流可调信号源。

4）波形发生器

其提供频率为 1 Hz~2 000 kHz 的正弦波、三角波和方波三种信号源。

5）扩展实验区

扩展实验区为扩展开发实验提供一组方便的开发接口，通过这些接口，可以将实验中主要用到的一些信号资源连接到扩展模块上。

6）专用测量分析仪器

专用测量分析仪器主要由一块 5 in[①]TFT 液晶显示屏组成，并包含两路模拟输入通道，一个多功能旋钮和 USB U 盘插座。当仪器运行异常时可以按复位按钮对系统进行复位。

TDX-AS 专用测量分析仪器单元分布如图 4-2 所示。

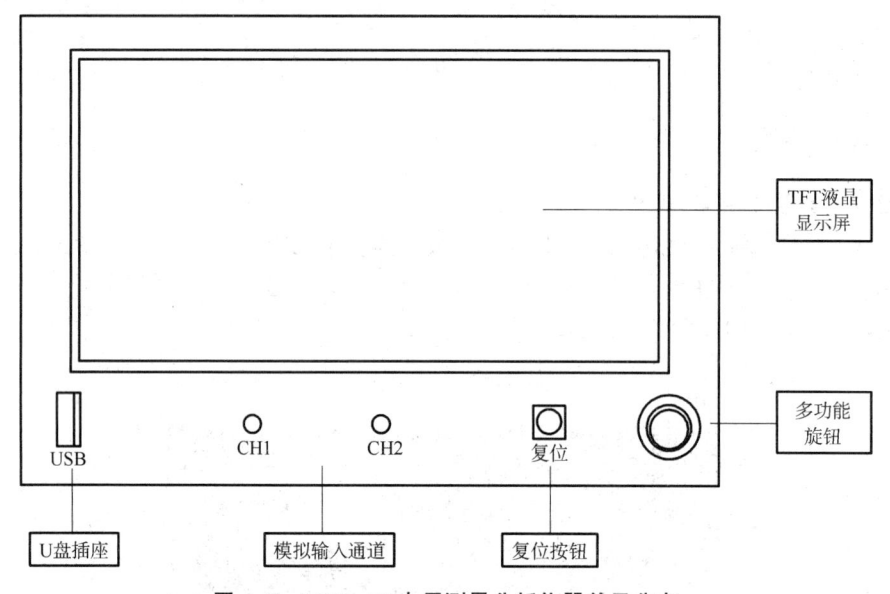

图 4-2　TDX-AS 专用测量分析仪器单元分布

TDX-AS 专用测量分析仪器采用全触控操作方式，主要提供示波器、交流毫伏表、XY 测量、频率特性分析等功能。在主界面按"仪器功能选择"，可以选择需要启动的仪器功能。

2. 信号源的使用

信号源包括直流信号源和交流信号源（波形发生器），信号源面板如图 4-3 所示。

1）直流信号源

该单元提供-0.5~+0.5 V 和-5~+5 V 两路直流可调信号源。

通过拨动两路开关可以选择-0.5~+0.5 V 或-5~+5 V 两挡，通过调节电位器可在其范围内任意调节。

2）波形发生器

该单元提供频率为 1 Hz~2 000 kHz 的正弦波、三角波和方波三种信号源。

---

① 英寸，1 in=25.4 mm。

按"类型"按键可以在正弦波、三角波和方波三种信号之间循环选择。

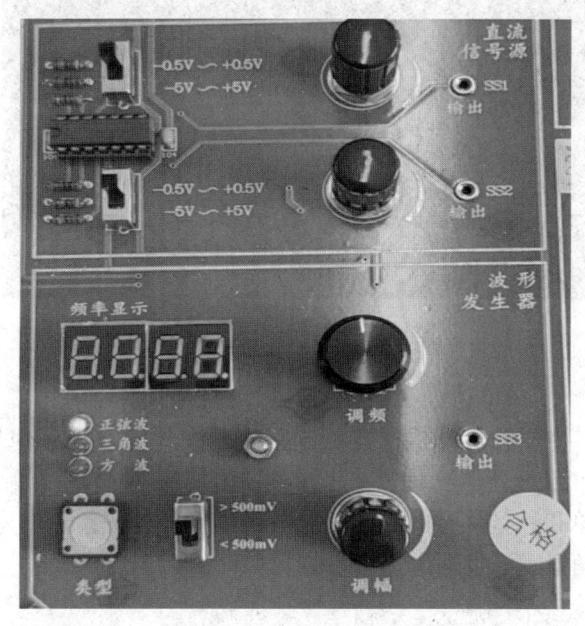

图 4-3 信号源面板

"调频"旋钮可以调节信号频率，按压该旋钮可以在以下 4 个频段之间依次切换。

1~999 Hz（数码管显示为 1~999，此时单位为 Hz）；

1~9.99 kHz（数码管显示为 1.00~9.99，此时单位为 kHz）；

10~99.9 kHz（数码管显示为 10.0~99.9，此时单位为 kHz）；

100~2 000 kHz（数码管显示为 100.~2 000，此时单位为 kHz）。

"调幅"旋钮可以调整输出波形的幅值，旁边的开关选择信号输出幅度大于 500 mV 还是小于 500 mV。

3. 交流毫伏表的使用

打开电源开关后，专用测量分析仪器液晶显示屏如图 4-4 所示。

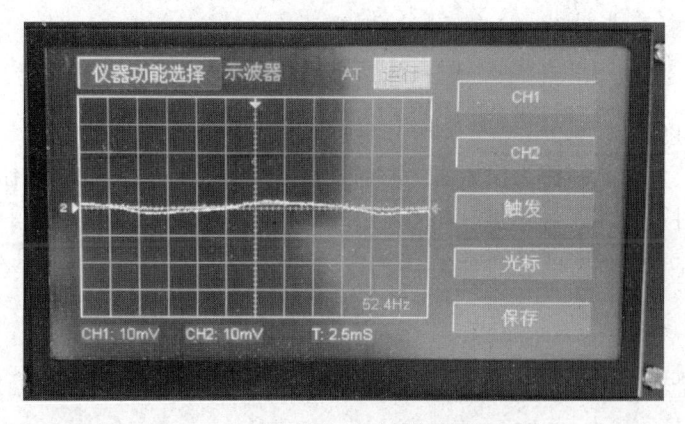

图 4-4 专用测量分析仪器液晶显示屏

单击"仪器功能选择"按钮，选择"交流毫伏表"后即进入交流毫伏表主界面，如图 4-5 所示。表盘显示 CH1 通道所连接交流信号的电压有效值，量程自动切换。

图 4-5 交流毫伏表主界面

4. 示波器的使用

打开电源开关后，专用测量分析仪器处于示波器主界面（在其他界面，单击"仪器功能选择"按钮，选择"示波器"后即进入示波器主界面），如图 4-6 所示。示波器主界面包含波形显示区、主菜单和一些状态指示。单击主菜单上各项按钮，可进入相应菜单项设置。在波形显示区的右下角显示触发通道的频率值。

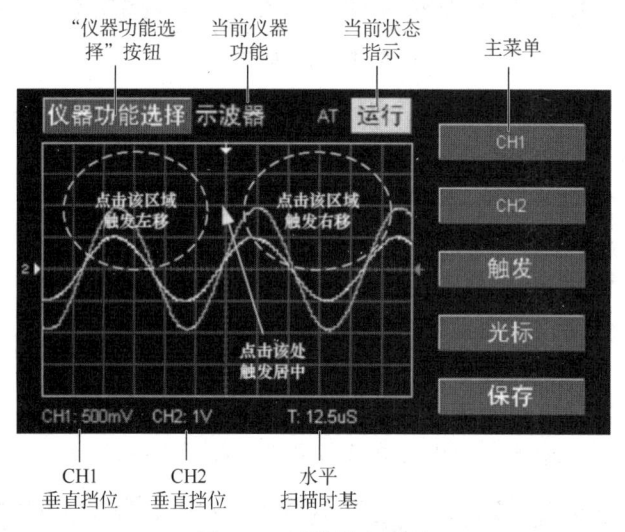

图 4-6 示波器主界面

1）水平灵敏度设置

在主界面下，多功能旋钮为设置水平扫描时基，即水平灵敏度设置旋钮，转动该旋钮可以改变水平扫描时基（水平灵敏度）。状态栏的右边（T）显示当前的水平灵敏度，单位为 s/div，表示水平方向每格的时间数。在图 4-6 中，T：12.5 μs，表示水平方向每格为 12.5 μs。

2）通道设置

示波器有两个输入通道，分别为 CH1 和 CH2，其设置方法相同。下面以 CH1 为例介绍通道设置方法。

在主菜单单击"CH1"按钮，进入 CH1 通道设置菜单，如图 4-7 所示。在该菜单项中可以设置 CH1 通道的耦合方式、垂直挡位（垂直灵敏度）和波形垂直方向位置移动，还有设置 CH1 通道波形显示打开和关闭。

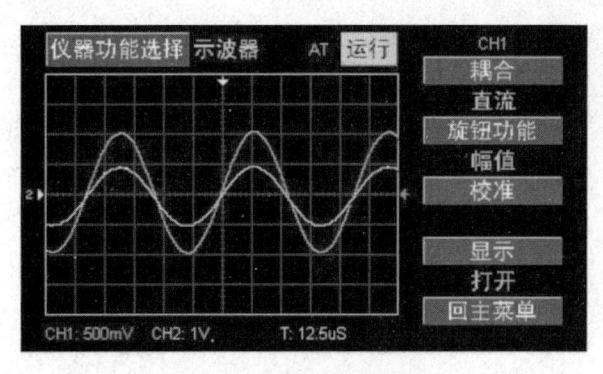

图 4-7　CH1 通道设置菜单

（1）耦合方式。示波器通道有"交流"和"直流"两种耦合方式，单击"耦合"按钮可以循环切换通道的耦合方式。"直流"耦合表示输入信号中的交流和直流成分全部通过，"交流"耦合表示阻隔输入信号的直流成分，只通过交流成分。

（2）幅值调节。主菜单中的"旋钮功能"按钮用于设置多功能旋钮的功能，单击该按钮，按钮下方依次显示"幅值"和"位置"。

单击"旋钮功能"按钮，使得按钮下方显示"幅值"，此时旋转多功能旋钮可以改变通道波形的垂直挡位（又叫垂直灵敏度，表示垂直方向每格的电压数，单位为 V/div）。垂直灵敏度显示在状态栏中，如图 4-7 中的"CH1：500 mV""CH2：1 V"，表示 CH1 垂直方向每格为 500 mV，CH2 垂直方向每格为 1 V。

（3）位置调节。单击"旋钮功能"按钮，使按钮下方显示"位置"，此时旋转多功能旋钮可以改变通道波形的垂直位置偏移，即改变通道波形的水平中心线使其上下移动。

（4）校准。该功能主要对通道的零基准进行调节，需要校准时首先将通道输入端连接到实验箱上的"地"插孔（⊥或 GND），然后连续单击"校准"按钮三次即开始校准。

（5）显示打开和关闭。单击"显示"按钮，可以设置通道波形显示是打开还是关闭。如要关闭 CH1 通道波形的显示，在 CH1 菜单中单击"显示"按钮，状态指示为"关闭"，波形显示区中 CH1 通道的波形即被隐藏起来。

3）触发设置

在主菜单单击"触发"按钮，进入触发设置菜单，如图 4-8 所示。在触发设置菜单中可以设置触发通道、边沿选择及触发方式。

"触发通道"按钮：可以选择 CH1 或 CH2 作为触发通道。

"边沿选择"按钮：可以设置是上升沿触发或是下降沿触发。

"触发方式"按钮：设置触发的类型为自动、普通或单次。

在触发设置菜单状态下，多功能旋钮为设置触发电平，系统默认为 CH1 上升沿的自动触发。

自动：在没有检测到触发条件下也能启动采样。

普通：只有满足触发条件时才启动采样。

单次：当检测到一次触发时启动一次采样，然后停止。

4）光标的使用

示波器提供了两对光标，分别用于测量波形幅度和时间（频率、周期）。

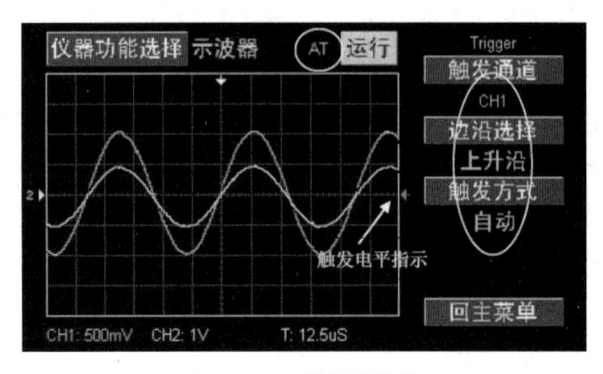

图 4-8 触发设置菜单

光标模式默认是关闭的,在主菜单单击"光标"按钮进入光标设置菜单,如图 4-9 所示。

在光标设置菜单项中主要通过光标模式的设置,对通道波形参数进行相应的测量。进入光标设置菜单,单击"光标模式"按钮,即可选择光标的测量模式:"幅度"或"时间"。

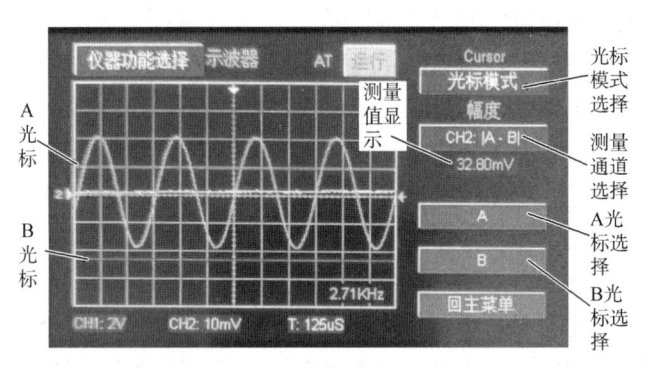

图 4-9 光标设置菜单

幅度模式下,光标用于测量通道波形的幅值。光标显示为上下两条蓝色水平线。通过单击"A"或"B"按钮,选择不同的光标,旋转多功能旋钮可以对选中的光标进行上下移动。

单击测量通道选择按钮,可以选择需要测量的是 CH1 通道还是 CH2 通道。

"CH2:|A-B|"按钮下显示相应通道的测量结果,如 32.80 mV。

时间模式下,光标用于测量通道波形的时间及频率。光标显示为左右两条蓝色竖线。通过单击"A"或"B"按钮,选择不同的光标,旋转多功能旋钮可以对选中的光标进行左右移动。"|A-B|"按钮下显示对应的时间间隔及频率。

例:测量正弦波的幅度和时间。

(1) 测量幅度。

① 将不小于一个周期的正弦波显示在屏幕中间,光标设置为"幅度"模式。

② 单击"A"按钮,A 按钮变为白色,如图 4-10 所示。

③ 旋转多功能旋钮,将 A 光标移动到与正弦波的波峰相切,如图 4-10 中的粗线所示。

④ 再次单击"A"按钮,退出 A 按钮选中状态。单击"B"按钮,B 按钮变为白色,如图 4-11 所示。旋转多功能旋钮,将 B 光标移动到与正弦波的波谷相切,如图 4-11 中

的粗线所示。在"CH1：|A-B|"按钮下显示 7.84 V，这就是该正弦波的峰-峰值，即测量结果为

V_{P-P} = 7.84 V，幅值 $V_M = V_{P-P}/2$ = 3.92 V，有效值 $V = \dfrac{V_{P-P}}{2\times\sqrt{2}} = \dfrac{7.84}{2\times 1.414} \approx 2.77$（V）。

图 4-10 调整 A 光标　　　　　　　　图 4-11 调整 B 光标

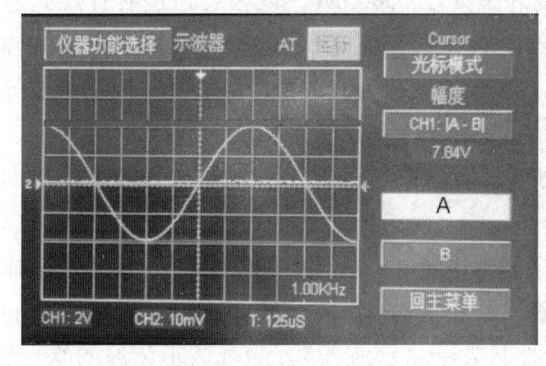

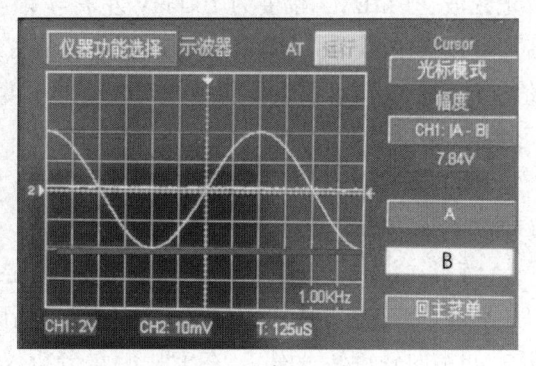

（2）测量时间。
① 将不小于一个周期的正弦波显示在屏幕中间，光标设置为"时间"模式。
② 单击"A"按钮，"A"按钮变为白色，如图 4-12 所示。
③ 旋转多功能旋钮，将 A 光标移动到正弦波某周期的起点，如图 4-12 中的粗线所示。
④ 再次单击"A"按钮，退出"A"按钮选中状态。单击"B"按钮，"B"按钮变为白色，如图 4-13 所示。旋转多功能旋钮，将 B 光标移动到正弦波该周期的结束点，如图 4-13 中的粗线所示。在"|A-B|"按钮下显示 980.00 μs/1.02 kHz，这就是该正弦波的时间值，980.00 μs 为正弦波的周期，1.02 kHz 为正弦波的频率。

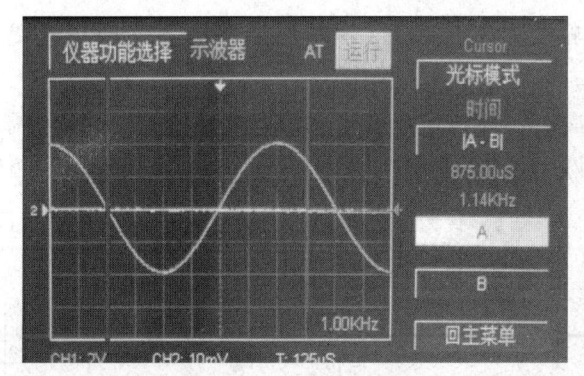

图 4-12 调整 A 光标　　　　　　　　图 4-13 调整 B 光标

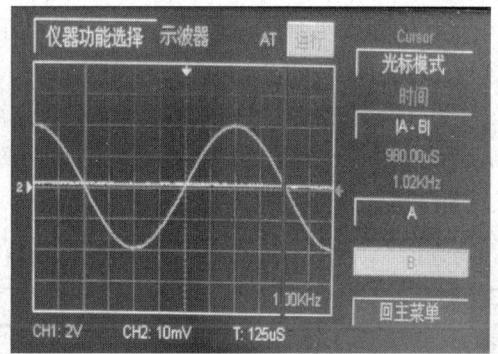

四、实验内容及操作

（1）对照实验原理，熟悉模拟电路实验系统的结构和各部分的功能。
（2）对照实验原理，熟悉信号源的使用和操作方法。
练习设置以下信号：

直流信号（SS1、SS2）：-0.6 V、-0.2 V、0.3 V、0.5 V、2.5 V。

交流信号（SS3）：正弦波，350 Hz，10 kHz；三角波，350 Hz，10 kHz。

（3）对照实验原理，熟悉毫伏表的使用方法。

练习：将波形发生器的输出端（SS3）连接到专用测量分析仪器的CH1端，信号源选择"正弦波、1 kHz"，幅度为100 mV左右（幅度开关处于<500 mV，调幅旋钮逆时针旋到底后，再顺时针旋转一圈），在专用测量分析仪器上选择"交流毫伏表"，测量该正弦波的幅值。注意：交流毫伏表只能测量正弦波的幅度，显示的读数为有效值。再选择其他正弦波练习测量。

（4）对照实验原理，熟悉示波器的调节方法，观察波形的方法和测量信号幅度、周期（频率）的方法。

练习：将波形发生器的输出端（SS3）连接到专用测量分析仪器的CH1端，信号源选择"正弦波、1 kHz"，幅度为100 mV左右（幅度开关处于<500 mV，调幅旋钮逆时针旋到底后，再顺时针旋转一圈），在专用测量分析仪器上选择"示波器"，测量该正弦波的峰-峰值、周期和频率。再选择其他正弦波练习测量。

（5）综合练习。

① 将波形发生器的输出端（SS3）连接到专用测量分析仪器的CH1端，直流信号源的输出端（SS1）连接到专用测量分析仪器的CH2端。

② 信号源选择"正弦波、500 Hz"，幅度为100 mV左右（幅度开关处于<500 mV，调幅旋钮逆时针旋到底后，再顺时针旋转一圈）。

③ 用交流毫伏表测量CH1的幅度（有效值），填入表4-1；用示波器测量CH1的幅度（峰-峰值）、周期和频率，计算有效值，填入表4-1。

④ 信号源选择"正弦波、1 000 Hz"，幅度为500 mV左右（幅度开关处于<500 mV，调幅旋钮顺时针旋到底）。重复步骤③的操作。

⑤ 信号源选择"正弦波、15.5 kHz"，幅度为2 V左右（幅度开关处于>500 mV，调幅旋钮逆时针旋到底后，再顺时针旋转一圈）。重复步骤③的操作。

⑥ 信号源选择"正弦波、120 kHz"，幅度为200 mV左右（幅度开关处于<500 mV，调幅旋钮逆时针旋到底后，再顺时针旋转两圈）。重复步骤③的操作。

⑦ 数据分析。

表4-1 数据记录表

信号源		交流毫伏表测量（有效值）	示波器测量			
频率	幅度（有效值）		峰-峰值	周期	频率	有效值（计算）
500 Hz	100 mV					
1 000 Hz	500 mV					
15.5 kHz	2 V					
120 kHz	200 mV					

五、实验报告

（1）简述模拟电路实验系统的结构和各部分的功能。
（2）简述信号源的使用和操作方法。
（3）简述毫伏表的使用和操作方法。
（4）简述示波器的使用和操作方法。
（5）整理和分析数据。

六、实验预习

（1）熟悉模拟电路实验系统的结构和各部分的功能。
（2）熟悉常用仪器的功能和操作方法。

第二部分

电工学实验

实验五　基尔霍夫定律的验证

一、实验目的

(1) 验证基尔霍夫定律的正确性，加深对基尔霍夫定律的理解。
(2) 学习测量电位的方法，加深对电压、电位概念的理解。
(3) 学会用电流插头、电流插座测量各支路电流。

二、实验原理

基尔霍夫定律是电路的基本定律，它包括基尔霍夫电流定律（KCL）和基尔霍夫电压定律（KVL）。

1. 基尔霍夫电流定律

对电路中的任一节点，各支路电流的代数和等于零，即 $\sum I = 0$。此定律阐述了电路任一节点上各支路电流间的约束关系，且这种约束关系与各支路元件的性质无关，无论元件是线性的或非线性的、含源的或无源的、时变的或非时变的。

2. 基尔霍夫电压定律

对任何一个闭合电路，沿闭合回路的电压降的代数和为零，即 $\sum U = 0$。此定律阐述了任一闭合电路中各电压间的约束关系，这种关系仅与电路结构有关，而与构成电路的元件性质无关，无论元件是线性的或非线性的、含源的或无源的、时变的或非时变的。

3. 参考方向

KCL、KVL 表达式中的电流和电压都是代数量，除具有大小外，还有方向，其方向以量值的正负表示。通常，在电路中要先假定某方向为电流和电压的参考方向。当它们的实际方向与参考方向相同时，取值为正；相反时，取值为负。

4. 电位参考点

测量电位首先要选择电位参考点，电路中某点的电位就是该点与参考点之间的电压。电位参考点的选择是任意的，且电路中各点的电位值随所选电位参考点的不同而变，但任意两点间的电位差即电压不因参考点的改变而变化。所以，电位具有相对性，而电压具有绝对性。

三、实验器材

(1) DGJ-2 型电工技术实验台。
(2) 基尔霍夫定律/叠加原理实验电路板（DGJ-03 挂箱）。
(3) 万用表。

四、实验内容及操作

实验电路如图 5-1（a）所示，用 DGJ-03 挂箱的基尔霍夫定律/叠加原理实验电路板，如图 5-1（c）所示。实验电源使用实验屏电源区中的两路电压源，如图 5-1（e）所示。测量电压使用实验屏测量区［见图 5-1（d）］中的直流电压表。测量电流使用实验屏测量区［见图 5-1（d）］中的直流毫安表，测量电流使用专用的电流线缆，如图 5-1（f）所示，电流线缆一端为两个莲花插头，颜色一红一黑，黑色插头插入直流毫安表的"COM"孔，红色插头插入直流毫安表的"20~2 000 mA"或"0~20 mA"孔。电流线缆另一端为一个 6.5 mm 插头，插入电路被测支路的电流插孔中［见图 5-1（c）中 I_1、I_2、I_3 支路上的大插孔］，测量原理如图 5-1（b）所示。未插入插头时，电流插孔中两金属片短路，支路正常连通；插入插头时，电流插孔中两金属片分别与插头的两个触点接通，把毫安表串联到被测支路中。

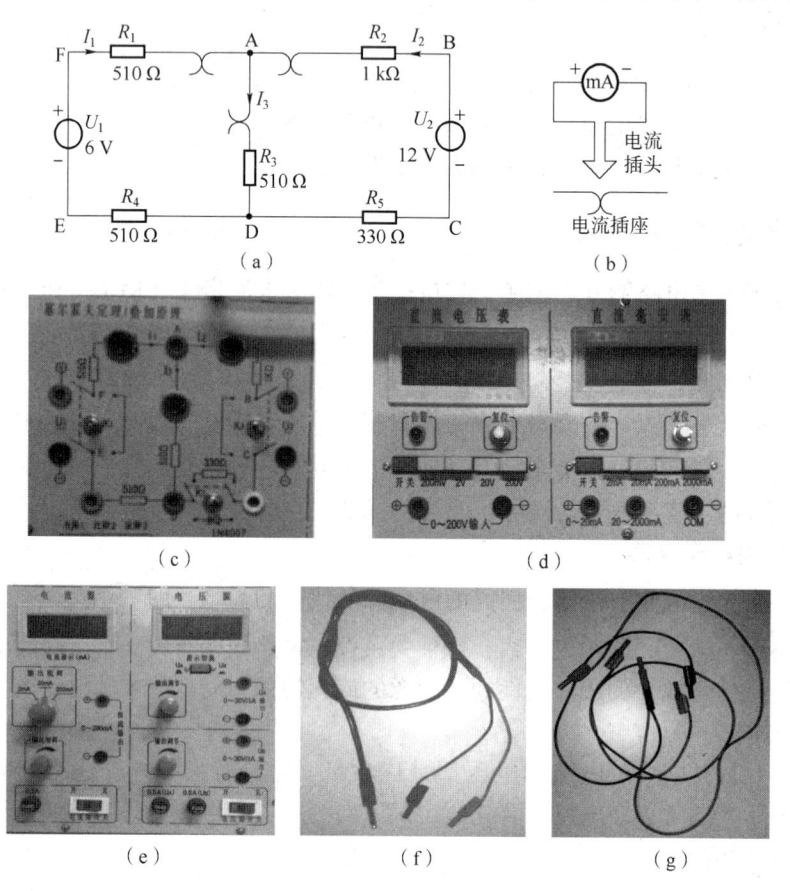

图 5-1 基尔霍夫定律验证

1. 电流正方向

实验前先任意设定三条支路和三个闭合回路的电流正方向。图 5-1（a）中 I_1、I_2、I_3 的方向已设定，三个闭合回路的电流正方向可设为 ADEFA、BADCB 和 FBCEF。

2. 电路连接

使用实验连接导线［见图 5-1（g）］，分别将直流电压表连接到两路电压源的输出端，调节输出调节旋钮，使输出电压为 $U_1 = 6$ V，$U_2 = 12$ V。用连接导线将两个电压源接入基尔霍夫定律/叠加原理实验电路板，并将 K_1 拨向左侧、K_2 拨向右侧、K_3 拨向 330 Ω侧，完成实验电路的连接，如图 5-1（a）所示。

连接电路时需要特别注意：一般情况下导线颜色与插孔颜色保持一致。

遇到一个插孔需要插接多条导线时，实验连接导线两端的插头可以堆叠使用。

3. 连接数字毫安表

熟悉电流插头的结构，将电流插头的两端接至直流毫安表的"+""−"两端。

4. 测量电流

将电流插头分别插入三条支路的三个电流插座中，读出电流值（包含正负号）并填入表 5-1。

5. 测量电压

分别将直流数字电压表连接到 F-A、A-B、A-D、C-D、D-E，分别测量两路电源及电阻元件上的电压值（包含正负号），填入表 5-1。这些电压也可以使用万用表的直流电压挡测量。

注意：电压也是有方向的物理量，测量每一段电压时，电压表"+"连接到被测元件前端、电压表"−"连接到被测元件后端。若测量表 5-1 中双下标电压，第一下标对应电压表"+"，第二下标对应电压表"−"。

表 5-1 实验记录表

被测量	I_1/mA	I_2/mA	I_3/mA	U_1/V	U_2/V	U_{FA}/V	U_{AB}/V	U_{AD}/V	U_{CD}/V	U_{DE}/V
计算值										
测量值										
相对误差										

五、实验注意事项

（1）DGJ-03 上的实验电路板系多个实验通用，K_3 应拨向 330 Ω 侧，三个故障按键均不能按下。

（2）所有需要测量的电压值，均以测量区电压表测量的读数为准。U_1、U_2 也需用测量区电压表测量，不应取电源本身的显示值。

（3）实验过程中，严格防止电压源的两个输出端碰线或短路。

（4）合理选择电表量程。

六、实验预习

（1）复习和理解基尔霍夫定律。

（2）根据图 5-1 中的电路参数，计算出待测的电流 I_1、I_2、I_3 和各电阻上的电压值，填入表 5-1 中，以便实验测量时可正确地选定毫安表和电压表的量程。

（3）实验中，若用指针式万用表直流毫安挡测各支路电流，在什么情况下可能出现指针反偏？应如何处理？在记录数据时应注意什么？若用直流毫安表进行测量，则会有什么显示呢？

七、实验报告

（1）根据实验数据，选定节点 A，验证 KCL 的正确性。

（2）根据实验数据，分别选择 ABCDEFA 回路、ABCDA 回路、ADEFA 回路，验证 KVL 的正确性。

（3）误差原因分析：通过计算，从相对误差的数值看，误差是否在允许范围？产生误差的主要原因是什么？提出改进方案。

（4）总结心得体会。

实验六　叠加原理的验证

一、实验目的

验证线性电路叠加原理的正确性,加深对线性电路的叠加性和齐次性的认识和理解。

二、实验原理

叠加原理指出:在多个电源同时作用的线性电路中,任一点的电压或任一支路的电流都是电路中各个独立电源单独作用时,在该处产生的电压或电流的叠加(代数和)。

线性电路的齐次性是指当激励信号(某独立源的值)增加 K 倍或减小 $1/K$ 时,电路的响应(即在电路中各电阻元件上所建立的电流和电压值)也将增加 K 倍或减小 $1/K$。

三、实验器材

(1) DGJ-2 型电工技术实验台。
(2) 基尔霍夫定律/叠加原理实验电路板(DGJ-03 挂箱)。
(3) 万用表。

四、实验内容及操作

实验电路如图 6-1 所示,用 DGJ-03 挂箱的基尔夫定律/叠加原理实验电路板。

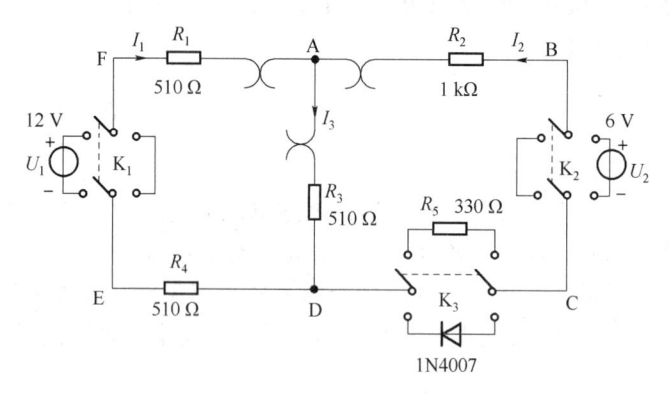

图 6-1　实验电路

(1) 复习实验五中关于电路连接、电压源设置、电压电流测量方法等内容。

(2) 电路连接。将两路电压源的输出分别调节为 12 V 和 6 V,接入图 6-1 中的 U_1 和 U_2 处。开关 K_3 拨向 330 Ω 电阻侧。三个故障按键均不能按下。

(3) U_1 电源单独作用。将开关 K_1 拨向左边(U_1 侧),开关 K_2 拨向左边(短路侧),令 U_1 电源单独作用。用直流电压表和直流毫安表(接电流插头)测量各支路电流及各电阻元件两端的电压,数据填入表 6-1。注意:记录电流电压时,应该包含正负号。

表 6-1 数据记录表

实验内容	测量项目									
	U_1/V	U_2/V	I_1/mA	I_2/mA	I_3/mA	U_{AB}/V	U_{CD}/V	U_{AD}/V	U_{DE}/V	U_{FA}/V
U_1单独作用		0								
U_2单独作用	0									
叠加（计算）										
U_1、U_2共同作用										
故障 1	12	6								
故障 2	12	6								
故障 3	12	6								

（4）U_2电源单独作用。将开关 K_1 拨向右边（短路侧），开关 K_2 拨向右边（U_2 侧），令 U_2 电源单独作用。重复实验步骤（3）的测量，数据填入表 6-1。

（5）U_1、U_2 共同作用。将开关 K_1 和 K_2 分别拨向 U_1 和 U_2 侧，令 U_1 和 U_2 共同作用，重复实验步骤（3）的测量，数据填入表 6-1。

（6）验证叠加定理。将 "U_1 单独作用" 与 "U_2 单独作用" 时的每一测量值进行叠加，填入表 6-1。将 "U_1、U_2 共同作用" 的测量值与叠加值进行比较，验证叠加定理。

（7）故障判断（选做）。保持 U_1、U_2 共同作用，开关 K_3 拨向 330 Ω 电阻侧。任意按下某个故障设置按键，重复上述步骤（5）的测量，数据填入表 6-1。根据测量结果判断故障是因为电路中哪个地方出了什么问题引起的。

（8）验证非线性电路中叠加定理不成立。将 R_5（330 Ω）换成二极管 1N4007（即将开关 K_3 拨向二极管 IN4007 侧），重复步骤（3）~（5）的操作过程，数据填入表 6-2。根据测量数据，判断在非线性电路中叠加定理是否成立。

表 6-2 数据记录表

实验内容	测量项目									
	U_1/V	U_2/V	I_1/mA	I_2/mA	I_3/mA	U_{AB}/V	U_{CD}/V	U_{AD}/V	U_{DE}/V	U_{FA}/V
U_1单独作用		0								
U_2单独作用	0									
叠加（计算）										
U_1、U_2共同作用										

五、实验注意事项

（1）用电流插头测量各支路电流时，或者用电压表测量电压降时，应注意仪表的极性，正确判断测得值的+、-。

（2）注意仪表量程的及时更换。

六、实验预习

（1）复习和理解叠加原理。

（2）在叠加原理实验中，要使 U_1、U_2 分别单独作用，应如何操作开关？能否直接将不作用的电源（U_1 或 U_2）短路置零？

（3）实验电路中，若有一个电阻器改为二极管，试问叠加原理的叠加性与齐次性还成立吗？为什么？

七、实验报告

（1）根据实验数据，进行分析、比较、归纳、总结实验结论，验证线性电路的叠加性与齐次性。

（2）各电阻器所消耗的功率能否用叠加原理计算得出？试用上述实验数据进行计算并给出结论。

（3）通过实验步骤（8）及分析表 6-2 的数据，你能得出什么结论？

（4）总结心得体会。

实验七 戴维南定理和诺顿定理的验证——有源二端网络等效参数的测定

一、实验目的

(1) 掌握电源外特性的测试方法。
(2) 验证戴维南定理和诺顿定理的正确性，加深对该定理的理解。
(3) 掌握测量有源二端网络等效参数的一般方法。

二、实验原理

1. 有源二端网络

任何一个含源线性网络，如果仅研究其中一条支路的电压和电流，则可将电路的其余部分看作一个有源二端网络（或称为含源一端口网络）。

戴维南定理指出：任何一个有源二端线性网络都可以用一个电动势为 U_S 的理想电压源和内阻 R_o 串联的电源来等效代替，此电压源的电动势 U_S 等于这个有源二端网络的开路电压 U_{OC}，等效电源的内阻 R_o 等于有源二端网络中所有电源均除去（理想电压源短路，理想电流源开路）后所得到的无源二端网络两端之间的等效电阻。

诺顿定理指出：任何一个有源二端线性网络都可以用一个电流为 I_S 的理想电流源和内阻 R_o 并联的电源来等效代替。等效电源的电流 I_S 就是有源二端网络的短路电流 I_{SC}，等效电源的内阻 R_o 等于有源二端网络中所有电源均除去（理想电压源短路，理想电流源开路）后所得到的无源二端网络两端之间的等效电阻。

$U_{OC}(U_S)$ 和 R_o 或者 $I_{SC}(I_S)$ 和 R_o 称为有源二端网络的等效参数。

2. 有源二端网络等效参数的测量方法

1) 开路电压、短路电流法测量 R_o

在有源二端网络输出端开路时，用电压表直接测其输出端的开路电压 U_{OC}，然后再将其输出端短路，用电流表测其短路电流 I_{SC}，则等效内阻为

$$R_o = \frac{U_{OC}}{I_{SC}}$$

如果二端网络的内阻很小，若将其输出端口短路则易损坏其内部元件，应该引起注意。

2) 伏安法测量 R_o

用电压表、电流表测出有源二端网络的外特性曲线，如图 7-1 所示。根据外特性曲线

$$R_o = \tan\phi = \frac{\Delta U}{\Delta I} = \frac{U_{OC}}{I_{SC}}$$

求出斜率 $\tan\phi$。

也可以先测量开路电压 U_{OC}，再测量电流为额定值 I_N 时的输出端电压值 U_N，则内阻为

$$R_\text{o} = \frac{U_\text{OC} - U_\text{N}}{I_\text{N}}$$

3）半电压法测量 R_o

如图 7-2 所示，当负载电压为被测网络开路电压的一半时，负载电阻（由电阻箱的读数确定）即被测有源二端网络的等效内阻值。

4）零示法测量 U_OC

在测量具有高内阻有源二端网络的开路电压时，用电压表直接测量会造成较大的误差。为了消除电压表内阻的影响，往往采用零示法，如图 7-3 所示。

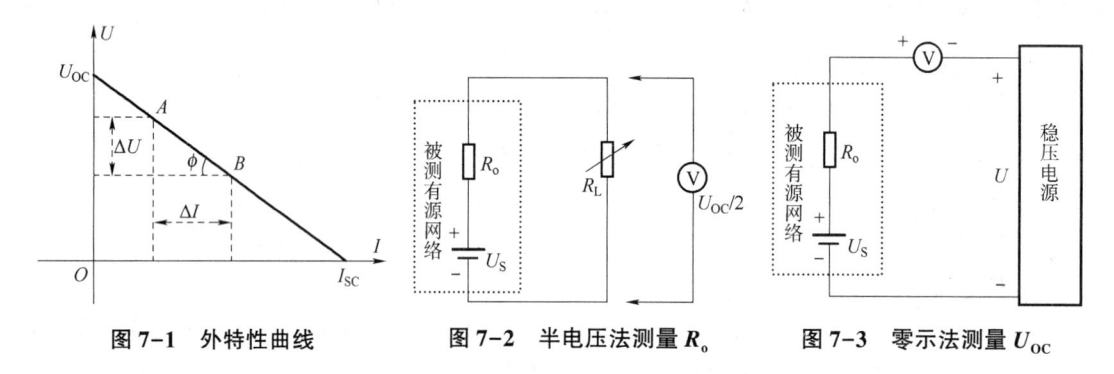

图 7-1　外特性曲线　　　图 7-2　半电压法测量 R_o　　　图 7-3　零示法测量 U_OC

零示法测量原理是用一低内阻的稳压电源与被测有源二端网络进行比较，当稳压电源的输出电压与有源二端网络的开路电压相等时，电压表的读数为"0"。然后将电路断开，测量此时稳压电源的输出电压，即被测有源二端网络的开路电压。

3. 验证戴维南定理的原理

验证思想：如果两个有源二端网络的外特性完全一致，则这两个有源二端网络等效。

验证方法：

（1）搭建一个有源二端网络，如图 7-4（a）虚线框中的电路，测量该有源二端网络的开路电压 U_OC、内阻 R_o 和外特性。

（2）利用开路电压 U_OC 和内阻 R_o 搭建一个电压源，如图 7-5 所示（戴维南等效电路），测量该电压源的外特性。

（3）比较两个电路的外特性，如果一样，则说明戴维南定理是正确的。

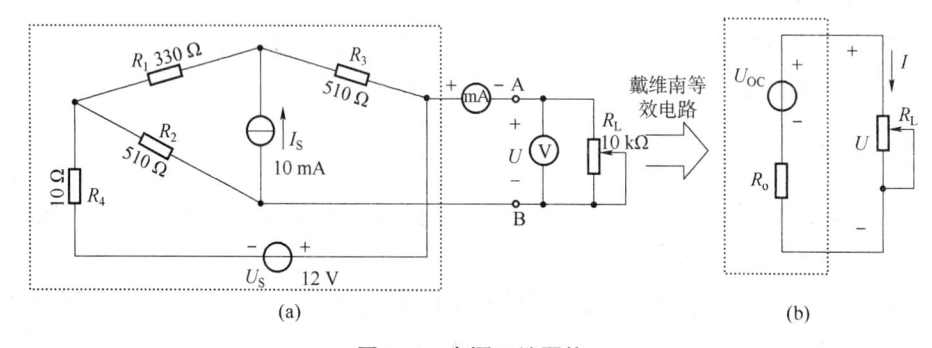

图 7-4　有源二端网络

4. 验证诺顿定理的原理

验证思想：如果两个有源二端网络的外特性完全一致，则这两个有源二端网络等效。

验证方法：

（1）搭建一个有源二端网络，如图7-4（a）虚线框中的电路，测量该有源二端网络的短路电流 I_{SC}、内阻 R_o 和外特性。

（2）利用短路电流 I_{SC} 和内阻 R_o 搭建一个电流源，如图7-6所示（诺顿等效电路），测量该电流源的外特性。

（3）比较两个电路的外特性，如果一样，则说明诺顿定理是正确的。

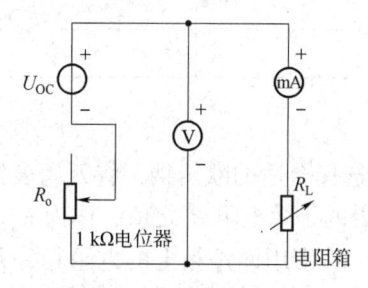

图7-5 验证戴维南定理　　　　　图7-6 验证诺顿定理

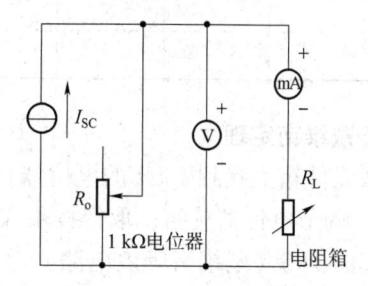

三、实验器材

（1）DGJ-2型电工技术实验台。
（2）戴维南定理实验电路板（DGJ-03挂箱）。
（3）电位器（DGJ-05挂箱）。
（4）可调电阻箱（DGJ-05挂箱）。
（5）万用表。

四、实验内容及操作

被测有源二端网络如图7-4（a）所示。

1. 用开路电压、短路电流法测定有源二端网络的开路电压 U_{OC}、短路电流 I_{SC} 和 R_o

（1）在图7-4（a）中计算A、B端开路电压 U_{OC}、短路电流 I_{SC} 和内阻，填入表7-1。

表7-1　有源二端网络外部参数记录表

参数	U_{OC}/V	I_{SC}/mA	$R_o = (U_{OC}/I_{SC})/\Omega$
计算值			
测量值			

（2）按图7-4（a）连接电路。R_L 使用元件箱上的电阻箱，并且将电阻值选择为1 kΩ左右。U_S 使用电压源，I_S 使用电流源，电压表和电流表参考计算值合理选择量程。电路连接完成后接通电源，将电压源的输出调节为 $U_S = 12$ V，将恒流源的输出调节为 $I_S = 10$ mA。

（3）将 R_L 开路，读出电压表的读数即 U_{OC}，填入表7-1。

（4）将A、B短路，读出电流表的读数即 I_{SC}，填入表7-1。

（5）根据 $R_o = U_{OC}/I_{SC}$ 计算出 R_o，填入表7-1。

2. 负载实验——有源二端网络的外特性研究

（1）接入 R_L，如图7-4（a）所示。按照表7-2要求依次改变 R_L 的阻值，测量有源二端网络的输出电压和输出电流,填入表 7-2。

(2) 根据测量结果绘制有源二端网络的外特性曲线。

(3) 关闭电源,拆除线路。

表 7-2　有源二端网络外部特征测量记录表

R_L/Ω	900	800	700	600	500	400	300	200	100
U/V									
I/mA									

3. 验证戴维南定理

(1) 从元件箱上找到 1 kΩ 的电位器,万用表选择合适的欧姆挡,将万用表接在电位器的 2、3 端,调节电位器旋钮,取得按步骤 1 所测得的等效电阻 R_o 之值,作为 R_o。

(2) 按图 7-5 (戴维南等效电路) 连接电路。R_L 使用元件箱上的电阻箱,并且将电阻值选择为 1 kΩ 左右。U_{OC} 使用电压源,电压表和电流表参考步骤 2 合理选择量程。

(3) 电路连接完成后接通电源,将电压源的输出调节到步骤 1 时所测得的开路电压 U_{OC} 之值。

(4) 仿照步骤 2 的方法测量其外特性,填入表 7-3,对戴维南定理进行验证。

表 7-3　验证戴维南定理测量记录表

R_L/Ω	900	800	700	600	500	400	300	200	100
U/V									
I/mA									

4. 验证诺顿定理

(1) 按图 7-6 (诺顿等效电路) 连接电路。其中 R_o 同步骤 3 (1),I_{OC} 使用电流源。R_L 使用元件箱上的电阻箱,并将阻值选择为 1 kΩ 左右。

(2) 仿照步骤 2 的方法测量其外特性,填入表 7-4,对诺顿定理进行验证。其中电流源调到步骤 1 时所测得的短路电流 I_{SC} 之值。

表 7-4　验证诺顿定理测量记录表

R_L/Ω	900	800	700	600	500	400	300	200	100
U/V									
I/mA									

5. 有源二端网络等效电阻 (又称入端电阻) 的直接测量法 (选做)

在图 7-4 (a) 中,将被测有源网络内的所有独立源置零 (拆除电流源 I_S 和电压源 U_S,并在原电压源所接的两点用一根短路导线相连),拆除负载 R_L,将电压源输出电压调节为 6 V,接入 A、B 两端,用伏安法测定开路时 A、B 两点间的电阻,即被测网络的等效内阻 R_o,或称网络的入端电阻 R_i。也可以用万用表直接测量 R_o。

6. 用半电压法和零示法测量被测网络的等效内阻 R_o 及其开路电压 U_{OC} (选做)

自己设计线路,数据表格自拟。

五、实验注意事项

（1）测量时，应注意电流表量程的更换。

（2）实验内容步骤 5 中，电压源置零时不可将稳压源短接。

（3）用万用表直接测 R_0 时，有源二端网络内的独立源必须先置零，以免损坏万用表。而且，欧姆挡必须经调零后再进行测量。

（4）用零示法测量 U_{OC} 时，应先将电压源的输出调至接近 U_{OC}，再接入电路，进行测量。

（5）改接线路时，要关掉电源。

六、实验预习

（1）复习、理解戴维南定理和诺顿定理。

（2）在进行戴维南或诺顿等效电路实验时，做短路实验，测 I_{SC} 的条件是什么？怎样测量 I_{SC}？请实验前对照线路图 7-4（a），完成表 7-1 中"计算值"的计算，以便调整实验线路及测量时可准确地选取电表的量程。

（3）说明测有源二端网络开路电压及等效内阻的几种方法，并比较其优缺点。

七、实验报告

（1）根据实验内容步骤 2、3、4，分别绘出 U-I 曲线，验证戴维南定理和诺顿定理的正确性，并分析产生误差的原因。

（2）归纳、总结实验结果。

（3）总结心得体会。

实验八　最大功率传输条件测定

一、实验目的

(1) 掌握负载获得最大传输功率的条件。
(2) 了解电源输出功率与效率的关系。

二、实验原理

1. 电源与负载功率的关系

图 8-1 可看成由一个电源向负载输送电能的模型，R_o 可看成电源内阻和传输线路电阻的总和，R_L 为可变负载电阻。

负载 R_L 上消耗的功率 P 可由下式表示：

$$P = I^2 R_L = \left(\frac{U}{R_o + R_L}\right)^2 R_L$$

当 $R_L = 0$ 或 $R_L = \infty$ 时，电源输送给负载的功率均为零。而以不同的 R_L 值代入上式可求得不同的 P 值，其中必有一个 R_L 值，使负载能从电源处获得最大的功率。

2. 负载获得最大功率的条件

根据数学中求最大值的方法，令负载功率表达式中的 R_L 为自变量，P 为应变量，并使 $dP/dR_L = 0$，即可求得最大功率传输的条件：

$$\frac{dP}{dR_L} = 0, \quad 即 \frac{dP}{dR_L} = \frac{[(R_o + R_L)^2 - 2R_L(R_L + R_o)]U^2}{(R_o + R_L)^4}$$

令 $(R_L + R_o)^2 - 2R_L(R_L + R_o) = 0$，解得 $R_L = R_o$。

当满足 $R_L = R_o$ 时，负载从电源获得的最大功率为

$$P_{MAX} = \left(\frac{U}{R_o + R_L}\right)^2 R_L = \left(\frac{U}{2R_L}\right)^2 R_L = \frac{U^2}{4R_L}$$

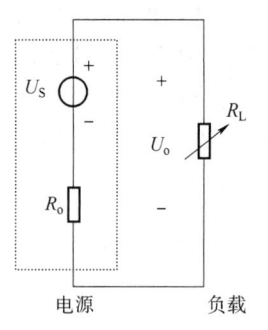

图 8-1　电能传输模型

这时，称此电路处于"匹配"工作状态。

3. 匹配电路的特点及应用

在电路处于"匹配"状态时，由于 $R_L = R_o$，有一半的功率消耗在电源上。此时电源的效率只有 50%。显然，这对电力系统的能量传输过程是绝对不允许的。

发电机的内阻很小，电力系统电路传输的最主要指标是要高效率传输电能，最好是 100% 的功率均传送给负载。因此负载电阻要远大于电源的内阻，而不允许运行在匹配状态。

在电子技术领域里却要尽量使电路工作在匹配状态。一般的信号源本身功率较小，且都有较大的内阻。而负载电阻（如扬声器等）往往是较小的定值，且希望能从电源获得最大的功率输出，此时电源的效率往往不予考虑。通常设法改变负载电阻，或者在信号源与负载

之间加阻抗变换器（如音频功放的输出级与扬声器之间的输出变压器），使电路处于匹配工作状态，以使负载能获得最大的输出功率。

三、实验器材

（1）DGJ-2 型电工技术实验台。
（2）实验电路板路（DGJ-03 挂箱）。
（3）元件箱（DGJ-05 挂箱）。
（4）万用表。

四、实验内容及操作

1. 电路连接

按图 8-2 接线，其中，U_S 使用电压源，负载 R_L 取自元件箱 DGJ-05 的电阻箱，并且将电阻值选择为 1 kΩ 左右。R_o 取自元件箱 DGJ-05 的 51 Ω 固定电阻。

电压表量程选择参考负载开路电压，电流表量程选择参考负载短路电流。

2. 电路测量（一）

接通电源，电压源调整为 6 V，按表 8-1 依次调整 R_L，分别测出 U_o、U_L 及 I 的值，填入表 8-1 上半部分。关闭电源。

3. 电路测量（二）

将 R_o 换成元件箱 DGJ-05 中的 200 Ω 固定电阻。接通电源，电压源调整为 12 V，按表 8-1 依次调整 R_L，分别测出 U_o、U_L 及 I 的值，填入表 8-1 下半部分。关闭电源。

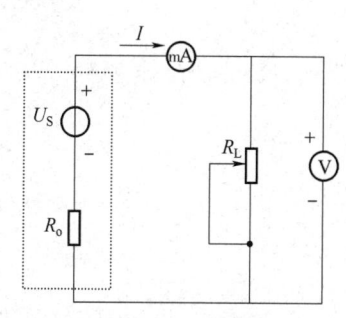

图 8-2　实验电路

4. 数据处理及最大功率传输条件分析

说明：表 8-1 中 U_o 和 P_o 分别为电源的输出电压和功率，其中 $U_o = U_S$，$P_o = U_S \times I$。U_L 和 P_L 分别为 R_L 两端的电压和功率，I 为电路的电流，$P_L = U_L \times I$。

表 8-1　数据记录表

	R_L/Ω	0	10	30	45	51	55	100	300	600	1 000	∞
$U_S = 6$ V $R_o = 51$ Ω	U_o/V											
	U_L/V											
	I/A											
	P_o/W											
	P_L/W											
	R_L/Ω	0	50	100	180	200	220	300	500	700	1 000	∞
$U_S = 12$ V $R_o = 200$ Ω	U_o/V											
	U_L/V											
	I/A											
	P_o/W											
	P_L/W											

五、实验预习

（1）电力系统进行电能传输时为什么不能工作在匹配状态？
（2）实际应用中，电源的内阻是否会随负载而变？
（3）电源电压的变化对最大功率传输的条件有无影响？

六、实验报告

（1）整理实验数据，分别画出两种不同内阻下的以下各关系曲线：
I-R_L，U_o-R_L，U_L-R_L，P_o-R_L，P_L-R_L。
（2）根据该实验结果，论述负载获得最大功率的条件是什么。

实验九 RC 一阶电路的响应测试

一、实验目的

（1）测定 RC 一阶电路的零状态响应、零输入响应及完全响应。
（2）理解测量电路时间常数的方法。
（3）掌握积分电路和微分电路的概念。
（4）进一步掌握用示波器观测波形。

二、实验原理

1. 过渡过程

动态网络的过渡过程是十分短暂的单次变化过程。要用普通示波器观察过渡过程和测量有关参数，就必须使这种单次变化的过程重复出现。这里，利用信号发生器输出的方波来模拟阶跃激励信号，即利用方波的上升沿作为零状态响应的正阶跃激励信号；利用方波的下降沿作为零输入响应的负阶跃激励信号。只要选择方波的重复周期远大于电路的时间常数 τ，那么电路在这样的方波脉冲信号激励下，它的响应就和直流电接通与断开的过渡过程是基本相同的。

2. 零输入响应和零状态响应

如图 9-1（b）所示，RC 一阶电路的零输入响应和零状态响应分别按指数规律衰减和增长，其变化的快慢取决于电路的时间常数 τ。

3. 时间常数 τ 的测定方法

用示波器测量零输入响应的波形，如图 9-1（a）所示。

根据一阶微分方程的求解得知 $u_C = U_m e^{-t/RC} = U_m e^{-t/\tau}$。当 $t=\tau$ 时，$U_C(\tau) = 0.368 U_m$。此时所对应的时间就等于 τ。亦可用零状态响应波形增加到 $0.632 U_m$ 所对应的时间测得，如图 9-1（c）所示。

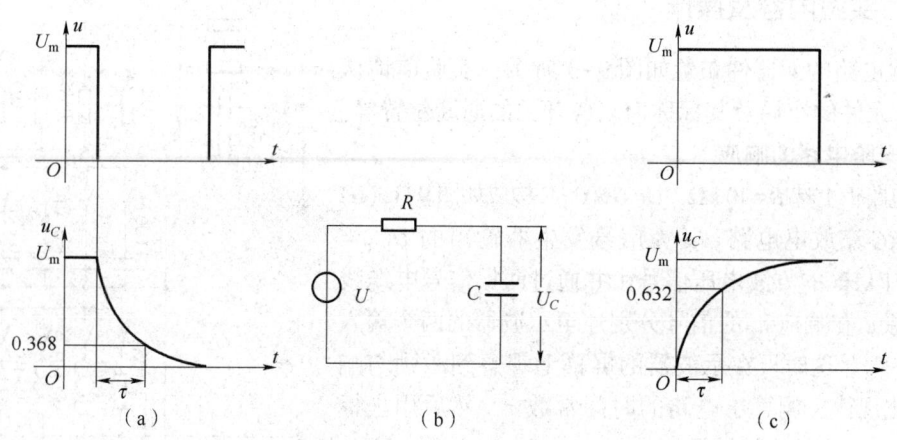

图 9-1 RC 一阶电路
（a）零输入响应的波形；（b）RC 一阶电路；（c）零状态响应

4. 微分电路和积分电路

微分电路和积分电路是 RC 一阶电路中较典型的电路，它对电路元件参数和输入信号的周期有着特定的要求。一个由 RC 串联构成的简单电路，在方波脉冲的重复激励下，当满足 $\tau = RC \ll \dfrac{T}{2}$ 时（T 为方波脉冲的重复周期），且由 R 两端的电压作为响应输出，则该电路就是一个微分电路，因为此时电路的输出信号电压与输入信号电压的微分成正比，如图 9-2（a）所示。利用微分电路可以将方波变换成尖脉冲。

如果调换图 9-2（a）中 R 与 C 的位置，如图 9-2（b）所示，由 C 两端的电压作为响应输出，且当电路的参数满足 $\tau = RC \gg \dfrac{T}{2}$ 时，则该 RC 电路称为积分电路，因为此时电路的输出信号电压与输入信号电压的积分成正比。利用积分电路可以将方波变换成三角波。

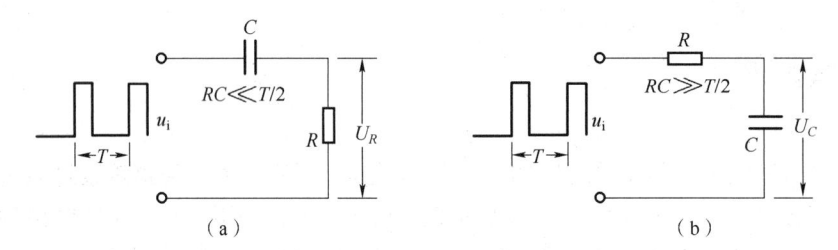

图 9-2 微积分电路
（a）微分电路；（b）积分电路

从输入输出波形来看，上述两个电路均起着波形变换的作用，在实验过程中要仔细观察并记录。

三、实验器材

（1）DGJ-2 型电工技术实验台。
（2）动态电路板（DGJ-03 挂箱）。
（3）双踪示波器。
（4）万用表。

四、实验内容及操作

实验电路的元器件布置如图 9-3 所示，实验前请认清 R、C 元件的布局及其标称值、各开关的通断位置等。

1. 一阶电路的响应

从电路板上选 $R = 10 \text{ k}\Omega$，$C = 6\,800 \text{ pF}$ 构成如图 9-1（b）所示的 RC 充放电电路。u_i 为信号发生器输出的 $U_{\text{P-P}} = 3 \text{ V}$，$f = 1 \text{ kHz}$ 的方波电压信号，并通过两根信号电缆线将激励源 u_i 和响应 u_C 的信号分别连至示波器的两个输入口 Y_A 和 Y_B。这时可在示波器的屏幕上观察到激励与响应的变化规律，测算出电路的时间常数 τ，然后用坐标纸按 1:1 的比例描绘波形。

稍微改变电容值或电阻值（10 kΩ 电阻上并联 1 MΩ

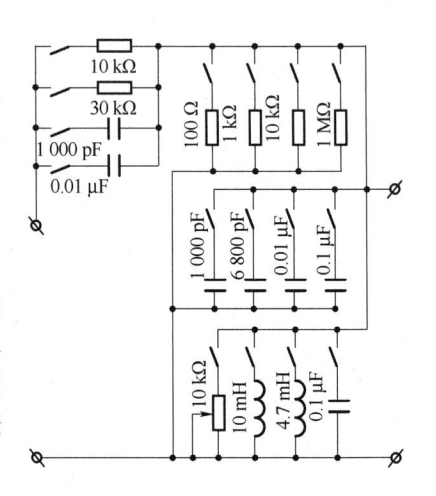

图 9-3 实验电路的元件布置

电阻，6 800 pF 电容上并联 1 000 pF 电容），定性地观察对响应的影响，记录观察到的现象。

2. 电容对一阶电路的影响

令 $R=10\ \text{k}\Omega$，$C=0.1\ \mu\text{F}$，观察并描绘响应的波形，继续增大 C 的值，定性地观察对响应的影响。

3. 微分电路的响应

令 $C=0.01\ \mu\text{F}$，$R=100\ \Omega$，组成如图 9-2（a）所示的微分电路。在同样的方波激励信号（$U_{\text{P-P}}=3\ \text{V}$，$f=1\ \text{kHz}$）作用下，观测并描绘激励与响应的波形。

增减 R 的值，定性地观察对响应的影响，并记录。当 R 增至 $1\ \text{M}\Omega$ 时，输入输出波形有何本质上的区别？

五、实验注意事项

（1）实验前，需熟读双踪示波器的使用说明书。调节各旋钮时，动作要轻缓。观察双踪波形时，要注意调节和操作相应开关、旋钮。

（2）信号源和示波器要"共地"，即将信号源和示波器的接地端连接在一起，以防外界干扰而影响测量的准确性。

（3）为延长示波器中示波管的使用寿命，示波器的辉度要适当，尤其是光点长期停留在荧光屏上不动时，应将辉度调暗。

六、实验预习

（1）RC 一阶电路零输入响应、零状态响应和完全响应的激励源选用什么样的电信号？

（2）RC 一阶电路中，$R=10\ \text{k}\Omega$，$C=0.1\ \mu\text{F}$，试计算时间常数 τ。根据 τ 值的物理意义，拟定测量 τ 的方案。

（3）什么是积分电路和微分电路？它们必须具备什么条件？它们在方波序列脉冲的激励下，其输出信号波形的变化规律如何？这两种电路有何功用？

（4）根据实验要求，设计数据记录表。

七、实验报告

（1）根据实验观测的结果，在坐标纸上绘出 RC 一阶电路充放电时 u_C 的变化曲线，由曲线测量 τ 的值，并与参数值的计算结果做比较，分析误差原因。

（2）根据实验观测结果，归纳、总结积分电路和微分电路的形成条件，阐明波形变换的特征。

（3）总结心得体会。

实验十 R、L、C元件阻抗特性的测定

一、实验目的

(1) 验证电阻、感抗、容抗与频率的关系，测定 R-f，X_L-f 及 X_C-f 特性曲线。
(2) 进一步理解 R、L、C 元件的端电压与电流间的相位关系。

二、实验原理

1. 阻抗-频率特性

在正弦交变信号的作用下，R、L、C 元件在电路中的抗流作用与信号的频率有关，它们的阻抗-频率特性曲线如图 10-1 所示。

2. 元件阻抗-频率特性的测量

图 10-2 所示为 R、L、C 元件阻抗-频率特性的测量电路。

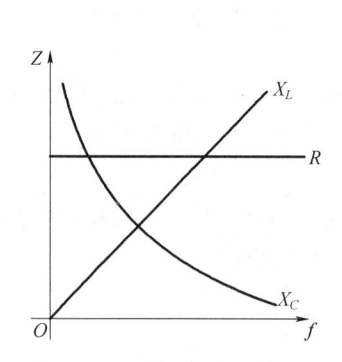

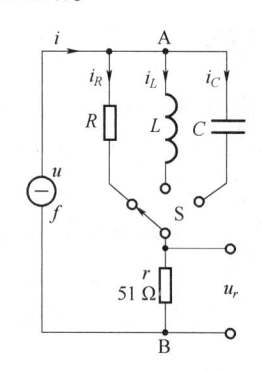

图 10-1 阻抗-频率特性曲线　　图 10-2 R、L、C 元件阻抗-频率特性测量电路

图 10-2 中的 r 是为了测量回路电流而接入的标准小电阻，r 的阻值远小于被测元件的阻抗值，因此可以近似认为被测元件 R、L 或 C 两端的电压就是 A、B 之间的电压，流过被测元件的电流则可由 r 两端的电压除以 r 所得。

若用双踪示波器同时观察 r 两端与被测元件两端的电压，示波器上显示的就是被测元件两端的电压和流过该元件电流的波形，这样我们可以在荧光屏上测出电压与电流的幅值及它们之间的相位差。

若将元件 R、L、C 进行串联或并联，也可以用同样的方法测得 $Z_{串}$ 与 $Z_{并}$ 的阻抗-频率特性 Z-f，根据电压、电流的相位差可判断 $Z_{串}$ 或 $Z_{并}$ 是感性负载还是容性负载。

3. 阻抗角-频率特性

元件的相位差 ϕ 称为阻抗角。阻抗角随输入信号的频率变化而变化，将各个不同频率下的相位差画在以频率 f 为横坐标、阻抗角 ϕ 为纵坐标的坐标纸上，并用光滑的曲线连接这些点，即得到阻抗角-频率特性曲线。

用示波器测量阻抗角的方法：从荧光屏上数得一个周期占 n 格，相位差占 m 格，则实

际的相位差 φ（阻抗角）为

$$\phi = m \times \frac{360°}{n}$$

阻抗角-频率特性曲线如图 10-3 所示。

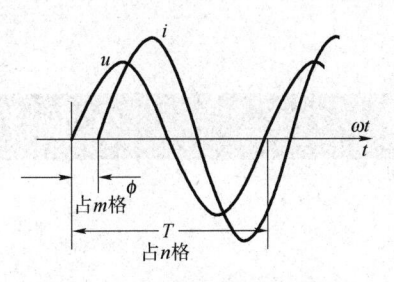

图 10-3　阻抗角-频率特性曲线

三、实验器材

(1) DGJ-2 型电工技术实验台。
(2) 实验线路元件（DGJ-05 挂箱）。
(3) 双踪示波器。
(4) 频率计。
(5) 万用表。

四、实验内容及操作

(1) 测量 R、L、C 元件的阻抗频率特性。

测量电路如图 10-2 所示。将函数信号发生器输出的正弦信号接至该电路，作为激励源 u，并用交流毫伏表测量函数信号发生器输出电压，使激励电压的有效值为 $U=3$ V，并保持不变。

将信号源的频率从 200 Hz 逐渐增至 5 kHz（用频率计测量），并且在每一个频率点上，将开关 S 分别接通 R、L、C 三个元件，用交流毫伏表测量 U_r，并计算各频率点时的元件电流 I_R、I_L 和 I_C（即 U_r/r），计算元件阻抗 $R=U/I_R$，$X_L=U/I_L$ 及 $X_C=U/I_C$ 的值。

注意：在接通 C 测试时，信号源的频率应控制在 200~2 500 Hz。

(2) 测量 R、L、C 元件的阻抗角频率特性。

在不同频率下，通过示波器观察各元件阻抗角的变化情况，并按图 10-3 记录 n 和 m 值，计算 φ。

(3) 测量 R、L、C 元件串联的阻抗角频率特性。

五、实验注意事项

(1) 交流毫伏表属于高阻抗电表，测量前必须先调零。
(2) 测 φ 时，示波器的"V/div"和"t/div"的微调旋钮应旋至"校准位置"。

六、实验预习

(1) 理解电阻、感抗、容抗与频率的关系。
(2) 测量 R、L、C 各个元件的阻抗角时，为什么要在 R、L、C 元件上串联一个小电阻？能不能用一个小电感或大电容代替小电阻？为什么？
(3) 根据实验要求，设计数据记录表。

七、实验报告

(1) 根据实验测量和计算的数据，在坐标纸上绘制 R、L、C 三个元件的阻抗-频率特性曲线，从中可得出什么结论？
(2) 根据实验测量和计算的数据，在坐标纸上绘制 R、L、C 三个元件串联的阻抗角-频率特性曲线，归纳、总结结论。
(3) 总结心得体会。

实验十一 功率因数的提高

一、实验目的

(1) 理解日光灯电路的构成和工作原理。
(2) 掌握提高感性电路功率因数的方法。
(3) 通过测量日光灯电路,进一步掌握电压、电流的测量方法。

二、实验原理

电路的功率因数为

$$\alpha = \cos\phi = P/S = P/UI$$

式中,P 为有功功率;S 为视在功率,即电源发出的功率。可见,电源发出的功率只有 α 倍被利用,其他都转换为无功功率。在电源电压 U、电路的功率 P 一定时,电路的功率因数越高,电源的容量 S 越能够被充分利用。提高电网的功率因数对国民经济的发展有重要意义。

功率因数 α 低的原因是日常生活中多为感性负载,如电动机、日光灯。提高功率因数的措施是在感性负载两端并联电容。

实验中通常通过日光灯电路研究功率因数问题。日光灯电路如图 11-1 所示。日光灯电路中有镇流器,是一个感性电路。镇流器是一种典型的感性负载,且功率因数很低,为 0.5~0.6。

提高日光灯电路功率因数的方法是在电路的输入端并联一定电容量的电容器,如图 11-2 所示,图中镇流器的电感为 L,日光灯管和镇流器的等效电阻为 R,C 为并联的电容器。设电容支路的电流为 I_C,日光灯管支路的电流为 I_{RL}(也就是未并电容前电路中的总电流),并联电容后电路的总电流为 I,如图 11-3 所示。从图 11-3(b)中看出,并联电容前后总电流发生了变化,并联电容后总电流幅度减小了,与电压的相位差减小了,即功率因数提高了,而日光灯的功率(电源提供的有功功率)没有变化。

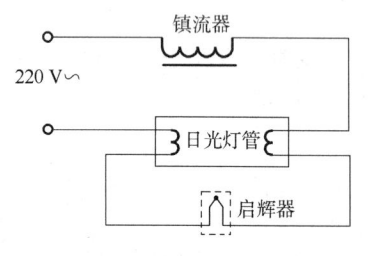

图 11-1 日光灯电路

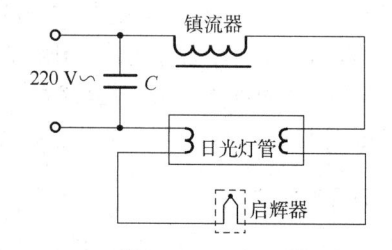

图 11-2 日光灯电路的输入端并联电容

这样,并联电容后电路的功率因数提高了,电源的利用率也提高了。

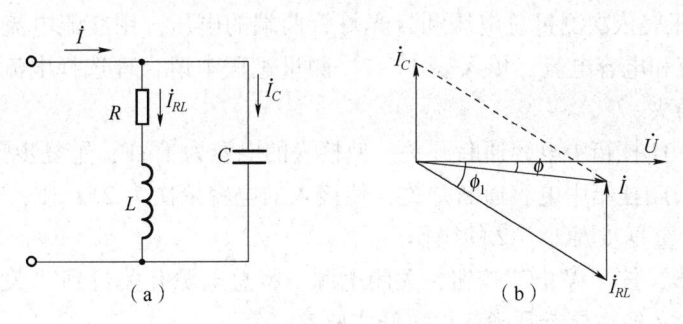

图 11-3　等效电路和相位关系

三、实验器材

（1）DGJ-2 型电工技术实验台。
（2）日光灯电路实验板（DGJ-04 挂箱）。
（3）电容器组（DGJ-05 挂箱）。
（4）万用表。

四、实验内容及操作

实验电路如图 11-4 所示，图中 DGJ-04 挂箱中的三个电流测量孔分别用于测量总电流、灯管电流和电容电流。

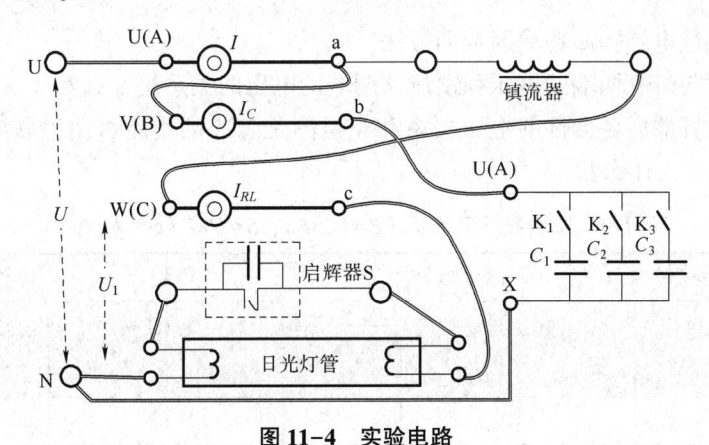

图 11-4　实验电路

（1）三相可调交流电源输出电压的调节。
① 将实验屏上三相"电源指示切换"开关置于右侧（三相调压输出），启动实验屏上的交流电源。
② 按顺时针方向缓慢旋转三相自耦调压器的旋转手柄，使三只电压表显示电压值为 380 V，关闭实验屏上的交流电源。
（2）电路连接。使用实验连接导线按图 11-4 连接电路。将 DGJ-04、DGJ-05 挂箱上的旋钮开关全部打到"断"的位置。检查确认无误，启动实验屏上的交流电源，此时日光灯点亮。
（3）测量。
① 将实验屏测量区中的交流电压表量程选择 300 V，交流电流表量程选择 1 A。交流电压表使用表笔线，交流电流表使用电流测量线。

② 用交流电压表依次测量总电压和日光灯管两端的电压，用交流电流表依次测量总电流、日光灯管电流和电容电流，填入表 11-1。测量过程中请合理选择电流表量程。测量完毕拔出电流测量插头。

③ 操作 DGJ-04 挂箱中电容通断开关，使接入的电容为 1 μF，重复步骤①、②的操作。

④ 操作 DGJ-04 挂箱中电容通断开关，使接入的电容依次为 2.2 μF、3.2 μF、4.7 μF、5.7 μF、6.9 μF，重复步骤①、②的操作。

（4）实验完毕，按"停止"按钮，关闭电源，将总电源开关打到"关"的位置。拆除线路，清理实验台。经指导老师确认后离开实验室。

五、实验报告

（1）将测量数据填入表 11-1，并计算日光灯功率、总功率、功率因数 $\cos\phi$，在坐标纸上以电容 C 为横坐标、功率因数 $\cos\phi$ 为纵坐标，作 C-$\cos\phi$ 光滑曲线。

（2）分析 C-$\cos\phi$ 曲线变化情况，根据曲线分析并联的最佳电容是多少，并与理论计算值进行比较，分析产生误差的原因。

$$C = \frac{P}{\omega U^2}(\tan\phi_1 - \tan\phi)$$

（3）日光灯电路并联电容之后，总电流减小了，镇流器所需的无功功率是否也减小了？

六、实验预习

（1）理解感性电路提高功率因数的方法。

（2）总电压与灯管两端的电压和镇流器两端的电压的关系是什么？

（3）并联电容器后各器件的电压关系和相量图是怎样的？能否用串联电容的方法提高电路的功率因数？为什么？

表 11-1 实验数据记录表（$P = U_1 \times I_{RL}$，$S = U \times I$，$\cos\phi = P/S$）

并联电容 $C/\mu F$	测量结果					计算结果		
	总电压 U/V	总电流 I/mA	日光灯管电压 U_1/V	日光灯管电流 I_{RL}/mA	电容电流 I_C/mA	日光灯功率 P/W	总功率 S/W	功率因数 $\cos\phi$
0								
1								
2.2								
3.2								
4.7								
5.7								
6.9								

附录：日光灯电路工作原理简述

日光灯电路主要由日光灯管、镇流器、启辉器等元件组成。日光灯管两端有灯丝，灯管内充以惰性气体（氩气或氖气）及少量汞，管壁涂有荧光粉。当灯管内产生弧光放电时，汞蒸气受激发辐射大量紫外线，管壁上的荧光粉在紫外线的激发下辐射出白色荧光，这就是日光灯发光的原理。要日光灯管产生弧光放电，必须具备两个条件：一是将灯丝加热使其能发射电子；二是灯管两端需要一个较高的电压，使灯管内气体击穿放电。

按图 11-1 所示电路配置，使日光灯能够具备这两个条件。当接通电源时，电源电压同时加到日光灯管和启辉器的两端电极上，对日光灯管来说，此电压太低，不能使它放电；但对启辉器来说，此电压可以使它产生辉光放电。启辉器中的双金属片因放电而受热伸直，与静触片接触，于是有电流流过镇流器、灯丝和启辉器，灯丝得到加热。双金属片接通后，启辉器内辉光放电停止，双金属片冷却，两触片分开，使灯丝中电流突然中断。于是，在镇流器（带铁芯的自感线圈）中产生一个瞬间的高电压，此电压与电源电压叠加后加在灯管两端，将灯管内气体击穿而产生弧光放电。灯管点亮后，由于镇流器的降压作用，灯管两端的电压比电源电压低得多（具体数值与灯管功率有关，一般在 50~100 V 范围内），不足以使启辉器放电，其触点不再闭合。由此可见，启辉器起到一个自动开关的作用。镇流器有两个作用：在启动瞬间产生高电压作用；在启动前灯丝预热瞬间及启动后灯管工作时，起限流作用。

实验十二　三相负载电路研究

一、实验目的

（1）验证对称负载做三角形连接时，负载的相电流和线电流的关系。

（2）验证对称负载做星形连接时，负载的相电压和线电压的关系。

（3）以照明电路为例，研究不对称负载做星形连接时，中性线的作用。

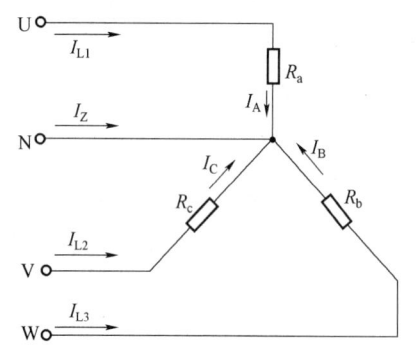

二、实验原理

1. 三相负载的星形连接

三相负载的星形连接如图 12-1 所示。

口诀：三尾相连，三首接电源。

对于有中性线的星形接法，无论负载是否对称，其线电压 U_L 与相电压 U_R 的关系都有 $U_L = \sqrt{3} U_R$。如果没有中性线，当负载对称时，上面关系式不变；当负载不对称时，则上式不成立，此时三个相电压将是不相等的。

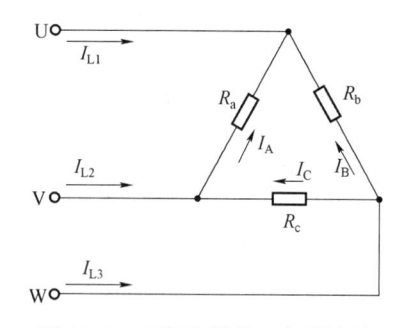

2. 三相负载的三角形连接

三相负载的三角形连接如图 12-2 所示。

图 12-1　三相负载的星形连接

图 12-2　三相负载的三角形连接

口诀：首尾相连，三首接电源。

三相负载进行三角形连接时，当负载对称时，其线电压 U_L 与相电压 U_R 有 $U_L = U_R$；线电流 I_L 与相电流 I_R 有 $I_L = \sqrt{3} I_R$。当负载不对称时，电压的关系式仍然成立，电流的关系式则不成立。

三、实验内容及操作

（1）熟悉负载的构成。

三相负载的连接如图 12-3 所示。每相负载由三个白炽灯构成，每个白炽灯设置一个开关，可控制并联的白炽灯数量，从而改变该相负载的大小。

图 12-3　三相负载的连接

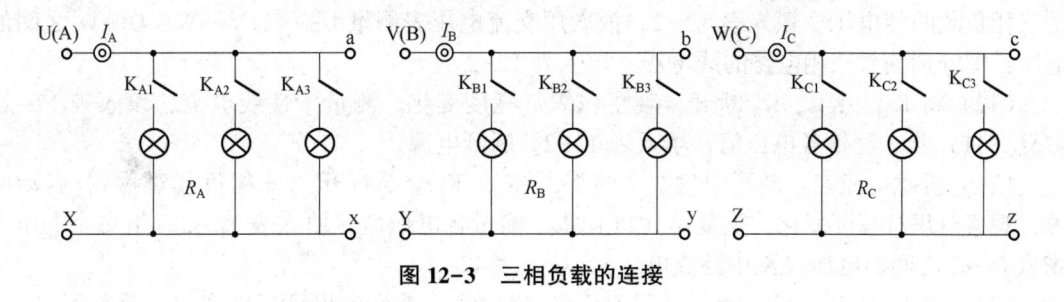

（2）三角形连接相电流和线电流关系验证。

将三组负载按图 12-2 所示三角形连接，测量相电流和线电流，验证它们之间的关系。

（3）星形连接相电压和线电压关系验证。

将三组负载按图 12-1 所示星形连接，测量相电压和线电压，验证它们之间的关系。

（4）在负载的星形连接电路中，测量在负载对称和不对称时的中性线电流和负载相电压。

断开中性线，测量在负载对称和不对称时的中性点电压和负载相电压，同时观察白炽灯的亮度变化。根据实验结果，分析中性线的功能，如果在照明电路中中性线断路会发生什么现象？导致什么后果？

四、实验器材

（1）DGJ-2 型电工技术实验台。
（2）三相负载电路实验板（DGJ-04 挂箱）。
（3）万用表。

五、实验步骤

（1）启动电源，顺时针缓慢转动自耦变压器手柄，用交流电压表测量 U→V 的电压，使电压表示数约为 200 V。断开电源。

（2）将三组负载接成三角形：依次连接 X→V(B)，Y→W(C)，Z→U(A)。

（3）将负载接入电源：依次连接 U→U(A)，V→V(B)，W→W(C)。

（4）检查无误后将 K_A、K_B、K_C 全部打开，使三相负载对称。启动电源，白炽灯全部点亮。

（5）将电流插头连接交流电流表的两输入孔，将插头依次插入 I_A、I_B、I_C，分别测量三相负载的相电流，填入表 12-1。

（6）断开电源，将交流电流表串接到 U→U(A) 之间，启动电源，测量 U 线电流，填入表 12-1。重复该操作，分别测量 V、W 线电流。（接入电流表时原连线要断开，拆除电流表后恢复原连线。）

（7）将 K_{A1}、K_{A2}、K_{B1} 断开，三相负载变为不对称，重复第（5）、（6）步操作，依次测量相电流和线电流，填入表 12-1。断开电源，拆除导线。

（8）将三组负载接成星形：依次连接 X→Y→Z。

（9）接入电源：依次连接 U→U(A)，V→V(B)，W→W(C)；将交流电流表串入 N→Z（有中性线）。

（10）检查无误后将 K_A、K_B、K_C 全部打开，使三相负载对称。启动电源，白炽灯全部点亮。测量中性线电流，填入表 12-2。

（11）依次用交流电压表测量 U(A)→X，V(B)→Y，W(C)→Z 之间的电压，即分别测量三相负载的相电压，填入表12-2。依次用交流电压表测量 U→V，V→W，U→W 之间的电压，即分别测量三相电路的线电压，填入表12-2。

（12）将 K_{A1}、K_{A2}、K_{B1} 断开，观察白炽灯亮度变化。测量中性线电流，填入表12-2。重复（11）步，测量各电压值，填入表12-2。断开电源。

（13）拆除电流表，断开中性线。将 K_A、K_B、K_C 全部打开（三相负载对称），启动电源，观察白炽灯亮度变化。重复第（11）步，测量各电压值，填入表12-2。用交流电压表测量 N→Z 之间的电压（测中性点电压），填入表12-2。

（14）将 K_{A1}、K_{A2}、K_{B1} 断开（三相负载不对称），观察白炽灯亮度变化。重复第（11）步，测量各电压值，填入表12-2。用交流电压表测量 N→Z 之间的电压（测中性点电压），填入表12-2。

（15）断开电源，拆除导线。逆时针缓慢转动自耦变压器手柄至底，清理实验台。

表 12-1　负载三角形连接实验数据记录表

负载情况	白炽灯点亮数量			线电流/A			相电流/A			白炽灯亮度变化情况	线电流与相电流的关系
	A相	B相	C相	I_U	I_V	I_W	I_A	I_B	I_C		
负载对称	3	3	3								
负载不对称	1	2	3								

表 12-2　负载星形连接实验数据记录表

负载情况		线电压/V			相电压/V			中性线电流	中性点电压	白炽灯点亮数量			线电压与相电压的关系	白炽灯亮度变化情况
		V_{UV}	V_{VW}	V_{UW}	V_A	V_B	V_C			A相	B相	C相		
有中性线	负载对称									3	3	3		
	负载不对称									1	2	3		
无中性线	负载对称									3	3	3		
	负载不对称									1	2	3		

六、实验报告

分析实验数据，完成实验内容要求。

七、实验预习

（1）理解负载连接的方法。

（2）对称负载做三角形连接时，负载的相电流和线电流的关系。

（3）对称负载做星形连接时，负载的相电压和线电压的关系。

（4）照明电路中，中性线的作用是什么？可以不要中性线吗？

实验十三　三相鼠笼式异步电动机

一、实验目的

（1）理解三相鼠笼式异步电动机的结构和额定值。
（2）掌握检验三相鼠笼式异步电动机绝缘情况的方法。
（3）掌握三相鼠笼式异步电动机定子绕组的测量，理解首、末端的判别方法。
（4）掌握三相鼠笼式异步电动机的启动特点和实现反转的方法。

二、实验原理

1. 三相鼠笼式异步电动机的结构

三相鼠笼式异步电动机是根据电磁原理把交流电能转换为机械能的一种旋转设备。

三相鼠笼式异步电动机主要由定子和转子两大部分构成。

定子主要由定子铁芯、三相对称定子绕组和机座等部分组成，是电动机的静止部分。铁芯由内周有槽的硅钢片叠成。三相对称定子绕组由三组匝数相同、空间上按一定规律镶嵌在铁芯槽中的绕组组成，绕组一般有6根引出线，出线端装在机座外面的接线盒内，如图13-1所示。根据三相电源电压的不同，三相定子绕组可以接成星形（Y）或三角形（△），然后与三相交流电源相连。

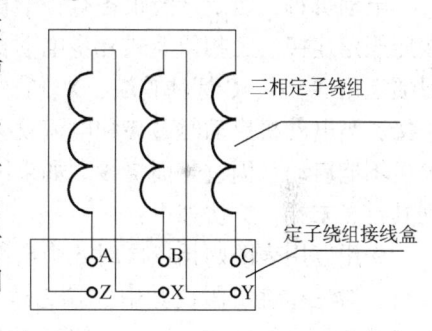

图 13-1　三相鼠笼式异步电动机的结构

转子是电动机的旋转部分，主要由转子铁芯、鼠笼式转子绕组、转轴、风扇等部分组成。小容量鼠笼式异步电动机的转子绕组大都采用铝浇铸而成，冷却方式一般采用风扇冷式。

2. 三相鼠笼式异步电动机的铭牌

电动机外壳上通常有一块铭牌，三相鼠笼式异步电动机的额定值就标记在这块铭牌上，如下所示为本实验使用的三相鼠笼式异步电动机铭牌数据。

型号：DJ24；电压：380 V/220 V；接法：Y/△；

功率：180 W；电流：1.13 A/0.65 A；转速：1 400 r/min；

定额：连续。

（1）功率：表示额定运行情况下，电动机转轴上输出的机械功率。
（2）电压：表示额定运行情况下，定子三相绕组应加的电源线电压值。
（3）接法：表示定子三相绕组接法，当额定电压为 380 V/220 V 时，应为 Y/△接法。
（4）电流：表示额定运行情况下，当电动机输出额定功率时，定子电路的线电流值。

3. 三相鼠笼式异步电动机的检查

电动机在使用前应该进行必要的检查。

1) 机械检查

检查电动机引出线是否齐全、牢靠，有无断裂、破皮；转子转动是否灵活、匀称，有无异常声响等。

2) 电气检查

（1）绝缘性能检查。

电动机各绕组之间、绕组与机壳之间应该达到一定的绝缘电阻值。对额定电压 1 kV 以下的电动机，其绝缘电阻值最低不得小于 1 000 Ω/V。一般 500 V 以下的中小型电动机最低应具有 2 MΩ 的绝缘电阻。

电动机的绝缘电阻可以用兆欧表进行测量，测量方法如图 13-2 所示。

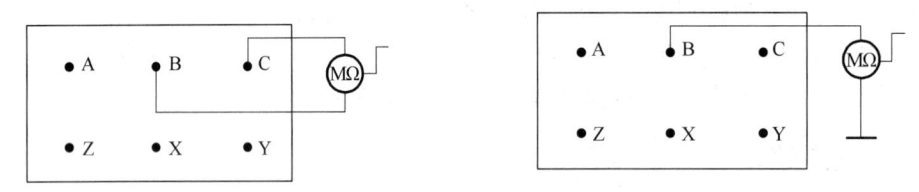

图 13-2　电动机的绝缘电阻测量

（2）定子绕组首、末端的判别。

电动机每一组定子绕组各有一个首端和一个末端，在连接电动机时，首、末端必须严格按照规定连接。三相鼠笼式异步电动机定子绕组的 6 个出线端有 3 个是首端，3 个是末端，习惯上用 A、B、C 标注首端，X、Y、Z 标注末端。在接线时如果没有按照首、末端的标记来接，当电动机启动时磁势和电流就会不平衡，从而引起绕组发热、振动、有噪声，甚至电动机不能启动，因过热而烧毁。如果因为某种原因分不清首、末端，可以通过实验方法来判别其首、末端。方法如下：

先用万用表欧姆挡依次对 6 个出线端进行两两测量，电阻很小的为一相，分别找出三相绕组，对三相绕组假设其中一端为首端，并用符号标记，如 A、X，B、Y，C、Z。将其中的任意两相绕组串联，第三相绕组两端接交流电压表，如图 13-3 所示。

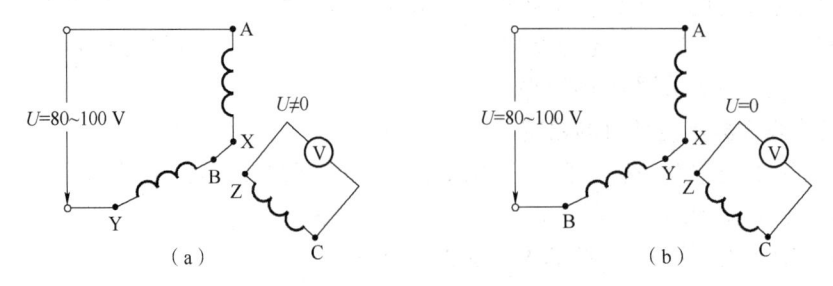

图 13-3　定子绕组首、末端的判别

确认控制屏上总电源已经关闭，将图 13-3（a）中 A-Y 接到控制屏调压器输出端的相电压上。将控制屏三相自耦调压器手柄置零位，打开电源总开关，按下启动按钮。调节调压器输出，使相电压 U 为 80～100 V，测量第三相绕组的电压，如测得的电压值有一定读数，表示串联的两相绕组的首、末端与假设相同，如图 13-3（a）所示。反之，如测得的电压近似为零，则表示串联的两相绕组中有一个绕组的首、末端与假设相同，有一个绕组的首、末端与假设相反，如图 13-3（b）所示。用同样的方法可测出第三相绕组的首、末端。

4. 三相鼠笼式异步电动机的启动

三相鼠笼式异步电动机的直接启动电流很大，可达额定电流的 4~7 倍，但持续时间很短，不会引起电动机过热而烧坏。但对容量较大的电动机，过大的启动电流会导致电网电压的下降而影响邻近负载正常运行，因此电动机通常采用降压启动，最常用的降压启动是 Y-△换接启动，即启动时电动机连接成 Y 形，启动完成后电动机转接成△形，这样可使启动电流减小到直接启动的 1/3。这种启动的前提条件是正常运行必须是△接法的电动机。

5. 三相鼠笼式异步电动机的反转

三相鼠笼式异步电动机的旋转方向由三相电源接入定子绕组时的相序决定，因此要使电动机反转，只要改变三相电源与定子绕组连接的相序即可。

三、实验器材

（1）DGJ-2 型电工技术实验台。
（2）三相鼠笼式异步电动机。
（3）兆欧表。
（4）万用表。

四、实验内容及操作

（1）观察电动机的结构，记录三相鼠笼式异步电动机的铭牌数据。
（2）识别电动机定子绕组接线盒，用万用表判别三相绕组和首、末端，测量绕组电阻，填入表 13-1。
（3）用兆欧表测量电动机各相绕组之间和绕组对地之间的绝缘电阻，填入表 13-1。

表 13-1 数据记录表

绕组电阻/Ω		各相绕组之间的绝缘电阻/MΩ		绕组对地之间的绝缘电阻/MΩ	
A 相		A 相与 B 相		A 相与地	
B 相		A 相与 C 相		B 相与地	
C 相		B 相与 C 相		C 相与地	

（4）三相鼠笼式异步电动机的直接启动。
① 采用 380 V 三相交流电源。

将控制屏上三相电压表切换开关置"调压输出"侧；开启控制屏上三相电源总开关，按启动按钮，此时自耦调压器原绕组端 U_1、V_1、W_1 得电，调节调压器输出使 U、V、W 端输出线电压为 380 V，三只电压表指示应基本平衡。保持调压器输出不变，按停止按钮，自耦调压器断电。

a. 按图 13-4 接线，供电线电压为 380 V，电动机三相定子绕组接成 Y 接法，实验线路接成电动机直接启动。图 13-4 中 Q1 及 FU 由控制屏上的接触器 KM 和熔断器 FU 代替，学生可由 U、V、W 端子开始接线，以后各控制实验均同此。

b. 按控制屏上启动按钮，通过电流表观察启动瞬间电流冲击情况，观察电动机旋转方向，记录启动电流。当启动运行稳定后，将电流表量程切换至较小量程挡位上，记录空载电流，填入表 13-2。

c. 电动机稳定运行后，突然拆除 U、V、W 中的任一相电源（注意：小心操作，以免触电),观测电动机做缺相运行时电流表的读数并记录。仔细倾听电动机的运行声音有何变化,填入表13-2。(可由指导老师做示范操作)

d. 关闭电源,断开U、V、W中的任一相,做缺相启动。观察电动机能否启动,观测电流表读数,填入表13-2,再仔细倾听电动机是否发出异常声响,填入表13-2。

e. 关闭电源,拆除线路。

表 13-2 数据记录表

接法	直接启动电流		缺相运行电流/异常情况	缺相启动电流/异常情况	反转启动电流/反转情况
	启动电流	稳定电流			
Y接法				×	×
△接法					

② 采用220 V三相交流电源。

启动电源,调节调压器输出使输出线电压为220 V。关闭电源,按图13-5连接电路,将电动机定子绕组接成△接法。重复①中各项操作,填入表13-2。

(5) 三相鼠笼式异步电动机的反转。

启动电源,调节调压器输出使输出线电压为220 V。关闭电源,按图13-6连接电路,按控制屏启动按钮,启动电动机,观察启动电流及电动机旋转方向是否反转,填入表13-2。

实验完毕,按控制屏停止按钮,切断实验线路三相电源,将自耦调压器调回零位。

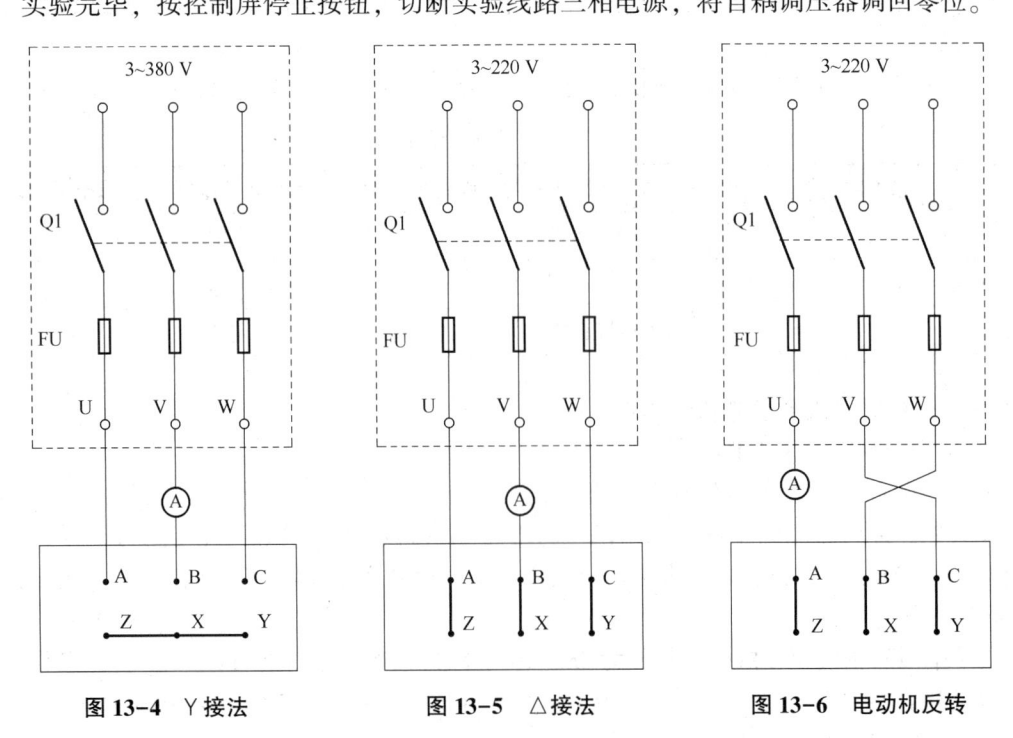

图 13-4 Y接法　　　图 13-5 △接法　　　图 13-6 电动机反转

五、实验注意事项

(1) 本实验属于强电实验,在接线前、改接线路前、实验后都必须断开实验线路的电源,特别是改接线路和拆线时必须遵守"先断电,后拆线"的原则。电动机在运转时,电压和转速均很高，切勿触碰导电部分和转动部分，以免发生人身和设备事故。为了确保安全，实验室必须铺设绝缘橡胶，或学生应穿绝缘鞋进入实验室。接线或改接线路必须经指导老师检查后方可进行实验。

（2）启动电流持续时间很短，记录启动电流时应该在接通电源的瞬间读取电流表指针偏转的最大读数（因电流表指针偏转时存在惯性，此读数与实际的启动电流数据略有误差），如错过这一瞬间，需将电动机停止，待停稳后，重新启动读取数据。

（3）单相（即缺相）运行时间不能太长，以免过大的电流导致电动机损坏。

六、实验预习

（1）如果电动机的 6 个引出线标记不清，如何判断异步电动机的 6 个引出线？

（2）如何将电动机连接成 Y 形？如何将电动机连接成 △ 形？

（3）断相、缺相是三相鼠笼式异步电动机运行中经常出现的一大故障，如果在启动或运转时发生缺相，会出现什么现象？有何后果？

（4）在电动机启动或运转过程中，如果转子被卡住不能转动，将会发生什么后果？

七、实验报告

（1）分析三相鼠笼式异步电动机的铭牌参数。

（2）怎样通过绝缘性能检查的结果，判断该电动机是否完好可用？

（3）通过实验数据和实验现象，对三相鼠笼式异步电动机的启动、反转及各种故障情况进行分析总结。

实验十四 三相鼠笼式异步电动机的继电接触控制

一、实验目的

（1）熟悉三相鼠笼式异步电动机的铭牌识别和检测试验方法。
（2）掌握三相鼠笼式异步电动机、交流接触器、按钮和热继电器等的结构及其使用方法。
（3）理解三相鼠笼式异步电动机启动的操作方法，掌握异步电动机点动、自锁和互锁、正反转控制等电路的接线方法，以及控制原理。

二、实验器材

（1）DGJ-2型电工技术实验台。
（2）三相鼠笼式异步电动机。
（3）兆欧表。
（4）万用表。

三、实验内容及操作

（1）三相鼠笼式异步电动机的铭牌识别。
（2）三相鼠笼式异步电动机的检测（选做）。
① 绝缘电阻测试。
② 定子绕组的直流电阻值。
③ 电动机定子各相绕组始末端判定。
（3）熟悉实验台。
① 在实验台上找到熔断器FU、组合开关Q_1、交流接触器KM_1、热继电器FR、按钮开关SB_1、SB_2的位置。
② 仔细观察熔断器、组合开关，分别找出三相对应的输入/输出接线端。
③ 观察和辨别交流接触器、热继电器的主触点、辅助触点。用万用表测量常开触点、常闭触点的静态电阻值，分清常开触点、常闭触点。识别交流接触器线圈额定电压。
④ 观察和掌握按钮开关，用万用表分清常开触点、常闭触点。
（4）电动机的单向点动和自锁控制电路。
① 将电压表接到W-N间，将电源电压调整到220 V。
② 控制电路：由一个交流接触器、按钮和热继电器组成电动机点动和自锁控制实验电路，如图14-1所示。
按图14-1连接电路，连接顺序如下：
主电路部分：电源U、V、W→Q_1→FU→KM_1主触点→FR主触点→电动机A、B、C→短接电动机X、Y、Z（将电动机接成Y形工作状态）。
控制电路部分：电源→FR辅助触点→KM_1线圈→SB_2→SB_1→电源。先不接KM_1常开辅助触点。

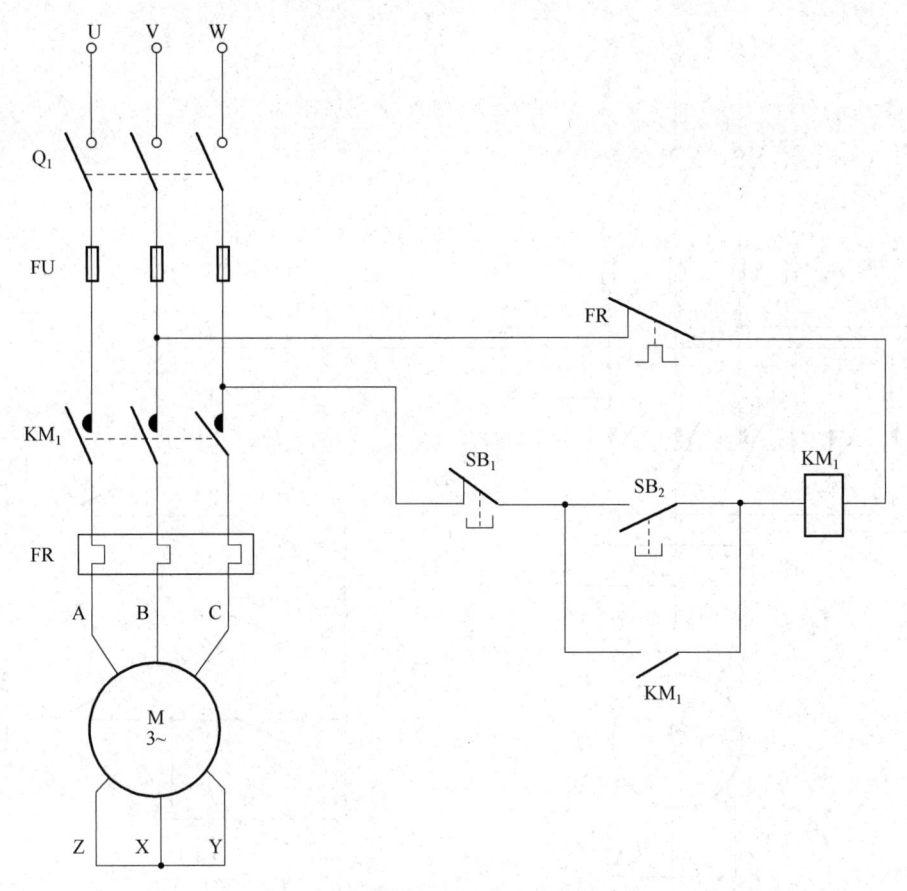

图 14-1 电动机的单向启动控制电路

③ 电动机点动正转控制：启动电源，闭合组合开关 Q_1，按下启动按钮 SB_2，观察接触器的动作和电动机的运行情况。松开 SB_2，情况又如何？断开组合开关 Q_1。

④ 电动机正转自锁控制：将 KM_1 的常开辅助触点与启动按钮 SB_2 并联。

闭合组合开关 Q_1，按下启动按钮 SB_2，观察接触器的动作和电动机的运行情况。松开 SB_2，观察接触器的动作和电动机的运行情况。按下停止按钮 SB_1，电动机停转，断开组合开关 Q_1。断开电源。

（5）电动机的正反转控制电路。

连接电路：电动机正反转控制电路如图 14-2 所示。

在图 14-1 的基础上将电路连接成图 14-2，连接顺序：FU→KM_2 主触点→FR 主触点；FR 辅助触点→KM_2 线圈→SB_2→SB；将 KM_2 的常开辅助触点与启动按钮 SB_2 并联；断开 FR 辅助触点与 KM_1 线圈，将 KM_2 的常闭辅助触点串联到 FR 辅助触点与 KM_1 线圈之间；断开 FR 辅助触点与 KM_2 线圈，将 KM_1 的常闭辅助触点串联到 FR 辅助触点与 KM_2 线圈之间。

正转：按下 SB_1，正转接触器线圈 KM_1 通电，其主触点闭合，电动机正转，KM_1 常开辅助触点闭合实现自锁，同时断开常闭辅助触点 KM_1，实现反转电路互锁。

停车：按下 SB 控制电路断电，KM_1 与 KM_2 接触器线圈断电，主触点断开，切断电源，电动机停转。

反转：按下 SB_2，KM_2 接触器主触点闭合，电动机反转，KM_2 常开辅助触点闭合，实现自锁。常闭辅助触点 KM_2 断开，KM_1 断电，实现互锁。

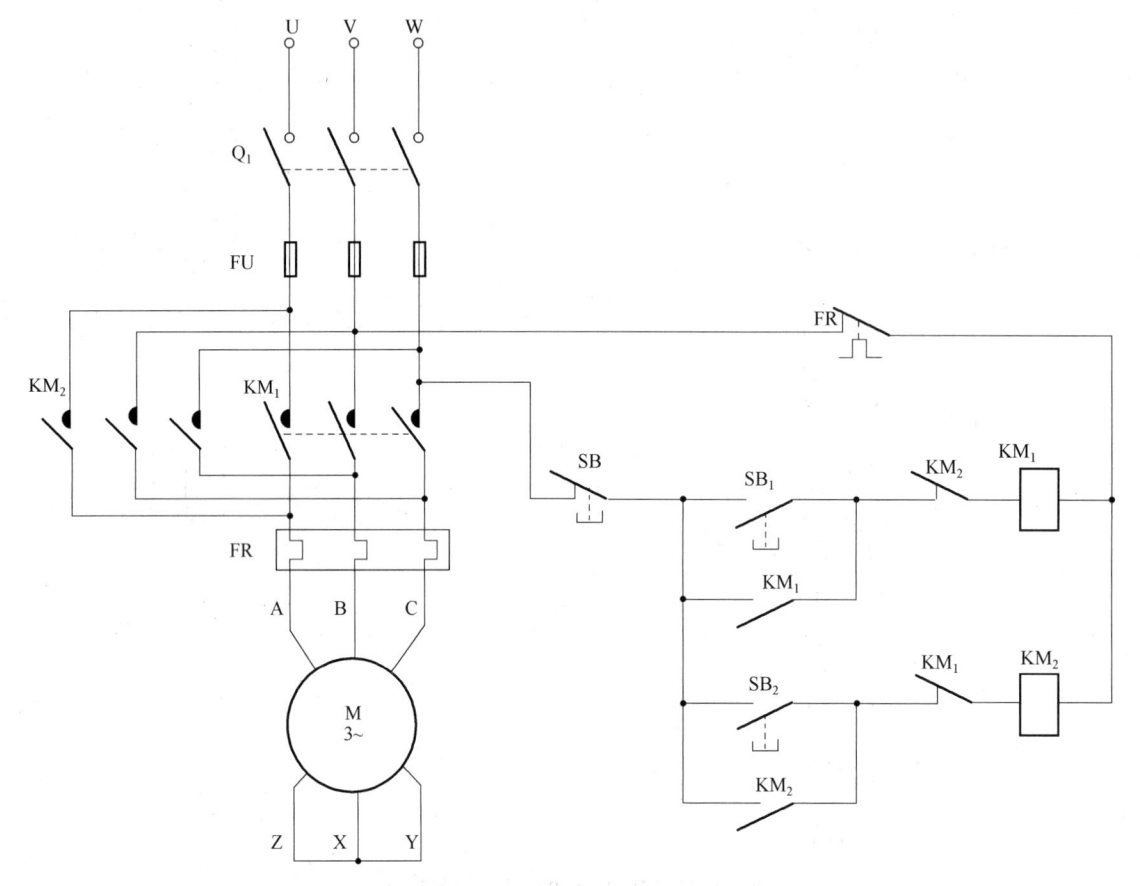

图 14-2 电动机正反转控制电路

四、实验报告

（1）分析本实验控制电路的优缺点。

（2）谈谈通过本实验你有什么收获。设计和制作异步电动机启动控制电路要注意哪些问题？

五、实验预习

（1）理解交流接触器、按钮和热继电器的结构、工作原理及其使用方法。

（2）理解异步电动机点动、自锁和互锁、正反转控制等电路的工作原理。

第三部分

模拟电路实验

实验十五　晶体管共射极单管放大器实验

一、实验目的

(1) 熟悉万用表及模拟电路实验系统的使用。
(2) 掌握放大器静态工作点的调试方法,学会静态工作点对放大器性能影响的分析方法。
(3) 掌握放大器电压放大倍数、输入电阻、输出电阻及最大不失真输出电压的测试方法。

二、实验器材

(1) 实验箱 TDX-AS。
(2) 万用表。

三、实验原理

图 15-1 所示为基极电阻分压式共射极单管放大器实验电路。放大器的基极偏置电路采用 R_{b1-1}、R_{P3} 和 R_{b1-2} 组成的分压电路,并在发射极中接入了电阻 R_{e1} 和电容 C_{e1},构成直流负反馈,以稳定放大器的静态工作点。当从放大器的输入端加入输入信号 v_i 后,在放大器的输出端便可得到一个与 v_i 相位相反、幅值被放大的输出信号 v_o,从而实现了电压放大。

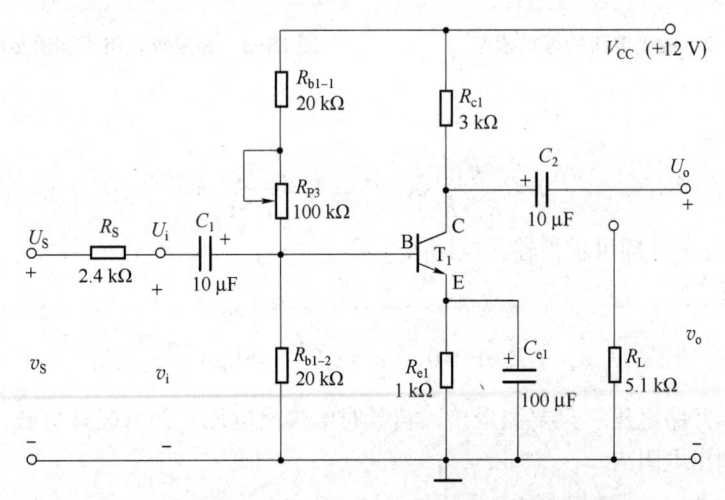

图 15-1　基极电阻分压式共射极单管放大器实验电路

在图 15-1 中,当流过偏置电阻 R_{b1-1} 和 R_{b1-2} 的电流远大于晶体管 T_1 的基极电流 I_B 时(一般为 5~10 倍),则它的静态工作点可用下式估算,V_{CC} 为供电电源,为+12 V。

$$V_B \approx \frac{R_{b1-2}}{R_{b1-1}+R_{P3}+R_{b1-2}} V_{CC} \tag{15-1}$$

$$I_{\mathrm{E}} = \frac{V_{\mathrm{B}} - V_{\mathrm{BE}}}{R_{\mathrm{e1}}} \approx I_{\mathrm{C}} \tag{15-2}$$

$$V_{\mathrm{CE}} = V_{\mathrm{CC}} - I_{\mathrm{C}}(R_{\mathrm{c1}} + R_{\mathrm{e1}}) \tag{15-3}$$

电压放大倍数
$$A_{\mathrm{V}} = -\beta \frac{R_{\mathrm{c1}} /\!/ R_{\mathrm{L}}}{r_{\mathrm{be}}} \tag{15-4}$$

输入电阻
$$R_{\mathrm{i}} = (R_{\mathrm{b1-1}} + R_{\mathrm{P3}}) /\!/ R_{\mathrm{b1-2}} /\!/ r_{\mathrm{be}} \tag{15-5}$$

输出电阻
$$R_{\mathrm{o}} \approx R_{\mathrm{c1}} \tag{15-6}$$

1. 电压放大倍数的测量原理

放大电路从外部看可以等效为一个四端网络，如图 15-2 所示。从信号源端看进去，放大电路相当于一个电阻 R_{i}，从负载端看进去，放大电路可以等效为一个电压源，R_{i} 称为放大电路的输入电阻，R_{o} 称为放大电路的输出电阻。

$$A_{\mathrm{V}} = \frac{v_{\mathrm{o}}}{v_{\mathrm{i}}}$$

式中，v_{i} 和 v_{o} 为有效值或幅值或峰–峰值。

因此，只要测量 v_{i} 和 v_{o}，就可以算得电压放大倍数。

2. 放大电路的输入电阻和输出电阻的测量原理

放大电路从外部看可以等效为一个四端网络。为了测量放大电路的输入电阻 R_{i}，在放大电路的输入端与信号源间串联一个已知电阻 R_{S}。测量输入电阻和输出电阻的电路如图 15-3 所示。

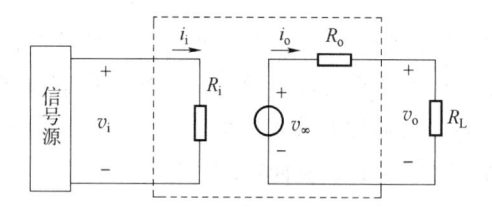

图 15-2　放大电路的等效模型 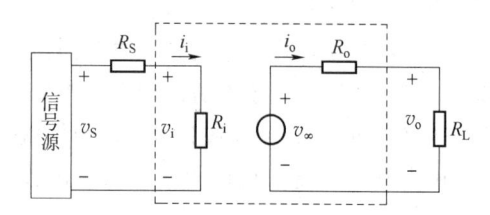　　　　图 15-3　测量输入电阻和输出电阻的电路

在输入端有
$$v_{\mathrm{i}} = \frac{R_{\mathrm{i}}}{R_{\mathrm{S}} + R_{\mathrm{i}}} v_{\mathrm{S}} \quad \Rightarrow R_{\mathrm{i}} = \frac{v_{\mathrm{i}}}{v_{\mathrm{S}} - v_{\mathrm{i}}} R_{\mathrm{S}} \tag{15-7}$$

只要测量 v_{S}、v_{i}，即可求得输入电阻 R_{i}。

在输出端有
$$v_{\infty} - i_{\mathrm{o}} R_{\mathrm{o}} - v_{\mathrm{o}} = 0, \quad v_{\mathrm{o}} = i_{\mathrm{o}} R_{\mathrm{L}} \quad \Rightarrow R_{\mathrm{o}} = \frac{v_{\infty} - v_{\mathrm{o}}}{v_{\mathrm{o}}} R_{\mathrm{L}} \tag{15-8}$$

式中，v_{∞} 为负载开路电压。只要测量接入负载时的输出电压 v_{o}，再断开负载，测量输出电压 v_{∞}，即可求得输出电阻 R_{o}。

四、实验内容及操作

1. 静态工作点的调整和测量

（1）关闭实验箱电源开关。在实验箱的基本放大电路区，利用连接线和跳线帽按图 15-1 连接电路。连接+12 V 电源和接地线。（R_{P3} 为 100 kΩ 的电位器，位于实验箱的左上方；R_{L} 为负载电阻，位于该区的右下方。）

（2）静态工作点的调整和测量。

① 实验原理：静态工作点是指在输入信号 $v_i=0$（输入端 U_i 交流短路）的情况下的电路状态，静态工作点由晶体管基极、集电极、发射极对地电压 V_B、V_C、V_E 及集电极电流 I_C 等构成。

② 最佳静态工作点是指晶体管工作在线性区中点时的静态工作点。

最佳静态工作点的调整方法：经验法和动态法。该实验采用经验法，即不同的晶体管有不同的最佳静态工作点，根据经验，某一类型的晶体管的最佳静态工作点基本是一样的，如该实验中使用的小功率晶体管最佳静态工作点约为 $I_C=2.0$ mA（经验值）。调节电位器 R_{P3}，使 $I_C=2.0$ mA，则认为晶体管处于最佳工作状态。

③ 测压求流法：在测量电路某支路电流时，一方面断开支路串入电流表不方便，更重要的是由于电流表存在内阻，串入电流表后将会破坏电路工作状态，因此实验中通过测量支路中某已知电阻两端的电压来计算支路电流，这是电路测量中常用的方法，称为测压求流法。

由于 $I_C \approx I_E$，为了减小电压测量的误差，通常测量 R_{e1} 上的电压，计算出 I_E，得到 $I_C \approx I_E$。

④ 实验内容及测量：检查电路，确认无误后打开实验箱电源开关。将输入端 U_i 对地交流短路，将万用表调到直流电压 20 V 挡（或直流电压挡），黑表笔接地，红表笔接发射极（E）。缓慢调节 R_{P3} 使 $V_E=2.0$ V，即 $I_C \approx I_E=2.0$ mA（经验值）。按表 15-1 依次测量各静态值，填入表 15-1。计算表 15-1 中的 V_{BE}、V_{CE}、I_C、I_B 的值。

表 15-1　静态工作点的测量和计算记录表

实验测量				计算（取 $\beta=129$）			
V_C/V	V_B/V	V_E/V	V_{BE}/V	V_{BE}/V	V_{CE}/V	I_C/mA	I_B/mA
		2.0					

2. 测量电压放大倍数

注意：如果输出波形出现失真，必须减小信号源输出 v，使失真消失才能测量 v_i 和 v_o。

（1）将信号源输出（SS3）接示波器 CH1，并将专用测量分析仪器切换到毫伏表，信号源取频率 $f=1\,000$ Hz、输出 $v=6$ mV（有效值）左右的正弦波。

（2）断开输入端短路线，将信号源输出（SS3）接输入端 U_i，将示波器 CH1 接输入端 U_i，CH2 接输出端 U_o。在输出波形不失真的情况下，观察 v_i 和 v_o 的波形，观测相位差 $\Delta\phi=$ _____，并比较输入信号与输出信号的相位关系：_____。

（3）不接负载，即 $R_L=\infty$，保持信号源频率 $f=1\,000$ Hz 不变，按表 15-2 从信号源上取不同的 v_S（信号源的输出电压用毫伏表测量），用示波器测量输入电压 v_i（峰-峰值）和输出电压 v_o（峰-峰值），填入表 15-2。由于输出电压与输入电压反相，因此当 v_i 取正时，v_o 要加负号，下同。

表 15-2　电压放大倍数测量记录表

实测			实测计算	理论估算
信号源 v_S/mV	v_i/mV （峰-峰值）	v_o/V （峰-峰值）	$A_V=v_o/v_i$	$A_V=-\dfrac{\beta R'_L}{r_{be}}$ $=$
6				
10				
15				
	平均值				

（4）计算实测和理论估算两个电压放大倍数 A_V，填入表 15-2，并进行比较分析。

其中，$r_{be} = 200\ \Omega + (1+\beta)\dfrac{26\ (\mathrm{mV})}{I_E\ (\mathrm{mA})}$，$\beta = 129$。

3. 放大电路的动态研究

1）放大电路的动态范围及测量

当设置好静态工作点后，给放大器输入端加入正弦波信号，输出端也输出正弦波信号。增加输入正弦波的幅度，输出正弦波的幅度也随之增加，当输入幅度增加到某个值时，输出波形开始出现削底或缩顶，或正负半周严重不对称现象，称为非线性失真。微微减小输入幅度，到失真刚刚消失，此时的输出电压称为放大电路的动态范围（最大不失真输出电压）。

实验内容及测量：

（1）将信号源输出（SS3）接示波器 CH1，并将专用测量分析仪器切换到毫伏表，信号源取频率 $f = 1\ 000$ Hz，输出 $v = 15$ mV（有效值）左右的正弦波。

（2）保持静态工作点不变（$I_C = 2.0$ mA），接入负载 $R_L = 5.1$ kΩ（5.1 kΩ 在右下方）。将信号源输出（SS3）接输入端 U_i，将示波器 CH1 接输入端 U_i，CH2 接输出端 U_o。

缓慢增加输入电压（信号源输出），观察示波器上的正弦波，当输出波形达到最大但还没有失真时的电压称为动态范围，用示波器测量此时的输入电压 v_i（峰-峰值）和输出电压 v_o（峰-峰值），此时的输出电压值 v_o 即动态范围，填入表 15-3。

表 15-3 放大电路的动态研究记录表 1

静态工作点 V_E/V		1.0	1.5	2.0	2.5
最大不失真状态	v_i/mV（峰-峰值）				
	v_o/V（峰-峰值）				
	动态范围				
	A_V				

注：动态范围 = v_o。

2）静态工作点对放大倍数和动态范围的影响

依次按表 15-3 要求改变静态工作点（注意：调整静态工作点前需要将信号源输出断开，并将放大电路输入端 U_i 交流短路，静态工作点调整好后要恢复），找到动态范围，测量 v_i 和 v_o，填入表 15-3。

根据测量结果，分析静态工作点对放大倍数和动态范围的影响。

3）负载对放大倍数和动态范围的影响

（1）将信号源输出（SS3）接示波器 CH1，并将专用测量分析仪器切换到毫伏表，信号源取频率 $f = 1\ 000$ Hz，输出 $v = 15$ mV（有效值）左右的正弦波。

（2）保持静态工作点不变（$I_C = 2.0$ mA），集电极负载 $R_C = 3$ kΩ，接入负载 $R_L = 5.1$ kΩ。将信号源输出（SS3）接输入端 U_i，将示波器 CH1 接输入端 U_i，CH2 接输出端 U_o。

缓慢增加输入电压（信号源输出），观察示波器上的正弦波，当输出波形达到最大但还没有失真时的电压称为动态范围，用示波器测量此时的输入电压 v_i 和输出电压 v_o，此时的输出电压值 v_o 即动态范围，填入表 15-4。

(3) 按表 15-4 依次改变 R_L，重复上述测量，测量值填入表 15-4。

表 15-4　放大电路的动态研究记录表 2

给定参数			实测			实测计算	理论估算
R_C/kΩ	R_L/kΩ	R'_L/kΩ	v_i/mV	v_o/V	动态范围	$A_V = v_o/v_i$	$A_V = \dfrac{\beta R'_L}{r_{be}}$
3	5.1						
3	1						
3	∞						

根据测量结果，分析负载（$R_C // R_L$）对放大倍数和动态范围的影响。

4. 测量放大电路的输入电阻和输出电阻

保持静态工作点不变（$I_C = 2.0$ mA）。

1) 输入电阻测量

(1) 将信号源输出（SS3）接示波器 CH1，示波器 CH2 接输出端，并将专用测量分析仪器切换到毫伏表，信号源取频率 $f = 1\,000$ Hz、输出 $v = 20$ mV（有效值）左右的正弦波。

(2) 将信号源输出 SS3 接 U_S 端，即在输入端串联一个 $R_S = 2.4$ kΩ 的电阻。如果输出波形失真，必须减小信号源输出电压 v，使失真消失。

(3) 先将示波器 CH1 接输入端 U_S，用示波器 CH1 测量 v_S，再将示波器 CH1 接输入端 U_i，用示波器 CH1 测量 v_i，填入表 15-5，并计算结果。

注意：如果输出波形出现失真，必须减小信号源输出 v，使失真消失，才能测量 v_S 和 v_i。

表 15-5　放大电路输入电阻测量记录表

实验测量			理论估算
v_S/mV（峰-峰值）	v_i/mV（峰-峰值）	$R_i = \dfrac{v_i}{v_S - v_i} R_S$	$R_i \approx r_{be} // (R_{b1} + R_{P3}) // R_{b2}$

2) 输出电阻测量

保持上电路连接不变、输入信号不变，在放大器输出端接入 5.1 kΩ 的负载 R_L，用示波器 CH2 测量输出电压 v_o，断开负载（$R_L = \infty$），再用示波器 CH2 测量输出电压 v_∞，填入表 15-6，并计算结果。

注意：如果输出波形出现失真，必须减小信号源输出电压，使失真消失，才能测量 v_o 和 v_∞。

表 15-6　放大电路输出电阻测量记录表

实验测量			理论估算
$R_L = 5.1$ kΩ v_o/V（峰-峰值）	$R_L = \infty$ v_∞/V（峰-峰值）	$R_o = \dfrac{v_\infty - v_o}{v_o} R_L$	$R_o = R_C$

5. 测量放大电路的幅频特性

幅频特性：由于放大电路中电抗元件的存在，放大电路对不同频率分量的信号放大能力是不同的，而且不同频率分量的信号通过放大电路后还会产生不同的相移。因此，放大电路对不同频率的信号放大能力是不同的，产生相移也是不同的，这样衡量放大电路放大能力的放大倍数也就成为频率的函数。放大电路的电压放大倍数与频率的关系称为幅频特性，输出信号与输入信号的相位差与频率之间的关系称为相频特性，两者统称为频率特性。

在图 15-1 中，信号源选择不同的频率，在保证输出不失真的前提下，测量输入电压和输出电压，在直角坐标中作输出电压/输入电压的比值（电压放大倍数）与频率的曲线，即为放大电路的幅频特性。

实验内容及测量：

（1）将信号源输出（SS3）接示波器 CH1，并将专用测量分析仪器切换到毫伏表，信号源取频率 $f = 100$ Hz、输出 $v = 15$ mV（有效值）左右的正弦波。

（2）将信号源输出（SS3）接输入端 U_i，将示波器 CH1 接输入端 U_i，CH2 接输出端 U_o，负载开路（$R_L = \infty$）。

（3）从示波器上观察输出波形是否失真，如果失真则适当减小信号源电压 v，在不失真的情况下，用示波器测量输入电压 v_i（读电压峰-峰值）和输出电压 v_o（读电压峰-峰值），并填入表 15-7。注意：如果输出波形出现失真，就必须减小信号源输出电压，使失真消失，才能测量。

（4）按表 15-7 选择频率，重复第（3）步，直到完成表 15-7。

表 15-7 放大电路的幅频特性测量记录表

项目	次数											
	1	2	3	4	5	6	7	8	9	10	11	12
f	100 Hz	300 Hz	500 Hz	1 kHz	10 kHz	50 kHz	100 kHz	200 kHz	300 kHz	400 kHz	500 kHz	1 MHz
v_i/mV												
v_o/V												
A_V												

（5）根据测量数据绘制幅频特性曲线。

五、实验预习

（1）阅读模拟电路教材和实验课教材，理解单管放大电路的构成，理论公式 A_V、R_i、R_o 的推导过程。

（2）完成表 15-2、表 15-4、表 15-5、表 15-6 中理论估算的计算。

（3）理解静态工作点的调试和测量原理。

（4）理解放大电路中 A_V、R_i、R_o 等动态参数的实验测量原理和方法。

（5）理解放大电路输入电阻、输出电阻的测量原理，推导 R_i 和 R_o 的计算公式。

六、实验报告

（1）整理测量数据，计算静态工作点、电压放大倍数、输入电阻、输出电阻，并把实验测得的静态工作点、电压放大倍数、输入电阻、输出电阻的值与理论计算值比较，验证理论，并分析产生误差的原因。

（2）根据测量结果，分析静态工作点对放大器电压放大倍数、动态范围的影响。

（3）根据测量结果，分析 R_C、R_L 对放大器电压放大倍数、动态范围的影响。

（4）根据测量数据，绘制幅频特性曲线，分析放大电路的幅频特性。

（5）总结心得体会。

实验十六　晶体管两级放大器

一、实验目的

（1）掌握两级阻容放大器的静态分析方法和动态分析方法。
（2）加深对放大电路各项性能指标的理解。

二、实验器材

（1）实验箱 TDX-AS。
（2）万用表。

三、实验原理

晶体管两级放大电路如图 16-1 所示。

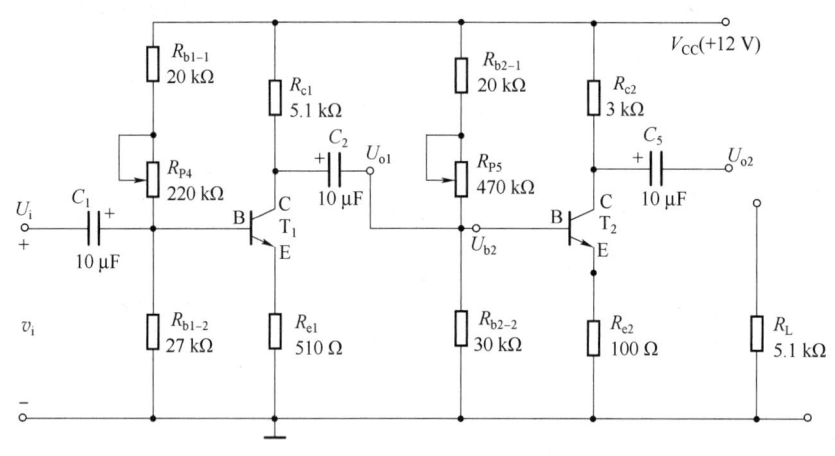

图 16-1　晶体管两级放大电路

1. 静态分析

阻容耦合因有隔直作用，各级静态工作点都互相独立，只要按实验十五的分析方法，一级一级地分析计算就可以了。

2. 两级放大电路的动态分析

1）中频电压放大倍数的理论估算

$$A_V = A_{V1} \times A_{V2} \tag{16-1}$$

单管基本共射电路电压放大倍数的公式如下：

$$A_V = -\frac{\beta R'_L}{r_{be}+(1+\beta)R_e} \tag{16-2}$$

注意： 公式中的 R'_L 不仅是本级电路输出端的等效电阻，还应该包含下级电路等效到输入端的电阻，即前一级输出端往后看到的总的等效电阻。

2）输入电阻的理论估算

两级放大电路的输入电阻一般来说就是输入级电路的输入电阻，即

$$R_i \approx R_{i1} \qquad (16-3)$$

3）输出电阻的理论估算

两级放大电路的输出电阻一般来说就是输出级电路的输出电阻，即

$$R_o \approx R_{o2} \qquad (16-4)$$

3. 两级放大电路的频率响应

1）幅频特性

我们知道，两级放大电路总的电压放大倍数就是两级放大电路放大倍数的乘积，则其对数幅频特性便是各级对数幅频特性之和，即

$$20\lg|\dot{A}_V| = 20\lg|\dot{A}_{V_1}| + 20\lg|\dot{A}_{V_2}| \qquad (16-5)$$

2）相频特性

两级放大电路总的相位为各级放大电路相位移之和，即

$$\varphi = \varphi_1 + \varphi_2 \qquad (16-6)$$

四、实验内容及操作

1. 连接电路

本实验为单电源供电的两级共射极放大电路，其电路如图 16-1 所示。按照图 16-1 连接电路。

2. 静态工作点的测量

将恒压源中的 +12 V 电源接入 V_{CC}（+12 V）端，将 U_i 接地。调节 R_{P4}、R_{P5} 使 V_{C1} 与 V_{C2} 都为 5 V 左右，此时两级三极管都处于放大区内。用万用表测量表 16-1 中的各项值。

表 16-1 静态工作点测量数据表

项目	V_C/V	V_B/V	V_E/V	I_C/ mA
第一级				
第二级				

根据公式计算 r_{be1} 和 r_{be2}。

3. 放大倍数的测量

电压放大倍数的测量原理与实验十五类似，请复习。

（1）将频率为 1 000 Hz、幅值适当的正弦波信号接放大器第一级的输入端 v_i。用示波器观察第二级放大器输出电压 v_{o2} 的波形，如果失真，请减小信号源的幅度，直至不失真。

（2）用示波器测量 v_i 和 v_{o1}，计算第一级放大倍数 $A_{V1} = v_{o1}/v_i$。测量第二级的输出 v_{o2}，计算第二级放大倍数 $A_{V2} = v_{o2}/v_{o1}$。（各电压测量峰-峰值）

（3）测算两级放大倍数 $A_V = v_{o2}/v_i$。

（4）将测量值与理论估算值进行比较，填入表 16-2。

表 16-2　放大倍数的测量数据表

实测			实测计算			理论估算		
v_i/mV	v_{o1}/V	v_{o2}/V	A_{V1}	A_{V2}	A_V	A_{V1}	A_{V2}	A_V

4. 两级放大电路的输入、输出电阻测量

两级放大电路的输入、输出电阻测量原理与实验十五中输入、输出电阻测量原理类似，请复习。

保持电路状态不变，选择适当的信号源电压 v_S，保证输出信号不失真，参考实验十五的方法，按表 16-3 用示波器测量各电压值（各电压测量峰-峰值），计算输入、输出电阻，填入表 16-3。

表 16-3　输入、输出电阻测量数据表

输入电阻 $R_S = 2.4\ \text{k}\Omega$				输出电阻 $R_L = 5.1\ \text{k}\Omega$			
实测		测算	理论估算	实测		测算	理论估算
v_S/mV	v_i/mV	R_i/Ω	R_i/Ω	v_{o2}/V	v'_{o2}/V	R_o/Ω	R_o/Ω

表 16-3 中 R_i 和 R_o 的测算公式请参照实验十五自己推导。

5. 测量放大电路的幅频特性

两级放大电路的幅频特性测量原理与实验十五中幅频特性测量原理类似，请复习。

将信号源和示波器 CH1 接输入端 U_i，CH2 接输出端 U_{o2}。信号源取幅度适当的正弦波。按表 16-4 依次改变信号源的频率（放大电路输入信号的频率），从示波器上观察输出波形是否失真，如果失真则适当减小信号源幅度。在不失真的情况下，用示波器测量输入电压 v_i 和输出电压 v_{o2}，填入表 16-4。（各电压测量峰-峰值）

表 16-4　幅频特性测量数据表

项目	次数											
	1	2	3	4	5	6	7	8	9	10	11	12
f	100 Hz	300 Hz	500 Hz	1 kHz	10 kHz	50 kHz	100 kHz	200 kHz	300 kHz	400 kHz	500 kHz	1 MHz
v_i/mV												
v_{o2}/V												
A_V												

根据测量数据绘制幅频特性曲线。

五、实验预习

（1）阅读模拟电路教材和实验课教材，理解两级放大电路的构成，理论公式 A_V、R_i、R_o 的推导过程。

（2）完成表 16-2、表 16-3 中理论估算的计算。

（3）理解静态工作点的调试和测量原理。

（4）理解放大电路中 A_V、R_i、R_o 等动态参数的实验测量原理和方法。

六、实验报告

（1）整理测量数据，计算电压放大倍数、输入电阻、输出电阻，并把实测的电压放大倍数、输入电阻、输出电阻的值与理论估算值比较，分析产生误差的原因。

（2）根据测量数据，绘制幅频特性曲线，分析放大电路的幅频特性。

（3）总结心得体会。

实验十七　射极跟随器

一、实验目的

（1）掌握射极跟随器的电路特性及测试方法。
（2）进一步学习放大器各项参数测试方法。

二、实验器材

（1）实验箱 TDX-AS。
（2）万用表。

三、实验原理

图 17-1 所示为射极跟随器电路，输出取自发射极，故称其为射极跟随器。其特点如下：

1. 输入电阻 R_i 高

$$R_i = r_{be} + (1+\beta)R_{e2} \tag{17-1}$$

如考虑偏置电阻 R_{b2-1} 和负载电阻 R_L 的影响，则

$$R_i = R_{b2-1} // [r_{be} + (1+\beta)(R_{e2} // R_L)] \tag{17-2}$$

由式（17-2）可知，射极跟随器的输入电阻 R_i 比共射极单管放大器的输入电阻要高得多。

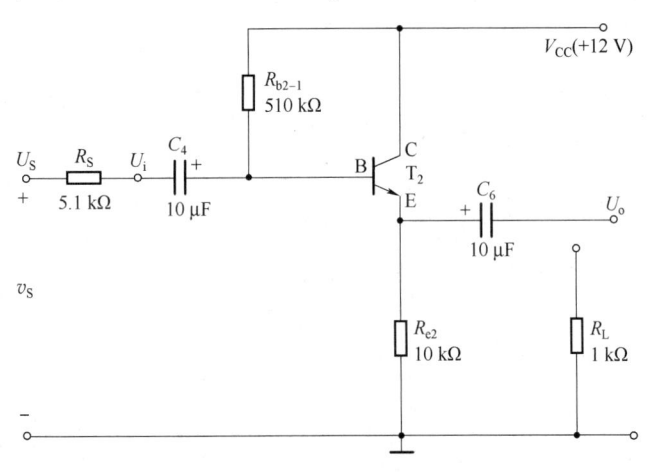

图 17-1　射极跟随器电路

输入电阻的测量原理与实验十五中输入电阻的测试方法类似，请复习。实验电路如图 17-1 所示。

$$R_i = \frac{v_i}{i_i} = \frac{v_i}{v_S - v_i} R_S \tag{17-3}$$

只要测得 v_S、v_i 即可求得 R_i。

2. 输出电阻 R_o 低

$$R_o = \frac{r_{be}}{\beta} // R_{e2} \approx \frac{r_{be}}{\beta} \quad (17-4)$$

如考虑信号源内阻 R_S，则

$$R_o = \frac{r_{be}+(R_S // R_{b2-1})}{\beta} // R_{e2} \approx \frac{r_{be}+(R_S // R_{b2-1})}{\beta} \quad (17-5)$$

由式（17-5）可知，射极跟随器的输出电阻 R_o 比共射极单管放大器的输出电阻 $R_o(=R_C)$ 低得多。三极管的 β 越高，输出电阻越低。

输出电阻 R_o 的测量原理与实验十五中输出电阻测量原理类似，请复习。先测量空载输出电压 v_o，再测量接入负载 R_L 后的输出电压 v_L。

根据

$$v_L = \frac{v_o}{R_o + R_L} R_L$$

即可求出

$$R_o = \left(\frac{v_o}{v_L} - 1\right) R_L \quad (17-6)$$

3. 电压放大倍数近似等于 1

根据图 17-1 所示电路可以得到

$$A_V = \frac{(1+\beta)(R_{e2} // R_L)}{r_{be}+(1+\beta)(R_{e2} // R_L)} \approx 1 \quad (17-7)$$

式（17-7）说明，射极跟随器的电压放大倍数小于近似等于 1 且为正值。这是深度电压负反馈的结果。但它的射极电流仍比基极电流大（1+β）倍，所以它具有一定的电流和功率放大作用。

四、实验内容及操作

1. 电路连接

关闭实验箱电源开关。在实验箱的基本放大电路区，利用连接线和跳线帽按图 17-1 连接电路。连接 +12 V 电源和接地线。输出端 U_o 接 1 kΩ 负载。

2. 最佳静态工作点的测试

接通电源，将输入端 U_i 对地交流短路，用万用表直流电压挡分别测量各点电压，填入表 17-1。根据测量数据，计算表中的 I_{EQ}、I_{CQ}、I_{BQ}、β 等。关闭电源。

表 17-1 静态工作点测量数据表

实验测量					计算			
V_C/V	V_B/V	V_E/V	V_{BE}/V	R_B/kΩ	I_{EQ}/mA	I_{CQ}/mA	I_{BQ}/μA	β
				510				

计算：

$$r_{be} = 200\ \Omega + (1+\beta)\frac{26(\text{mV})}{I_E(\text{mA})} \quad (17-8)$$

问题：分析表 17-1 中的数据发现（$V_B - V_E$）小于 V_{BE}，这是什么原因？提醒我们今后实验中要注意什么？

3. 测量电压放大倍数 A_V 及射极跟随器的跟随特性（$R_L = \infty$）

放大倍数的测量原理与实验十五类似，请复习。

（1）信号源选择频率为 1 kHz 的正弦波信号，幅度选择 1 V（有效值，用毫伏表测量），将信号源输出端 SS3 接输入端 U_S。

（2）示波器的 CH1 接输入端 U_i、CH2 接输出端 U_o，断开负载，观察输出波形，如果输出波形出现失真，请减小信号源输出幅度至不失真。用示波器分别测量 v_i、v_o（读取峰-峰值），填入表 17-2。

（3）保持信号源频率不变，幅度依次选择 0.7 V、0.4 V，重复第（2）步。

（4）根据测量数据，计算表中的 A_V，并与理论估算值比较。

表 17-2　放大倍数的测量数据

设置		实测（峰-峰值）		计算	理论估算
f	v_S/V	v_i/V	v_o/V	$A_V = \dfrac{v_o}{v_i}$	$\lvert \dot{A}_V \rvert$
1 kHz	1.0				
	0.7				
	0.3				

4. 测量输入电阻（$R_S = 5.1\ \text{k}\Omega$）

输入、输出电阻测量原理与实验十五中输入、输出电阻测量原理类似。

（1）保持上面的电路不变，信号源和示波器的连接不变，接入负载 R_L（$R_L = 1\ \text{k}\Omega$）。

（2）信号源选择 1 kHz、0.7 V 的正弦波（用毫伏表测量），观察输出波形，如果输出波形出现失真，请减小信号源输出幅度至不失真。

（3）用示波器 CH1 测量 v_i（读取峰-峰值），填入表 17-3。

（4）将示波器 CH1 换接到 U_S，测量 v_S（读取峰-峰值），填入表 17-3。

（5）根据测量数据，计算表 17-3 中的 R_i，并与理论估算值比较。

表 17-3　输入电阻的测量数据

实验测量（峰-峰值）		计 算	理论估算
v_S/V	v_i/V	$R_i = \dfrac{v_i}{v_S - v_i} \cdot R_S =$	$R_i = R_{b2-1} \mathbin{/\mkern-6mu/} [r_{be} + (1+\beta) \cdot R'_L] =$

5. 测量输出电阻（$R_L = 1\ \text{k}\Omega$）

（1）保持上一步的电路连接和信号源频率、幅度不变，测量 v_o（示波器 CH2）（读取峰-峰值），填入表 17-4。

（2）将负载断开，测量 v_∞（示波器 CH2）（读取峰-峰值），填入表 17-4。

（3）根据测量数据，计算表 17-4 中的 R_o，并与理论估算值比较。v_o、v_∞ 必须在输出不失真的情况下测量。

表 17-4　输出电阻的测量数据

实验测量（峰-峰值）		计算/Ω	理论估算/Ω
v_o/V	v_∞/V	$R_o = \left(\dfrac{v_\infty}{v_o} - 1\right) R_L$	$R_o = \dfrac{r_{be}}{\beta} // R_{e2}$

6. 测量放大电路的幅频特性

（1）在上一步的电路连接的基础上，将示波器 CH1 换接到 U_i，负载保持断开。

（2）信号源保持正弦波、幅度不变，频率调节为 10 Hz，观察输出波形，如果出现失真，减小信号源幅度，在输出不失真的情况下测量 v_i 和 v_o，填入表 17-5。

（3）按表 17-5 选择信号源频率，重复第（2）步，完成测量并填入表 17-5。

（4）计算 A_V，根据测量计算数据绘制幅频特性曲线（A_V–f 曲线）。

表 17-5　幅频特性测量数据

项目	次数									
	1	2	3	4	5	6	7	8	9	10
f	10 Hz	50 Hz	100 Hz	1 kHz	10 kHz	50 kHz	100 kHz	500 kHz	1 MHz	2 MHz
v_i/V										
v_o/V										
A_V										

7. 实验分析

结合实验十五、十七的实验结果，分析以下问题：

（1）对比共射极单管放大器和射极跟随器的电压放大倍数，分析两种电路电压放大倍数的差别。

（2）对比共射极单管放大器和射极跟随器的输入电阻，分析两种电路输入电阻的差别。

（3）对比共射极单管放大器和射极跟随器的输出电阻，分析两种电路输出电阻的差别。

（4）对比共射极单管放大器和射极跟随器的幅频特性曲线，分析两种电路的幅频特性的差别。

五、实验预习

（1）阅读模拟电路教材和实验课教材，理解射极跟随器电路的构成，理论公式 A_V、R_i、R_o 的推导过程，完成表 17-2、表 17-3、表 17-4 中理论估算的计算。

（2）理解放大电路中 A_V、R_i、R_o 等动态参数的实验测量原理和方法。

六、实验报告

（1）整理测量数据，计算电压放大倍数、输入电阻、输出电阻，并把实测的电压放大倍数、输入电阻、输出电阻的值与理论估算值比较，分析产生误差的原因。

（2）根据测量数据，绘制幅频特性曲线，分析放大电路的幅频特性。

（3）分析射极跟随器的性能和特点。

（4）总结心得体会。

实验十八 负反馈放大器

一、实验目的

（1）理解负反馈放大器各项技术指标的测试方法。
（2）掌握负反馈放大电路频率特性的测量方法。
（3）通过实验理解串联电压负反馈对放大器性能的改善。

二、实验器材

（1）实验箱 TDX-AS。
（2）万用表。

三、实验原理

图 18-1 所示为带有负反馈的两级阻容耦合放大电路，在电路中通过 R_f 把输出电压 u_o 引回到输入端，加在晶体管 T_1 的发射极上，在发射极电阻 R_{e1} 上形成反馈电压 u_f。根据反馈网络分析方法，该电路属于典型的电压串联负反馈。相关的基本理论知识请参考理论课教材，这里不再赘述。

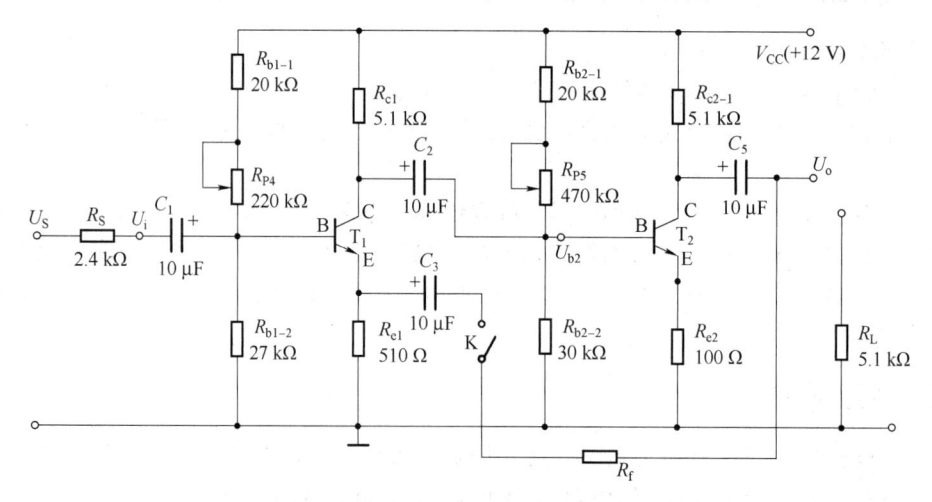

图 18-1　带有负反馈的两级阻容耦合放大电路

电压串联负反馈对放大器性能的影响主要有以下几点：

1. 负反馈使放大器的放大倍数降低

A_{Vf} 的表达式为

$$A_{Vf} = \frac{A_V}{1+A_V F_V} \tag{18-1}$$

从式（18-1）可见，加上负反馈后，A_{Vf} 比 A_V 降低了 $1/(1+A_V F_V)$，并且 $|1+A_V F_V|$ 越大，放大倍数降低越多。深度反馈时，

$$A_{Vf} \approx \frac{1}{F_V} \tag{18-2}$$

2. 反馈系数

$$F_V = \frac{R_{e1}}{R_f + R_{e1}} \tag{18-3}$$

3. 负反馈改变放大器的输入电阻与输出电阻

负反馈对放大器输入电阻和输出电阻的影响比较复杂，不同的反馈形式，对电阻的影响不一样。一般情况下，电压负反馈使输出电阻降低，电流负反馈使输出电阻升高；并联负反馈能降低输入电阻，而串联负反馈则提高输入电阻。

输入电阻

$$R_{if} = (1 + A_V F_V) R_i \tag{18-4}$$

输出电阻

$$R_{of} = \frac{R_o}{1 + A_V F_V} \tag{18-5}$$

4. 负反馈扩展了放大器的通频带

通频带通常用上限频率 f_H 与下限频率 f_L 来描述。假设中频（通常取 1 kHz）时输出电压为 $v_{中}$，降低频率，输出电压降低，当输出电压降低到 $0.707 v_{中}$ 时的频率，称为下限频率 f_L。升高频率，输出电压降低，当输出电压降低到 $0.707 v_{中}$ 时的频率，称为上限频率 f_H，如图 18-2 所示。

引入负反馈后，放大器的上限频率与下限频率的表达式分别为

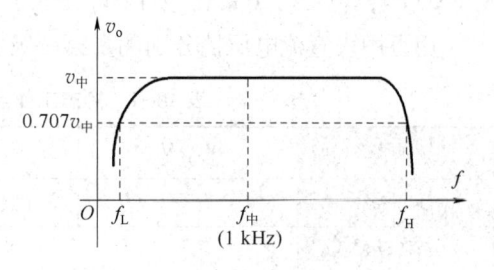

图 18-2 通频带

$$f_{Hf} = (1 + A_V F_V) f_H \tag{18-6}$$

$$f_{Lf} = \frac{1}{1 + A_V F_V} f_L \tag{18-7}$$

$$BW = f_{Hf} - f_{Lf} \approx f_{Hf} (f_{Hf} \gg f_{Lf}) \tag{18-8}$$

可见，引入负反馈后，f_{Hf} 向高端扩展了 $(1 + A_V F_V)$ 倍，f_{Lf} 向低端扩展了 $1/(1 + A_V F_V)$ 倍，使通频带加宽。

5. 负反馈提高了放大倍数的稳定性

当反馈深度一定时，有

$$\frac{dA_{Vf}}{A_{Vf}} = \frac{1}{1 + A_V F_V} \cdot \frac{dA_V}{A_V} \tag{18-9}$$

可见引入负反馈后，放大器闭环放大倍数 A_{Vf} 的相对变化量 $\dfrac{dA_{Vf}}{A_{Vf}}$ 比开环放大倍数的相对变化量 $\dfrac{dA_V}{A_V}$ 减少了 $1/(1 + A_V F_V)$，即闭环增益的稳定性提高了 $(1 + A_V F_V)$ 倍。

6. 电压放大倍数、输入/输出电阻的测量原理

电压放大倍数的测量原理与实验十五类似，请复习。

$$A_V = \frac{v_o}{v_i}$$

输入/输出电阻测量原理与实验十五中输入/输出电阻测量原理类似，请复习。

$$R_\mathrm{i} = \frac{v_\mathrm{i}}{v_\mathrm{S}-v_\mathrm{i}}R_\mathrm{S},\ R_\mathrm{o} = \frac{v_\infty-v_\mathrm{o}}{v_\mathrm{o}}R_\mathrm{L}$$

四、实验内容及操作

（1）电路连接。

本实验为串联电压负反馈放大电路，如图18-1所示。按图18-1连接电路，接入负载 $R_\mathrm{L}=5.1\ \mathrm{k}\Omega$，连接+12 V电源。

（2）静态工作点调整和测量。

将 U_i 对地短接，打开电源开关。测量 V_CC，填入表18-1。

第一级静态工作点调整：调节 R_P4，用万用表直流电压挡测量 R_c1 两端的电压，使 V_{R_c1} 为 5.1 V 左右（$I_\mathrm{C1}=1.0$ mA，所以 $V_{R_\mathrm{c1}}=5.1$ V）。

第二级静态工作点调整：调节 R_P5，用万用表直流电压挡测量 R_c2 两端的电压，使 V_{R_c2} 为 5.1 V 左右（$I_\mathrm{C2}=1.0$ mA，所以 $V_{R_\mathrm{c2}}=5.1$ V）。此时两级三极管都处于放大区内。

用万用表直流电压挡分别测量第一级、第二级的静态工作点，填入表18-1。

表18-1 静态工作点测量数据　　$V_\mathrm{CC}=$_____ V

项目	V_CQ/V	V_BQ/V	V_EQ/V	I_CQ/mA
第一级				
第二级				

表中，$I_\mathrm{CQ}=(V_\mathrm{CC}-V_\mathrm{CQ})/R_\mathrm{C}$。

（3）测试基本放大器的各项性能指标（$R_\mathrm{L}=5.1\ \mathrm{k}\Omega$）。

基本放大器的各项性能指标的测量原理与实验十五中电压放大倍数、输入/输出电阻测量原理类似，请复习。

① 断开开关 K（即断开 R_f 左端到 C_3 右端的连线），此时 R_f 不接入，系统处于开环状态，又称基本放大电路。信号源信号频率为 1 kHz（中频），幅度约为 20 mV（有效值，用交流毫伏表测量）。信号源接输入 U_S 端，示波器 CH1 接输入 U_i 端，CH2 接输出 U_o 端。观察输出波形有无失真，若失真请减小信号源幅度至不失真。用示波器测量基本放大电路的 v_S、v_i、v_o、v_∞，填入表18-2，并计算表中的 A_V、R_i、R_o。测量方法参考实验十五。（注意：v_S、v_i、v_o、v_∞ 读电压峰-峰值。）

② 接入负载 $R_\mathrm{L}=5.1\ \mathrm{k}\Omega$，测量 f_H 和 f_L 值，将其值填入表18-2。

f_H 和 f_L 的测量方法：保持信号源不变，将输出 U_o 端换接到 CH1，用毫伏表测量输出信号的幅度，记为中频 v_o（中频为 1 kHz），保持信号源幅度不变，然后改变信号源的频率，先增加信号源的频率，使 v_o 值降到中频时 v_o 的 0.707，此时信号源的频率即 f_H；降低信号源的频率，使 v_o 值降到中频时 v_o 的 0.707，此时信号源的频率即 f_L。

（4）测试负反馈放大器的各项性能指标（$R_\mathrm{L}=5.1\ \mathrm{k}\Omega$）。

负反馈放大器的各项性能指标的测量原理与实验十五中电压放大倍数、输入/输出电阻测量原理类似，请复习。

① K 闭合（即连接 R_f 左端到 C_3 右端的连线），此时接入 R_f，电路变为两级负反馈放大

电路。信号源信号频率为 1 kHz（中频），幅度约为 30 mV（有效值，用交流毫伏表测量）。信号源接输入 U_S 端，示波器 CH1 接输入 U_i 端，CH2 接输出 U_o 端。观察输出波形有无失真，若失真请减小信号源幅度至不失真。用示波器测量负反馈放大器的 v_S、v_i、v_o、v_∞，填入表 18-2，并计算表中的 A_V、R_i、R_o。注意：v_S、v_i、v_o、v_∞ 读电压峰-峰值。

② 用与（3）中②同样的方法测量负反馈放大器的 f_H 和 f_L 值，并将其值填入表 18-2。

表 18-2　放大电路动态指标的测量数据

项目		v_S/mV	v_i/mV	v_o/V	v_∞/V	A_V	R_i/kΩ	R_o/kΩ	f_H/kHz	f_L/Hz
基本放大器 （K 断开）	$R_L = \infty$								—	—
	$R_L = 5.1$ kΩ									
负反馈放大器 （K 闭合）	$R_L = \infty$									
	$R_L = 5.1$ kΩ									

（5）根据表 18-2，进行数据分析，得出负反馈的相关结论。

（6）研究负反馈对非线性失真的改善（$R_L = 5.1$ kΩ）。

先接成基本放大器（K 断开），按第（3）步接入信号源、示波器。信号源频率为 1 kHz，幅度约为 20 mV（有效值，用交流毫伏表测量），观察波形。增大输入信号幅度使输出波形出现轻度非线性失真，测量 v_i = ＿＿＿＿＿ mV，v_o = ＿＿＿＿＿ V。然后接入 R_f（K 闭合），电路变为两级负反馈放大电路，此时失真消失，测量 v_i = ＿＿＿＿＿ mV，v_o = ＿＿＿＿＿ V。计算两种情况下的 A_V，根据现象和数据结果，分析负反馈对非线性失真的改善情况，得出结论。注意：v_i、v_o 读电压峰-峰值。

五、实验预习

（1）阅读模拟电路教材和实验课教材，理解两级负反馈放大电路的构成，理解负反馈放大电路与基本放大电路的关系。

（2）理解静态工作点的调试和测量原理。

（3）理解放大电路中 A_V、R_i、R_o 等动态参数的实验测量原理和方法。

（4）理解 f_H 和 f_L 的定义和实验测量方法。

六、实验报告

（1）整理测量数据，计算基本放大电路和负反馈放大电路的电压放大倍数、输入电阻、输出电阻。

（2）根据实验结果，分析负反馈对电压放大倍数、输入电阻、输出电阻的影响。

（3）根据实验结果，分析负反馈对非线性失真的改善。

（4）总结心得体会。

实验十九　差动放大器

一、实验目的

（1）加深对差动放大器工作原理、电路特点和抑制零漂方法的理解。
（2）掌握差动放大电路静态工作点的测试方法。
（3）掌握差动放大器的共模放大倍数、差模放大倍数、共模抑制比的测量方法。

二、实验器材

（1）实验箱 TDX-AS。
（2）万用表。

三、实验原理

图 19-1 所示恒流源差动放大器电路，其中晶体管 T_1、T_2 称为差分对管，它与电阻 R_{S1}、R_{S2}、R_{c1}、R_{c2} 及电位器 R_P 共同组成差动放大的基本电路。其中，$R_{S1} = R_{S2}$，$R_{c1} = R_{c2}$，R_P 为调零电位器，若电路完全对称，静态时 R_P 应处于中点位置；若电路不对称，应该调节 R_P，使 U_{o1}、U_{o2} 两端在静态时的电位相等。

晶体管 T_3 与电阻 R_e、R_1、R_2 共同组成恒流源电路，为差动放大器提供恒定电流 I_o。由于电路参数完全对称，当外界温度变化或电源电压波动时，对电路的影响是一样的，因此差动放大器能有效地抑制零点漂移。

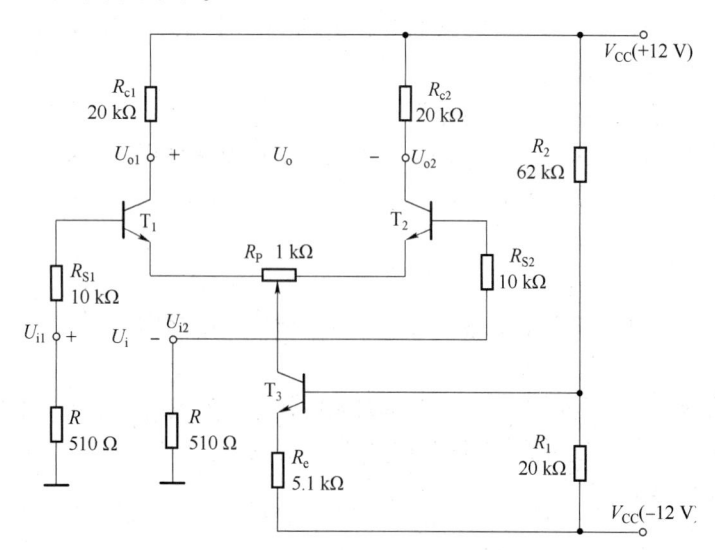

图 19-1　恒流源差动放大器电路

1. 差动放大电路的输入/输出方式

（1）双端输入-双端输出：差模信号加在 U_{i1}、U_{i2} 两端，输出取自 U_{o1}、U_{o2} 两端。

(2) 双端输入-单端输出：差模信号加在 U_{i1}、U_{i2} 两端，输出取自 U_{o1} 或 U_{o2} 对地的信号。

(3) 单端输入-双端输出：差模信号加在 U_{i1} 上，U_{i2} 接地（或 U_{i1} 接地而信号加在 U_{i2} 上），输出取自 U_{o1}、U_{o2} 两端。

(4) 单端输入-单端输出：差模信号加在 U_{i1} 上，U_{i2} 接地（或 U_{i1} 接地而信号加在 U_{i2} 上），输出取自 U_{o1} 或 U_{o2} 对地的信号。

2. 差动放大器的重要指标计算

1) 差模放大倍数 A_{Vd}

由分析可知，差动放大电路在单端输入或双端输入时，它们的差模电压增益相同。但是，要根据双端输出和单端输出分别计算。在此只分析双端输入，单端输入请自己分析。设差动放大器的两个输入端输入两个大小相等、极性相反的信号，即 $U_{id} = U_{id1} - U_{id2}$。双端输入-双端输出时，差动放大器的差模电压增益为

$$A_{Vd} = \frac{U_{od}}{U_{id}} = \frac{U_{od1} - U_{od2}}{U_{id1} - U_{id2}} = A_{Vi} = \frac{-h_{fe}R'_L}{R_{S1} + h_{ie} + (1 + h_{fe})\frac{R_P}{2}} \tag{19-1}$$

式中，$R'_L = R_C // \frac{R_L}{2}$；$A_{Vi}$ 为单管电压增益。

双端输入-单端输出时，电压增益为

$$A_{Vd1} = \frac{U_{od1}}{U_{id}} = \frac{U_{od1}}{2U_{id1}} = \frac{1}{2}A_{Vi} = \frac{-h_{fe}R'_L}{2\left[R_{S1} + h_{ie} + (1 + h_{fe})\frac{R_P}{2}\right]} \tag{19-2}$$

式中，$R'_L = R_C // R_L$。

2) 共模放大倍数 A_{Vc}

设差动放大器的两个输入端同时加上两个大小相等、极性相同的信号，即 $U_{ic} = U_{i1} = U_{i2}$。单端输出的差模电压增益为

$$A_{Vc1} = \frac{U_{oc1}}{U_{ic}} = \frac{U_{oc2}}{U_{ic}} = A_{Vc2} = \frac{-h_{fe}R'_L}{R_{S1} + h_{ie} + (1 + h_{fe})\frac{R_P}{2} + (1 + h_{fe})R'_e} \approx \frac{R'_L}{2R'_e} \tag{19-3}$$

式中，R'_e 为恒流源的交流等效电阻，$R'_e \geqslant R'_L$。

当共模电压增益 $A_{Vc} < 1$，在单端输出时，共模信号得到了抑制。

双端输出时，在电路完全对称的情况下，则输出电压 $U_{oc1} = U_{oc2}$，共模增益为

$$A_{Vc} = \frac{U_{oc1} - U_{oc2}}{U_{ic}} = 0 \tag{19-4}$$

式（19-4）说明，双单端输出时，对零点漂移、电源波动等干扰信号有很强的抑制能力。

注意： 如果电路的对称性很好，恒流源恒定不变，则 U_{o1} 与 U_{o2} 的值近似为零，示波器上显示 U_{o1} 与 U_{o2} 的波形近似于一条水平直线。共模放大倍数近似为零，则共模抑制比 K_{CMR} 为 ∞。

3) 共模抑制比 K_{CMR}

差动放大电器性能的优劣常用共模抑制比 K_{CMR} 来衡量，即

$$K_{CMR} = \left|\frac{A_{Vd}}{A_{Vc}}\right| \quad 或 \quad K_{CMR} = 20\ln\left|\frac{A_{Vd}}{A_{Vc}}\right| \text{ (dB)} \tag{19-5}$$

单端输出时,共模抑制比为

$$K_{\text{CMR1}} = \left| \frac{A_{\text{Vd1}}}{A_{\text{Vc}}} \right| = \frac{h_{\text{fe}}R'_e}{R_{\text{S1}}+h_{\text{ie}}+(1+h_{\text{fe}})\dfrac{R_\text{P}}{2}} \quad (19-6)$$

双端输出时,共模抑制比为

$$K_{\text{CMR}} = \left| \frac{A_{\text{Vd}}}{A_{\text{Vc}}} \right| = \infty \quad (19-7)$$

四、实验内容及操作

(1) 按图 19-1 连接电路。
(2) 调零和静态工作点的测试。
① 调零。
a. 将输入端短路接地(即将 U_{i1}、U_{i2} 接地)。
b. 将 R_P 调到中间位置。
c. 接通直流电源,用万用表直流电压挡测量电路各处的电压,确认电路连接、供电正常。
d. 将万用表(直流电压挡)接在 U_{o1}、U_{o2} 之间,缓慢调节 R_P 使双端输出电压 $V_o = 0$(万用表读数为 0)。
② 测量静态工作点。
测量静态工作点,完成表 19-1。

表 19-1 静态工作点测量数据

实测		实测计算	实测		实测计算	实测		实测计算
V_{E1}/V	V_{C1}/V	I_{C1}/mA	V_{E2}/V	V_{C2}/V	I_{C2}/mA	V_{E3}/V	V_{C3}/V	I_{E3}/mA

$I_{\text{C1}} = (V_{\text{CC}}-V_{\text{C1}})/10$ mA,$I_{\text{C2}} = (V_{\text{CC}}-V_{\text{C2}})/10$ mA,$I_{\text{E3}} = (V_{\text{E3}}-V_{\text{EE}})/5.1$ mA

通过静态工作点,观察三极管是否工作于放大区,且是否满足

$$I_{\text{C1}} = I_{\text{C2}} = 1/2 I_{\text{E3}}$$

根据测量值计算 r_{be}。

(3) 测量共模电压放大倍数。
① 将 U_{i1}、U_{i2} 接地线断开,将 U_{i2} 接 U_{i1},将直流信号源 SS1 接 U_{i1}。
② 将直流信号源输出电压调到 4 V(用万用表直流电压挡测量)。
③ 用万用表测量 U_{oc1}、U_{oc2}、$U_{\text{oc双}}$,填入表 19-2。(注意正负)
④ 保持电路连接不变,依次将直流信号源输出电压调到 3 V、1 V,重复步骤③。
⑤ 计算 A_{Vc1}、A_{Vc2}、$A_{\text{Vc双}}$ 及平均值,填入表 19-2。
其中,$A_{\text{Vc1}} = (U_{\text{oc1}}-U_{\text{C1}})/U_{i1}$,$A_{\text{Vc2}} = (U_{\text{oc2}}-U_{\text{C2}})/U_{i2}$,$A_{\text{Vc双}} = U_{\text{oc双}}/U_{i1}$。
U_{C1}、U_{C2} 为集电极静态电压,下同。

表 19-2　共模放大倍数的测量数据

输入信号 $U_{i1}=U_{i2}$/V	测量值（单位：　　）			测算值		
^	U_{oc1}	U_{oc2}	$U_{oc双}$	A_{Vc1}	A_{Vc2}	$A_{Vc双}$
4						
3						
1						
平均值							

（4）测量差模电压放大倍数。

① 双端输入-单端输出、双端输出组态。

a. 在输入端 U_{i1}、U_{i2} 分别加直流差模信号 $U_{i1}=+50\text{ mV}$，$U_{i2}=-50\text{ mV}$。用万用表测量单端输出 U_{od1}、U_{od2} 和双端输出 $U_{od双}$（$U_{id}=U_{i1}-U_{i2}=+100\text{ mV}$，$U_{od双}=U_{od1}-U_{od2}$），填入表 19-3。

b. 同样方法使 $U_{i1}=-50\text{ mV}$，$U_{i2}=+50\text{ mV}$，测量以上值（$U_{id}=U_{i1}-U_{i2}=-100\text{ mV}$），填入表 19-3。

c. 计算这两种情况下的 $A_{Vd1}=(U_{od1}-U_{c1})/U_{id}$，$A_{Vd2}=(U_{od2}-U_{c2})/U_{id}$，$A_{Vd双}=U_{od双}/U_{id双}$，填入表 19-3。

表 19-3　差模放大倍数的测量数据

差模信号	实测/V			测算值					
^	U_{od1}	U_{od2}	$U_{od双}$	A_{Vd1}	A_{Vd2}	$A_{Vd双}$	K_{CMR1}	K_{CMR2}	K_{CMR}
$U_{id}=+100\text{ mV}$									
$U_{id}=-100\text{ mV}$									

② 单端输入-单端输出、双端输出组态。

a. 将 U_{i2} 接地，在 U_{i1} 分别加直流信号 $U_{id}=U_{i1}=\pm100\text{ mV}$，用万用表测量单端输出 U_{od1}、U_{od2} 和双端输出 $U_{od双}$，填入表 19-4。

b. 计算这两种情况下的 $A_{Vd1}=(U_{od1}-U_{c1})/U_{id}$，$A_{Vd2}=(U_{od2}-U_{c2})/U_{id}$，$A_{Vd双}=U_{od双}/U_{id}$，填入表 19-4。

表 19-4　差模放大倍数的测量数据

差模信号	实测/V			测算值					
^	U_{od1}	U_{od2}	$U_{od双}$	A_{Vd1}	A_{Vd2}	$A_{Vd双}$	K_{CMR1}	K_{CMR2}	K_{CMR}
$U_{id}=+100\text{ mV}$									
$U_{id}=-100\text{ mV}$									

$K_{CMR1}=|A_{Vd1}/A_{Vc1}|=$ _____ 。

$K_{CMR2}=|A_{Vd2}/A_{Vc2}|=$ _____ 。

$K_{CMR}=|A_{Vd双}/A_{Vc双}|=$ _____ 。

（5）分析实验结果，总结差动放大器的特点。

（6）（选做）将恒流源换成 R_e，重新完成（2）~（4）步，通过测量结果，比较两种电路的差别。

五、实验预习

（1）阅读模拟电路教材和实验课教材，理解差分放大电路的构成和电路工作原理。

（2）理解静态工作点的调试和测量原理。

（3）理解共模放大和差模放大的特点和区别，理解几种差模放大倍数、共模放大倍数及共模抑制比的定义和实验测量方法。

六、实验报告

（1）整理测量数据，计算电路的静态工作点和共模电压放大倍数。

（2）计算几种接法的差模电压放大倍数和 K_{CMR}，并进行对比分析。

（3）分析实验结果，总结差动放大器的特点。

（4）总结心得体会。

实验二十　场效应管放大器

一、实验目的

（1）了解结型场效应管的性能和特点。
（2）进一步熟悉放大器动态参数的测试方法。

二、实验器材

（1）实验箱 TDX-AS。
（2）万用表。
（3）扩展板。

三、实验原理

结型场效应管共源极放大器电路如图 20-1 所示。

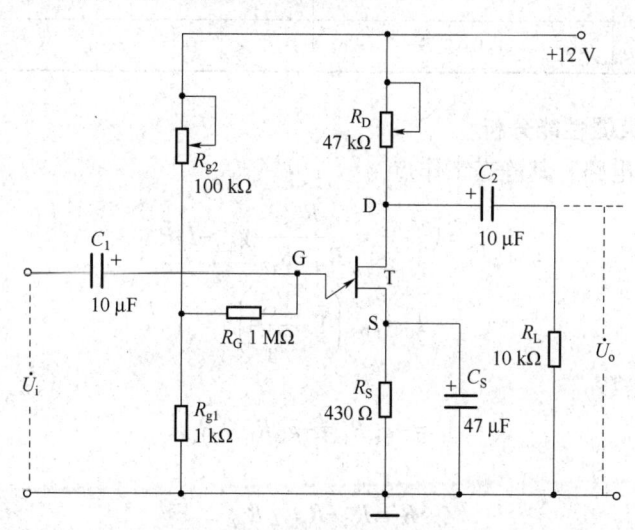

图 20-1　结型场效应管共源极放大器电路

1. 结型场效应管的特性和参数

场效应管的特性主要有输出特性和转移特性。图 20-2 所示为 N 沟道结型场效应管 3DJ6F 的输出特性和转移特性曲线。场效应管的直流参数主要有饱和漏极电流 I_{DSS}、夹断电压 V_P 等；交流参数主要有低频跨导 $g_m = \dfrac{\Delta I_D}{\Delta V_{GS}}\bigg|_{V_{GS}=常数}$。

表 20-1 所示为 3DJ6F 的典型参数值及测试条件。

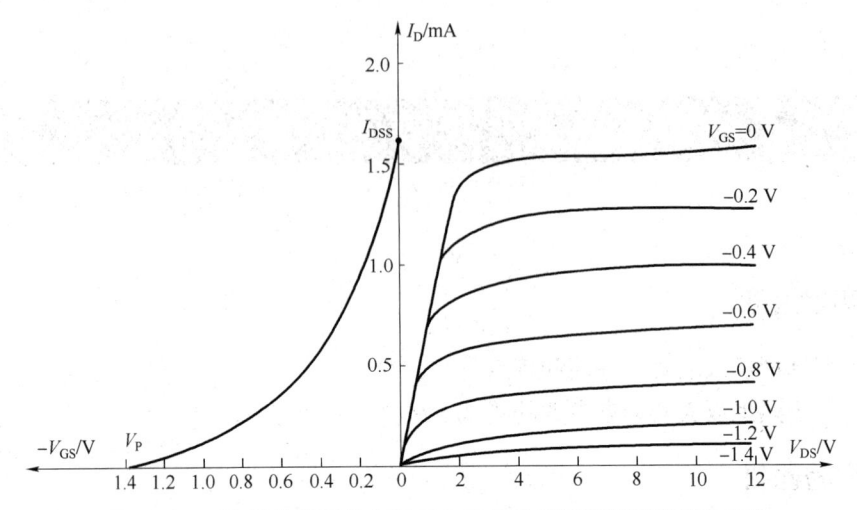

图 20-2　N 沟道结型场效应管 3DJ6F 的输出特性和转移特性曲线

表 20-1　3DJ6F 的典型参数值及测试条件

参数名称	饱和漏极电流 I_{DSS}/mA	夹断电压 V_P/V	跨导 g_m/(μA·V^{-1})
测试条件	$V_{DS}=10$ V $V_{GS}=0$	$V_{DS}=10$ V $I_{DS}=50$ μA	$V_{DS}=10$ V $I_{DS}=3$ mA $f=1$ kHz
参数值	1.0~3.5	<｜-9｜	>1 000

2. 场效应管放大器性能分析

如图 20-1 所示电路，其静态工作点

$$V_{GS}=V_G-V_S=\frac{R_{g1}}{R_{g1}+R_{g2}}V_{DD}-I_D R_S \tag{20-1}$$

$$I_D=I_{DSS}\left(1-\frac{V_{GS}}{V_P}\right)^2 \tag{20-2}$$

中频电压放大倍数

$$A_V=-g_m R_L'=-g_m R_D // R_L \tag{20-3}$$

输入电阻

$$R_i=R_G+R_{g1} // R_{g2} \tag{20-4}$$

输出电阻

$$R_o\approx R_D \tag{20-5}$$

式中，跨导 g_m 可由特性曲线（用作图法）求得，或用公式

$$g_m=\frac{2I_{DSS}}{V_P}\left(1-\frac{V_{GS}}{V_P}\right) \tag{20-6}$$

计算。注意：计算时 V_{GS} 要用静态工作点处的数值。

3. 输入电阻的测量方法

场效应管放大器静态工作点、电压放大倍数和输出电阻的测量方法与实验十五中晶体管放大器测量方法类似。从原理上讲，其输入电阻的测量也可采用实验十五中所述方法，但由于场效应管的输入电阻 R_i 比较大，而测量仪器的输入电阻有限，如直接测量输入电压 v_S 和 v_i，必然会带来较大的误差。因此为了减小误差，常利用被测放大器的隔离作用，通过测量输出电压 v_o 来计算输入电阻。输入电阻测量电路如图 20-3 所示。

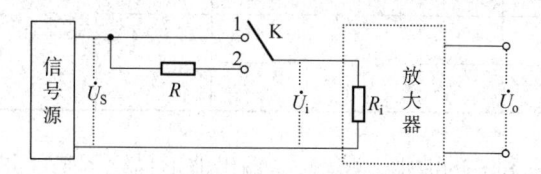

图 20-3 输入电阻测量电路

在放大器的输入端串入一个电阻 R，把开关 K 掷向"1"端，此时使 $R=0$，$v_i=v_S$，测量放大器的输出电压 v_{o1}，则 $v_{o1}=A_V v_S$；保持 v_S 不变，再把 K 掷向"2"端，此时接入 R，$v_i = \dfrac{R_i}{R+R_i} v_S$，测量放大器的输出电压 v_{o2}。由于两次测量中 A_V 和 v_S 保持不变，故 $v_{o2}=A_V v_i = \dfrac{R_i}{R+R_i} v_S A_V$，由此可以求出

$$R_i = \frac{v_{o2}}{v_{o1}-v_{o2}} R \tag{20-7}$$

式中，R 和 R_i 不要相差太大，本实验可取 $R=100\sim 200\ \text{k}\Omega$。

四、实验内容及操作

（1）在实验箱中按图 20-1 连接电路，且使电位器 R_D 初始值调到 4.3 kΩ。

（2）静态工作点的测量和调整。

① 查阅场效应管的特性曲线和参数，记录下来备用，由图 20-2 所示特性曲线可知，放大区的中间部分：V_{DS} 为 4～8 V，V_{GS} 为 -1～-0.2 V。

② 将图 20-1 电路中的输入端交流短路，即 $v_i=0$，打开实验箱电源开关，用万用表直流电压挡测量 V_G、V_S 和 V_D。检查静态工作点是否在特性曲线放大区的中间部分，若是，则把结果填入表 20-2。

③ 若静态工作点不在特性曲线放大区的中间部分，则适当调整 R_{g2}，直到满足要求。调好后，再测量 V_G、V_S 和 V_D，填入表 20-2。

表 20-2 静态工作点的测量

测量值							计算值		
V_G/V	V_S/V	V_D/V	V_{DS}/V	V_{GS}/V	I_D/mA	V_{DS}/V	V_{GS}/V	I_D/mA

（3）电压放大倍数 A_V、输入电阻 R_i 和输出电阻 R_o 的测量。

① A_V 和 R_o 的测量。

实验电路如图 20-1 所示。把 R_D 值固定在 4.3 kΩ，接入电路，在放大器的输入端加入频率为 1 kHz、峰-峰值为 200 mV 的正弦信号 v_i，并用示波器观察输出 v_o 的波形。若波形失真，请输入信号的幅度。在输出 v_o 没有失真的条件下，分别测量 $R_L = \infty$ 和 $R_L = 10$ kΩ 的输出电压 v_o（注意：保持 v_i 不变），填入表 20-3。

表 20-3 A_V 和 R_o 的测量记录表

阻值	测量值				计算值		v_i 和 v_o 波形
	v_i/V	v_o/V	A_V	R_o/kΩ	A_V	R_o/kΩ	
$R_L = \infty$							
$R_L = 10\ \text{k}\Omega$							

用示波器同时观察 v_i 和 v_o 的波形，将输入/输出波形描绘下来，并分析它们的相位关系。

② R_i 的测量。

按图 20-3 改接实验电路，把 R_D 值固定在 4.3 kΩ，接入电路，选择合适大小的输入电压 v_S，将开关 K 掷向"1"端，测出 $R=0$ 时的输出电压 v_{o1}，然后将开关掷向"2"端（接入 R），保持 v_S 不变，再测出 v_{o2}，根据公式

$$R_i = \frac{v_{o2}}{v_{o1} - v_{o2}} R \tag{20-8}$$

求出 R_i，填入表 20-4。

表 20-4 R_i 的测量记录表

测量值			计算值
v_{o1}/V	v_{o2}/V	R_i/kΩ	R_i/kΩ

注意：场效应管在使用过程中很容易损坏，不宜作为分立元件搭建电路做实验，故此仅仅了解一下即可。

五、实验预习

（1）阅读模拟电路教材和实验课教材，理解场效应管的结构原理和图 20-1 所示电路的工作原理。

（2）理解静态工作点的调试和测量原理。

（3）理解场效应管电路 A_V、R_o、R_i 的测量原理和实验测量方法。

六、实验报告

（1）处理测量数据，计算电路的静态工作点、放大倍数、输入电阻和输出电阻。

（2）对比场效应管放大器与晶体管放大器，总结场效应管放大器的特点。

（3）分析测试中出现的问题，总结该实验的收获。

实验二十一　集成运算放大器的基本应用——模拟运算电路

一、实验目的

（1）进一步加深对集成运算放大器组成的比例、加法、减法和积分等基本运算电路的结构和基本的输入/输出关系的理解。

（2）掌握由集成运算放大器构成的比例、加法、减法和积分等几种电路的实验连接和实验测量方法。

（3）验证由集成运算放大器构成的比例、加法、减法和积分等几种电路的输入/输出关系。

二、实验器材

（1）实验箱 TDX-AS。
（2）万用表。

三、实验原理

集成运算放大器在线性应用方面，可组成比例、加法、减法、积分、微分、对数、指数等模拟运算电路。

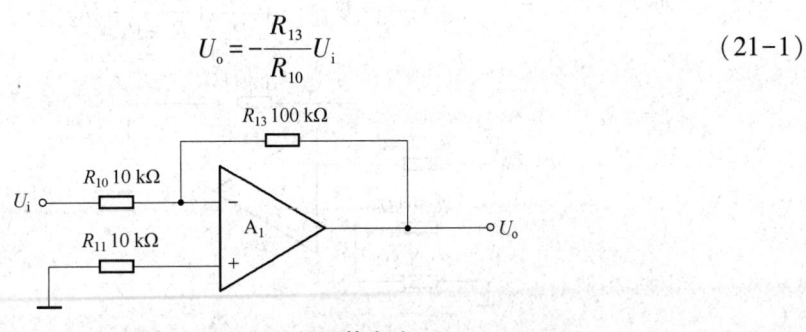

1. 反相比例运算电路

反相比例运算电路如图 21-1 所示。对于理想运放，该电路的输出电压与输入电压之间的关系为

$$U_o = -\frac{R_{13}}{R_{10}} U_i \tag{21-1}$$

图 21-1　反相比例运算电路

为减小输入级偏置电流引起的运算误差，在同相输入端应接入平衡电阻 $R_{11} = R_{10} /\!/ R_{13}$。

2. 反相加法运算电路

反相加法运算电路如图 21-2 所示，输出电压与输入电压之间的关系为

$$U_o = -\left(\frac{R_{13}}{R_9} U_{i1} + \frac{R_{13}}{R_{10}} U_{i2}\right) \tag{21-2}$$

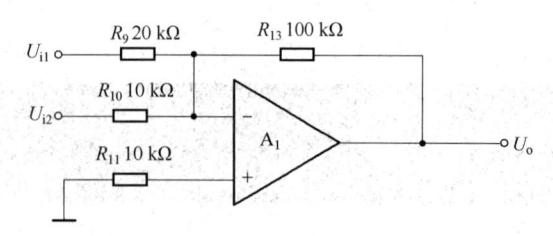

图 21-2　反相加法运算电路

3. 同相比例运算电路

图 21-3（a）所示为同相比例运算电路，它的输出电压与输入电压之间的关系为

$$U_o = \left(1 + \frac{R_{13}}{R_{10}}\right) U_i \tag{21-3}$$

当 $R_{10} \to \infty$ 时，$U_o = U_i$，即得到如图 21-3（b）所示的电压跟随器。图 21-3（b）中 R_{13} 用以减小漂移和起保护作用，一般不小于 $10\ \text{k}\Omega$，太小起不到保护作用，太大则影响跟随性。

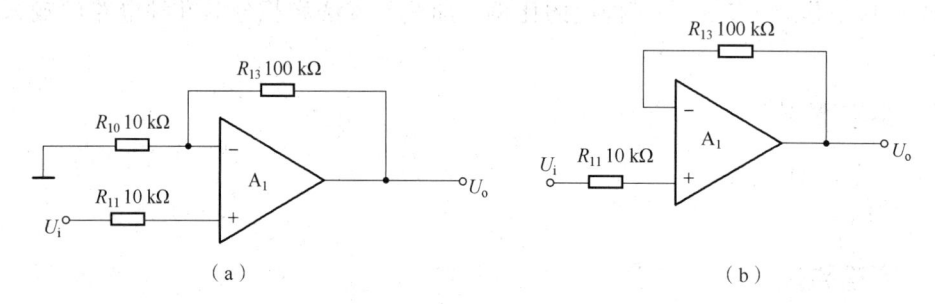

图 21-3　同相比例运算电路
（a）同相比例运算电路；（b）电压跟随器电路

4. 减法运算电路（差动放大电路）

对于图 21-4 所示的减法运算电路，有以下关系式：

$$U_o = -\frac{R_{13}}{R_9} U_{i1} + \left(1 + \frac{R_{13}}{R_9}\right) \frac{R_{12}}{R_1 + R_{12}} U_{i2} \tag{21-4}$$

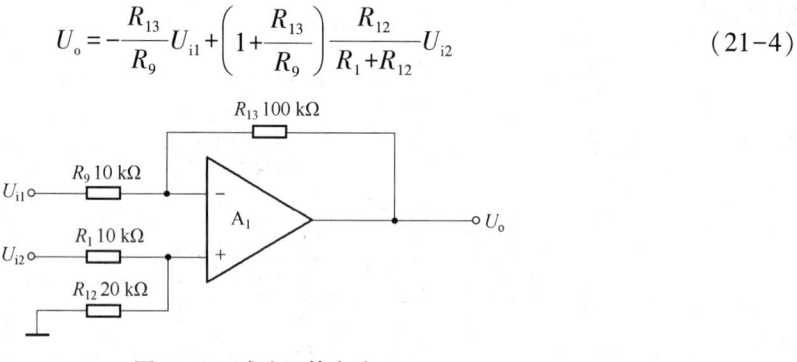

图 21-4　减法运算电路

四、实验内容及操作

实验时切忌将输出端短路，否则将会损坏集成块。输入信号时先按实验所给的值调好信号源再加入运放输入端。

检查运算放大器供电回路，运算放大器采用 ±12 V 供电，用跳线帽将实验系统上 +12 V 电源接通。

1. 反相比例运算电路

按图 21-1 连接电路，将信号源的直流信号（SS1）接入 U_i，按表 21-1 调节不同的 U_i 幅值，得到不同的 U_o（U_i、U_o 用万用表直流电压挡测量），填入表 21-1。

表 21-1　反相比例运算电路测量数据

直流输入电压 U_i/V		-0.20	-0.40	0.30	0.50	0.70
输出电压 U_o	实测/V					
	理论估算/V					

理论估算公式参考式（21-1）。

验证反相比例运算电路的输入/输出关系。

2. 同相比例运算电路

按图 21-3（a）连接电路，将信号源的直流信号（SS1）接入 U_i，按表 21-2 调节不同的 U_i 幅值，得到不同的 U_o（U_i、U_o 用万用表直流电压挡测量），填入表 21-2。

表 21-2　同相比例运算电路测量数据

直流输入电压 U_i/V		-0.20	-0.40	0.30	0.50	0.80
输出电压 U_o	实测/V					
	理论估算/V					

理论估算公式参考式（21-3）。

验证同相比例运算电路的输入/输出关系。

3. 电压跟随器

按图 21-3（b）连接电路，将信号源的直流信号（SS1）接入 U_i，按表 21-3 调节不同的 U_i 幅值，测量 U_o，填入表 21-3。

表 21-3　电压跟随器电路测量数据

直流输入电压 U_i/V		-4.00	-3.00	2.00	3.00	4.00
输出电压 U_o	实测					
	理论估算					

验证电压跟随器电路的输入/输出关系。

4. 反相加法运算电路

按图 21-2 连接电路，将信号源的直流信号接入 U_{i1}（接 SS1）、U_{i2}（接 SS2），按表 21-4 调节不同的幅值，测量 U_o，填入表 21-4。

表 21-4　反相加法运算电路测量数据

直流输入电压	U_{i1}/V	-0.30	-0.40	0.20	0.10
	U_{i2}/V	1.00	-2.00	-1.00	0.40
输出电压 U_o	实测/V				
	理论估算/V				

理论估算公式参考式（21-2）。

验证反相加法运算电路的输入/输出关系。

5. 减法运算电路

按图 21-4 连接电路，将信号源的直流信号接入 U_{i1}（接 SS1）、U_{i2}（接 SS2），按表 21-5 调节不同的幅值，测量 U_o，填入表 21-5。

表 21-5　减法运算电路测量数据

直流输入电压	U_{i1}/V	−0.30	−0.40	0.20	0.10
	U_{i2}/V	0.50	2.00	−1.00	4.00
输出电压 U_o	实测/V				
	理论估算/V				

理论估算公式参考式（21-4）。

验证减法运算电路的输入/输出关系。

五、实验预习

（1）对照教材和实验指导手册，理解由集成运算放大器组成的比例、加法、减法和积分等基本运算电路的电路结构和基本的输入/输出关系。

（2）完成反相比例运算电路、同相比例运算电路、电压跟随器电路、反相加法运算电路和减法运算电路理论估算值的计算。

（3）完成表 21-1～表 21-5 中理论估算值的计算。

六、实验报告

（1）处理测量数据，完成几种运算电路的实验计算和理论估算。

（2）根据计算结果，验证几种运算电路的输入/输出关系。

（3）分析讨论实验中出现的问题，总结该实验的收获。

实验二十二 集成运算放大器的基本应用——波形发生器

一、实验目的

(1) 进一步加深对由集成运算放大器(简称运放)构成的正弦波、方波和三角波发生器的电路结构和工作原理的理解。

(2) 掌握波形发生器电路的结构、波形发生器电路的调整和主要性能指标的测试方法。

(3) 验证波形发生器电路的频率关系和 RC 桥式正弦波振荡器的起振幅值条件。

二、实验器材

(1) 实验箱 TDX-AS。
(2) 万用表。

三、实验原理

1. RC 桥式正弦波振荡器（文氏电桥振荡器）

如图 22-1 所示，由 R_3、C_{12}、R_{11}、C_6 串、并联电路构成 RC 正反馈支路，同时兼作选频网络，R_{10}、R_{S1}、R_{P2} 构成负反馈电路。调节电位器 R_{P2} 可以改变负反馈深度，以满足振荡的振幅条件和改善波形。

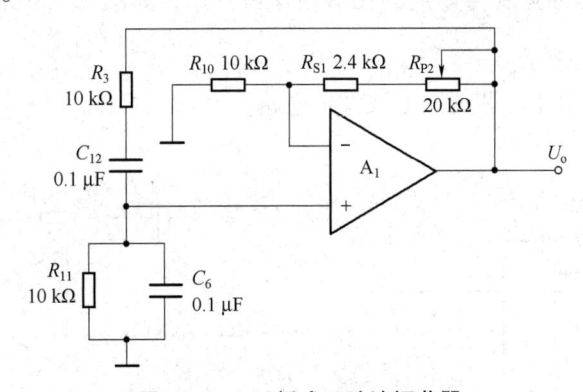

图 22-1 RC 桥式正弦波振荡器

电路的振荡频率：

$$f_o = \frac{1}{2\pi RC} \tag{22-1}$$

起振的幅值条件：

$$A_V = 1 + \frac{R_{S1}+R_{P2}}{R_{10}} > 3,\ \text{即}\ \frac{R_{S1}+R_{P2}}{R_{10}} > 2 \tag{22-2}$$

得

$$R_{P2} > 2R_{10} - R_{S1}$$

调整 R_{P2}，使电路起振，且波形失真最小。如不能起振，则说明负反馈太强，可以适当

加大 R_{P2}；如波形失真严重，则应适当减小 R_{P2}。

改变选频网络的参数 R 或 C，就可以调节振荡频率。实际电路中一般采用改变电容 C 做频率量程切换，调节 R 做量程内的频率细调。

2. 方波发生器

由集成运放构成的方波发生器和三角波发生器，一般均包括比较器和 RC 积分电路两大部分。图 22-2 所示为由电压比较器及简单 RC 积分电路组成的方波发生器。它的特点是电路简单。

该电路的振荡频率：

$$f=\frac{1}{2R_{P}C_{11}\ln\left(1+\dfrac{2R_{18}}{R_{19}}\right)} \tag{22-3}$$

输出端接有双向稳压二极管，所以输出被锁定为稳压管的稳压值 $U_o = \pm(U_Z+0.7) = \pm 6.9\text{ V}$，双向稳压二极管构成的电路称为钳位电路。

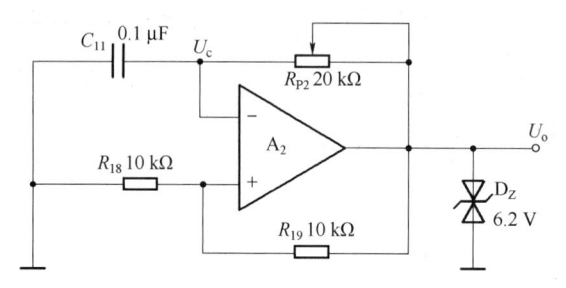

图 22-2 方波发生器

3. 占空比可调的矩形波发生电路

矩形波中高电平脉冲宽度与周期的比值叫作占空比，如图 22-3 所示，占空比 $D=\dfrac{T_1}{T}$。占空比常用百分比形式表示。

图 22-4 所示为占空比可调的矩形波发生电路。

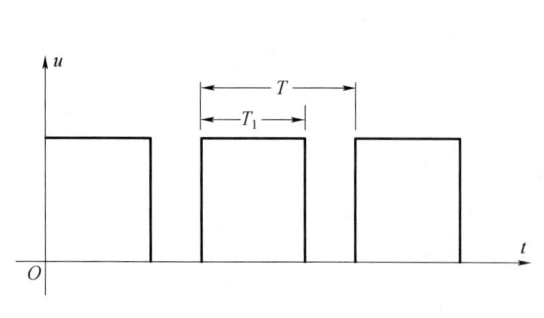

图 22-3 占空比

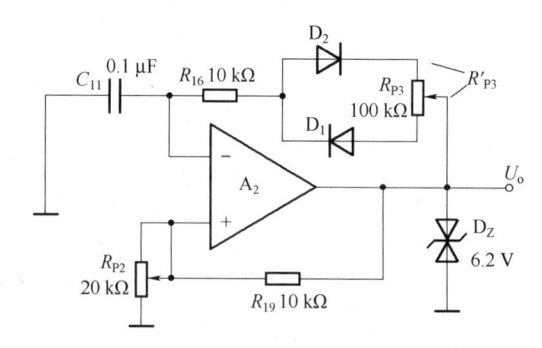

图 22-4 占空比可调的矩形波发生电路

改变 R_{P2}，可以改变输出波形的频率。

改变 R_{P3}，可以改变输出波形的占空比。

占空比理论估算参考公式：

$$D=\frac{T_1}{T}=\frac{R'_{P3}+R_{16}}{R_{P3}+2R_{16}} \tag{22-4}$$

4. 三角波-方波发生器

如把电压比较器和积分电路首尾相接形成正反馈闭环系统，如图 22-5 所示，则比较器输出的方波经积分电路积分可得到三角波，三角波又触发比较器自动翻转形成方波，这样即可构成同时可输出三角波和方波的波形发生器。由于采用运放组成积分电路，因此可实现恒流充电，大大改善了三角波的线性。

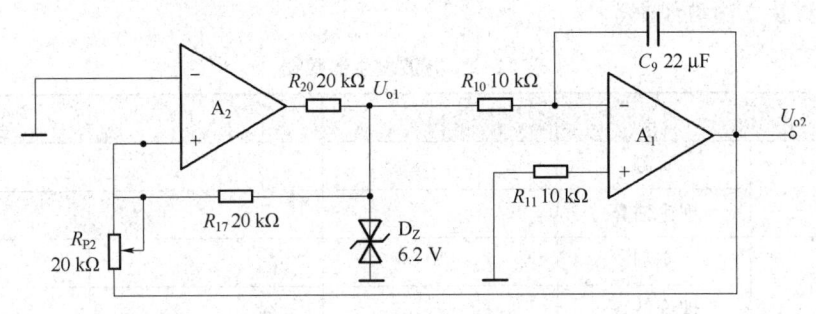

图 22-5 三角波-方波发生器

理论估算参考公式：

$$f=\frac{R_{17}}{4R_{P2}R_{10}C_9}, \quad U_o=\frac{R_{P2}}{R_{17}}U_Z \tag{22-5}$$

四、实验内容及操作

检查运算放大器供电回路，运算放大器采用±12 V 供电，用跳线帽将实验系统上+12 V 电源接通。

1. RC 桥式正弦波振荡器

（1）按图 22-1 连接实验电路，输出端 U_o 接示波器。连接完成后将 R_{P2} 调节到最小。

（2）打开电源开关，调节电位器 R_{P2}，使输出波形从无到有、从小到大、从正弦波到出现失真。描绘 U_o 的波形变化，记录临界起振、有正弦波输出及正弦波出现失真情况下的 R_{P2} 的变化情况（即定性考查 R_{P2} 是变大了还是变小了），分析负反馈强弱对起振条件及输出波形的影响。（快速找到起振状态的小技巧：先把示波器置为 $T=2.5$ ms，CH1 为 $2\sim 5$ V/div，然后再调 R_{P2}。）

（3）将 R_{P2} 调节到最小，逐渐增大 R_{P2}，观察示波器上的 U_o 波形，直到刚好出现正弦波时，用万用表测量此时 R_{P2} 的阻值（注意：用万用表测量电位器 R_{P2} 值时应该将电位器与电路断开连接，测量完后重新接回电路），分析研究振荡的幅值条件。继续增大 R_{P2} 使输出的正弦波最大且没有出现失真，用交流毫伏表测量此时正弦波的输出电压 U_o，用示波器测量此时正弦波的频率（电路的振荡频率）。完成表 22-1，并将测量值与理论估算值进行比较。

表 22-1 RC 桥式正弦波振荡器数据

项目	起振所需最小 R_{P2} 值/Ω	振荡频率 f_o/Hz	输出电压 U_o/V
测量			
理论估算			

2. 方波发生器

（1）按图 22-2 连接实验电路，将 U_o、U_c 分别接示波器的 CH1、CH2 端。

（2）打开直流开关，调节电位器 R_{P2}，用示波器观察 U_c、U_o 的波形，分析电路原理。

（3）按表 22-2 改变 R_{P2} 的值，用示波器测量不同 R_{P2} 值时输出波形的幅值和频率。

（4）将测量值和理论估算值进行比较，完成表 22-2。本电路中幅值的理论估算值为 2×6.9 V。

注意：用万用表测量电位器 R_{P2} 值时应该将电位器与电路断开连接，测量完后重新接回电路。以后测量方法均如此。

表 22-2 方波发生器数据

R_{P2}		5 kΩ	10 kΩ	15 kΩ
频率/Hz	实测			
	理论估算			
幅值/V	实测			
	理论估算			

3. 占空比可调的矩形波发生电路

（1）按图 22-4 连接实验电路，将 U_o 接示波器的 CH1 端，分析电路原理。

（2）改变 R_{P2} 观察输出波形的频率变化。

（3）将 R_{P2} 调节到中间位置，按表 22-3 改变 R_{P3}，用示波器测量不同 R_{P3} 值时输出矩形波的占空比。

（4）完成表 22-3，并将测量值与理论估算值进行比较。

表 22-3 占空比可调的矩形波发生电路数据

R'_{P3}		70 kΩ	50 kΩ	30 kΩ
占空比	实测 T_1			
	实测 T			
	实测 D			
	理论估算			

4. 三角波方波发生器

（1）按图 22-5 连接电路，分析电路原理，将 U_{o1}、U_{o2} 接到示波器的 CH1、CH2 端。

（2）改变 R_{P2} 观察输出波形频率和幅值的改变。

（3）按表 22-4 改变 R_{P2}，用示波器测量不同 R_{P2} 值时三角波的频率和幅值。

（4）将测量值与理论估算值进行比较，完成表 22-4。

表 22-4 三角波方波发生电路数据

R_{P2}		15 kΩ	10 kΩ	5 kΩ
频率/Hz	实测			
	理论估算			
幅值/Hz	实测			
	理论估算			

五、实验预习

（1）对照教材和实验指导手册，理解由集成运放构成的正弦波、方波和三角波发生器的电路结构和工作原理。

（2）完成表 22-1～表 22-4 中理论估算值的计算。

六、实验报告

（1）整理测量数据，完成表 22-1～表 22-4 中的测量和理论估算计算。

（2）根据实验数据，分析 RC 振荡器的振荡条件。

（3）对比数据，将正弦波振荡器、方波发生器和三角波方波发生器的实测频率与理论估算值进行比较，分析误差原因。

（4）对比数据，将占空比可调的矩形波发生电路的实测占空比与理论估算值进行比较，分析误差原因。

（5）总结分析波形发生器的构成及特点。

实验二十三 集成运算放大器的基本应用——电压比较器

一、实验目的

(1) 掌握电压比较器的电路构成及特点。
(2) 学会电压比较器的实验测试方法。

二、实验器材

(1) 实验箱 TDX-AS。
(2) 万用表。

三、实验原理

1. 电压比较器

图 23-1（a）所示为电压比较器电路，U_R 为参考电压，输入电压 U_i 加在反相输入端。图 23-1（b）所示为电压比较器的传输特性。

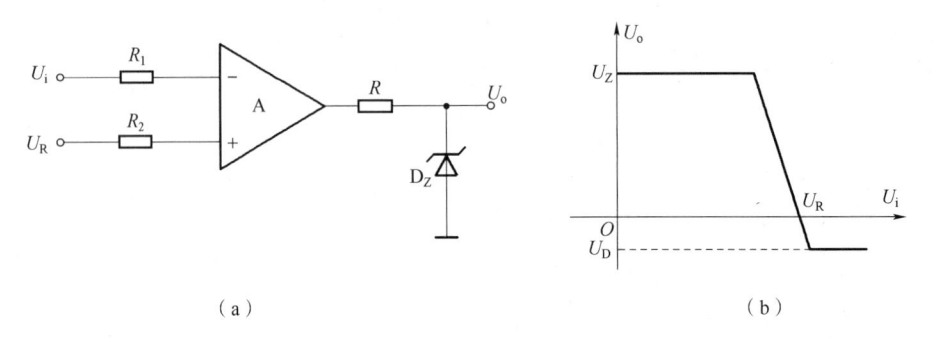

图 23-1 电压比较器
(a) 电压比较器电路；(b) 电压比较器的传输特性

当 $U_i<U_R$ 时，运放输出高电平，稳压管 D_Z 反向击穿，输出端电位被 D_Z 钳位在稳压管的稳定电压 U_Z，即 $U_o=U_Z$。

当 $U_i>U_R$ 时，运放输出低电平，D_Z 正向导通，输出电压等于二极管的正向压降 U_D，即 $U_o=-U_D$。

因此，以 U_R 为界，当输入电压 U_i 变化时，输出端反映出两种状态：高电平和低电平。

2. 过零比较器

常用的电压比较器有过零比较器、具有滞回特性的过零比较器（又称 Schmitt 触发器）、双限比较器（又称窗口比较器）等。

图 23-2 所示为过零比较器的电路图及传输特性。

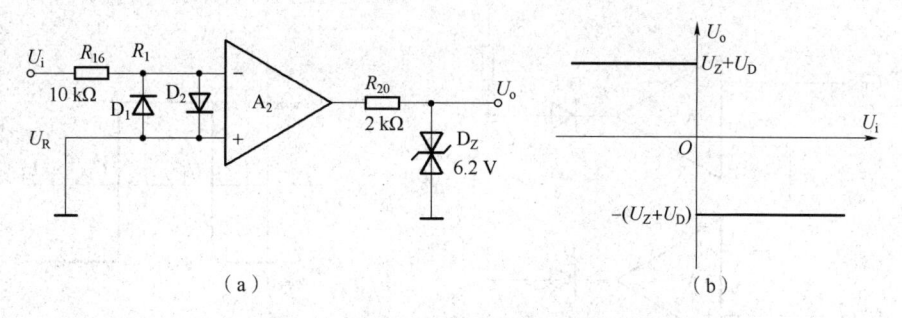

（a）

（b）

图 23-2　过零比较器的电路图及传输特性

（a）电路图；（b）传输特性

3. 滞回比较器

图 23-3 所示为具有滞回特性的过零比较器。

过零比较器在实际工作时，如果 U_i 恰好在过零值附近，则由于零点漂移的存在，U_o 将不断由一个极限值跳变到另一个极限值，这在控制系统中对执行机构将是很不利的。为此，就需要输出特性具有滞回特性。

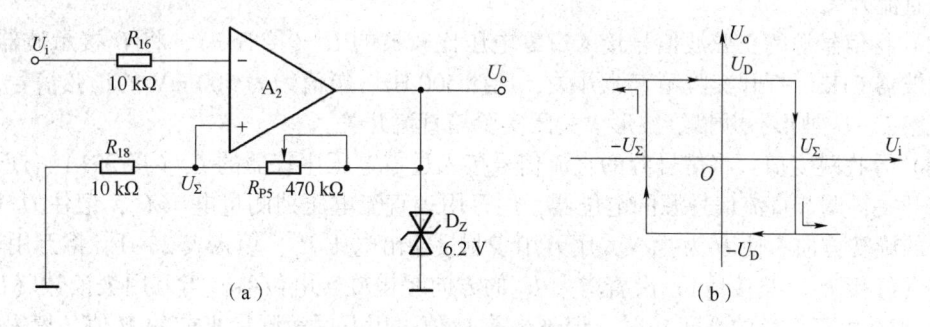

（a）

（b）

图 23-3　具有滞回特性的过零比较器

（a）电路图；（b）滞回特性

在图 23-3（a）中，通过电阻分压支路将输出端电压 U_o 引出一部分到同相输入端（U_Σ）。若 U_o 改变状态，U_Σ 点也随之改变电位，使过零比较点离开原来位置，$U_\Sigma = \dfrac{R_{18}}{R_{P5}+R_{18}}U_o$。

当 U_o 为正（记作 U_D），$U_i > U_\Sigma$ 时，U_o 即由正变负（记作 $-U_D$），此时 U_Σ 变为 $-U_\Sigma$。故只有当 U_i 下降到 $-U_\Sigma$ 以下，才能使 U_o 再度回升到 U_D，于是出现图 23-3（b）中所示的滞回特性。$-U_\Sigma$ 与 U_Σ 的差值称为回差。改变 R_{P5} 的数值可以改变回差的大小。

4. 窗口（双限）比较器

简单的比较器仅能鉴别输入电压 U_i 比参考电压 U_R 高或低的情况，窗口比较电路由两个简单比较器组成，如图 23-4 所示，它能指示出 U_i 值是否处于 U_R^+ 和 U_R^- 之间。

四、实验内容及操作

检查运算放大器供电回路，运算放大器采用 ±12 V 供电，用跳线帽将实验系统上 +12 V 电源接通。

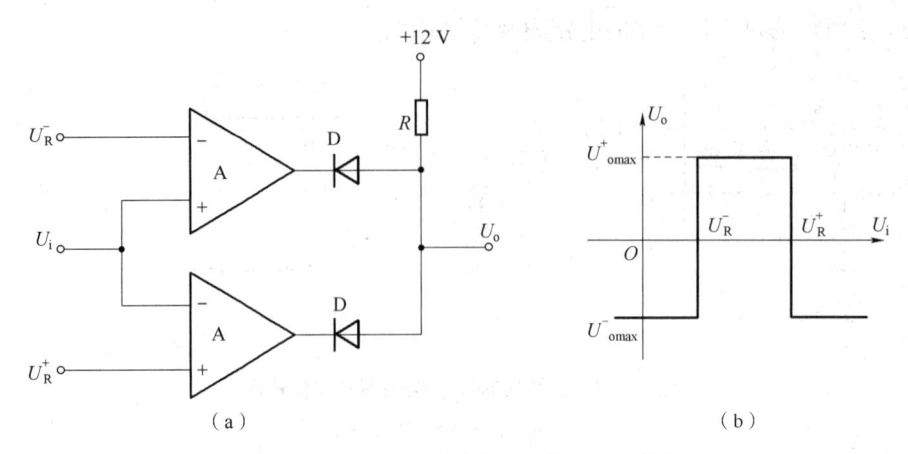

图 23-4 两个简单比较器组成的窗口比较器
（a）电路图；（b）传输特性

1. 过零电压比较器

（1）按图 23-2（a）所示在运放系列模块中正确连接过零电压比较器电路，打开实验箱直流开关，用万用表直流电压挡测量电压 U_i 和输出开路时的电压 U_o，填入表 23-1。关闭实验箱直流开关。

（2）将信号源的正弦波信号接入过零电压比较器的 U_i（接 SS3），将 U_i 接示波器 CH1、U_o 接示波器 CH2。打开实验箱直流开关，选择 500 Hz、幅值约为 500 mV 的正弦信号，用示波器观察 U_i-U_o 波形，并描绘波形。关闭实验箱直流开关。

（3）寻找跳变值：将信号源的直流信号接入过零电压比较器的 U_i（接 SS1）。打开实验箱直流开关，调节直流信号源的电位器，用万用表直流电压挡测量电压 U_i，记住 U_i 增大时电位器的旋转方向。使 U_i 为 -4 V，用万用表测量输出电压 U_o，填入表 23-1。将万用表接在输出端（红接 U_o，黑接地），沿着增大 U_i 的方向缓慢旋转电位器，当万用表读数（U_o）刚刚跳变（U_o 由正变负的瞬间）时，记录当前 U_o 值，用万用表测量当前的 U_i 值，填入表 23-1 中的跳变值列。在表 23-1 中均匀地补填过渡列中的 U_i 值。

（4）依然沿着增大 U_i 的方向缓慢旋转电位器，按表 23-1 中跳变值右方的 U_i 依次测量 U_o，填入表 23-1。

（5）反方向旋转电位器，使 U_i 为 -3.0 V，测量 U_o，填入表 23-1。正方向旋转电位器，测量剩余的 U_i 时的 U_o，完成表 23-1。关闭实验箱直流开关。

表 23-1 过零电压比较器数据记录表

项目	$U_i=$					$U_o=$		
	固定	固定	过渡	跳变值	过渡	固定	固定
U_i/V	-4.0	-3.0				3.0	4.0
U_o/V							

（6）根据表 23-1 中所测量的数据，作出 U_i-U_o 传输特性曲线，并与理论图进行比较，进行验证分析。

2. 反相滞回比较器

（1）按图 23-3（a）所示在运放系列模块中正确连接反相滞回比较器电路，将 R_{P5} 调节到约中间位置。打开实验箱直流开关，用万用表直流电压挡测量电压 U_i 和输出开路时的电压 U_o，填入表 23-2。关闭实验箱直流开关。

（2）将信号源的正弦波信号接入过零电压比较器的 U_i（接 SS3），将 U_i 接示波器 CH1、U_o 接示波器 CH2。打开实验箱直流开关，选择 500 Hz、幅值约为 500 mV 的正弦信号，用示波器观察 U_i-U_o 波形，并描绘波形。关闭实验箱直流开关。

（3）参考 1. 中（3）~（5）步的操作，完成表 23-2 中正向的各组 U_i、U_o 的测量。

（4）参考 1. 中（3）~（5）步的操作，完成表 23-2 中反向的各组 U_i、U_o 的测量。

表 23-2　反相滞回比较器数据记录表

方向	项目	$U_i =$			$U_o =$		
^	^	固定	固定	过渡	跳变值	过渡	固定	固定
正向	U_i/V	-4.0	-3.0				3.0	4.0
^	U_o/V							
反向	U_i/V	4.0	3.0				-3.0	-4.0
^	U_o/V							

（5）根据表 23-2 中所测量的数据，作出 U_i-U_o 传输特性曲线，并与理论图进行比较，进行验证分析。

五、实验预习

（1）对照教材和实验指导手册，理解由集成运算放大器组成的几种电压比较器的电路结构和工作原理。

（2）理解过零电压比较器、反相滞回比较器的实验测试方法。

六、实验报告

（1）处理测量数据。

（2）根据表 23-1 中所测量的数据，作出 U_o-U_i 传输特性曲线，并与理论图进行比较，进行验证分析。

（3）根据表 23-2 中所测量的数据，作出 U_o-U_i 传输特性曲线，并与理论图进行比较，进行验证分析。

（4）总结分电压比较器的特点。

实验二十四　有源滤波器

一、实验目的

（1）学会用集成运放、电阻和电容组成有源低通滤波器、高通滤波器和带通滤波器、带阻滤波器等电路。

（2）学会测量有源滤波器的幅频特性。

二、实验器材

（1）实验箱 TDX-AS。
（2）万用表。

三、实验原理

由 RC 元件与运放电路组成的滤波器称为 RC 有源滤波器，它的功能是让一定频率范围内的信号通过，而抑制或急剧衰减此频率范围以外的信号。有源滤波器可用在数据传输、信息处理、抑制干扰等方面。由于受运算放大器频带限制，这类滤波器主要用于低频范围。

根据频率范围的选择不同，可分为低通滤波器（LPF）、高通滤波器（HPF）、带通滤波器（BPF）与带阻滤波器（BEF）等 4 种。具有理想幅频特性的滤波器是很难实现的，只能让实际的幅频特性逼近理想的。一般来说，滤波器的幅频特性越好，其相频特性越差，反之亦然。

任何高阶有源滤波均可以用一阶的 RC 有源滤波级联实现。滤波器的阶数越高，幅频特性衰减的速率越快，但 RC 网络的节数越多，元件参数计算越烦琐，电路调试越困难。

1. 低通滤波器（LPF）

让低频信号能通过而高频信号不能通过的滤波器称为低通滤波器。用一级 RC 网络组成的称为一阶 RC 有源低通滤波器，如图 24-1 所示。

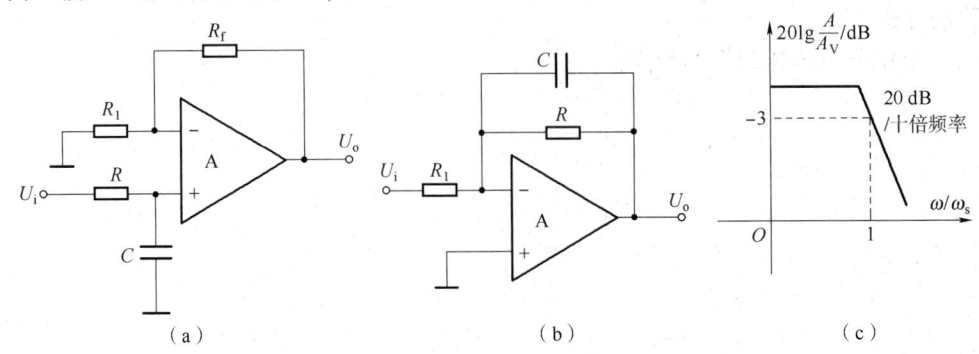

图 24-1　一阶 RC 有源低通滤波器
（a）RC 网络接在同相端；（b）RC 网络接在反相端；（c）幅频特性

为了改善滤波效果，在图 24-1（a）的基础上再加一级 RC 网络，即构成一个二阶 RC 有源低通滤波器，如图 24-2 所示。为了克服在截止频率附近的通频带范围内幅度下降过多的缺点，通常采用将第 1 级电容 C 的接地端改接到输出端的方式。

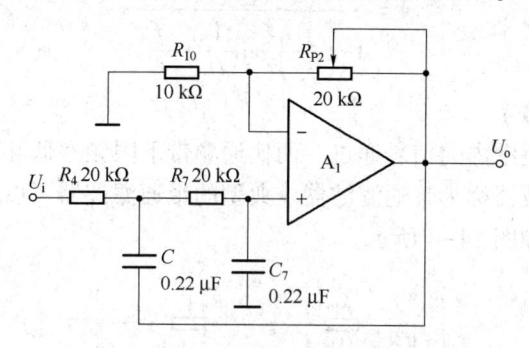

图 24-2　二阶 RC 有源低通滤波器

图 24-2 所示为典型的二阶有源低通滤波器。它由两级 RC 滤波环节与同相比例运算电路组成，其中第一级电容 C 接至输出端，引入适量的正反馈，以改善幅频特性。

二阶低通滤波器的通带增益：

$$A_{Vp} = 1 + \frac{R_{P2}}{R_{10}} \tag{24-1}$$

截止频率：二阶低通滤波器通带与阻带的界限频率：

$$f_o = 1/(2\pi RC) \tag{24-2}$$

品质因数：其大小影响低通滤波器在截止频率处幅频特性的形状：

$$Q = \frac{1}{3 + A_{Vp}} \tag{24-3}$$

Q 值具有重要意义，不同的 Q 值使滤波器具有不同的频率特性。频率特性：

$$\dot{A} = \frac{A_{Vp}}{1 - \left(\frac{f}{f_o}\right)^2 + j\frac{1}{Q} \cdot \frac{f}{f_o}} \tag{24-4}$$

2. 高通滤波器（HPF）

与低通滤波器相反，高通滤波器用于通过高频信号，衰减或抑制低频信号。

只要将图 24-2 所示低通滤波电路中起滤波作用的电阻、电容互换，即可变成二阶 RC 有源高通滤波器，如图 24-3 所示。高通滤波器性能与低通滤波器相反，其频率响应和低通滤波器是"镜像"关系，仿照 LPH 分析方法，不难求得 HPF 的幅频特性。

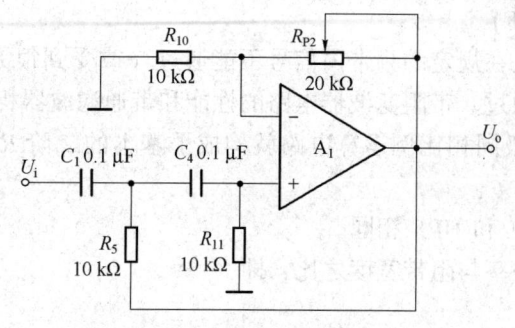

图 24-3　二阶 RC 有源高通滤波器

电路性能参数 A_{Vp}、f_o、Q 各量的含义同二阶低通滤波器。

频率特性：
$$\dot{A} = \frac{A_{Vp}\left(\dfrac{f}{f_o}\right)^2}{1-\left(\dfrac{f}{f_o}\right)^2 + j\dfrac{1}{Q}\cdot\dfrac{f}{f_o}} \tag{24-5}$$

3. 带通滤波器（BPF）

只允许某个通频带范围内的信号通过，而比通频带下限频率低和比其上限频率高的信号均加以衰减或抑制的滤波器称为带通滤波器。典型的带通滤波器可以将二阶低通滤波器中的一级改成高通而制成，如图 24-4 所示。

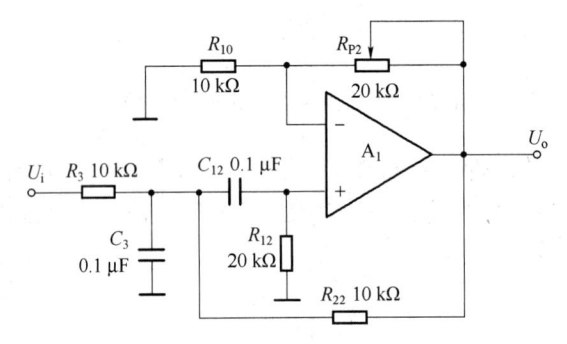

图 24-4 二阶 RC 有源带通滤波器

通带电压放大倍数：输入信号的频率 $f=f_o$ 时，输出电压与输入电压之比，即

$$A_{Vp} = \frac{A_{Vf}}{3-A_{Vf}}, A_{Vf} = 1+\frac{R_{P2}}{R_{10}} \tag{24-6}$$

可见这里的通带电压放大倍数与低通和高通滤波器的有所不同。

品质因数 Q：中心频率与通带宽度之比，即

$$Q = \frac{1}{3-A_{Vf}} \tag{24-7}$$

中心频率：
$$f_o = \frac{1}{2\pi R_{12}C_3^2}\left(\frac{1}{R_{22}}+\frac{1}{R_3}\right) \tag{24-8}$$

频率特性：
$$\dot{A} = \frac{A_{Vp}}{1+jQ\left(\dfrac{f}{f_o}-\dfrac{f_o}{f}\right)} \tag{24-9}$$

4. 带阻滤波器（BEF）

带阻滤波器的功能是在规定的频带内信号不能通过（或受到很大衰减或抑制），而其余频率范围信号则能顺利通过。带阻滤波器电路的性能和带通滤波器相反。

在双 T 网络后加一级同相比例运算电路就构成了基本的二阶 RC 有源带阻滤波器，如图 24-5 所示。

通带放大倍数与 LPF 和 HPF 相同。

品质因数 Q：中心频率与阻带宽度之比，即

$$Q = \frac{1}{2(2-A_{Vp})} \tag{24-10}$$

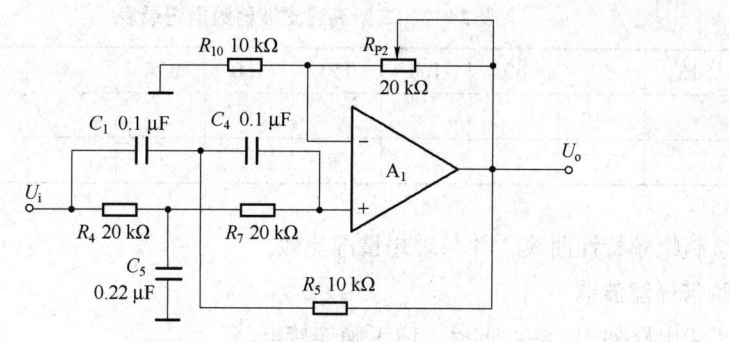

图 24-5　二阶 RC 有源带阻滤波器

中心频率：
$$f_o = 1/(2\pi RC) \tag{24-11}$$

频率特性：
$$\dot{A} = \frac{A_{Vp}}{1+j\dfrac{1}{Q}\cdot\dfrac{ff_o}{f_o^2-f^2}} \tag{24-12}$$

四、实验内容及操作

1. 二阶低通滤波器

（1）实验电路如图 24-2 所示，请正确连接电路。

（2）将波形发生器输出端（SS3）连接到图 24-2 的输入端，同时连接到示波器的 CH1 端，将图 24-2 的输出端连接到示波器的 CH2 端，打开直流开关。

（3）波形发生器选择正弦波，频率为 4 Hz，幅度约为 5 V。通过示波器观察输入/输出波形，用示波器测量输入电压 v_i 和输出电压 v_o（峰-峰值），填入表 24-1。

（4）保持正弦波不变，幅度不变，按表 24-1 选择不同的频率，重复步骤（3），完成表 24-1 的所有测量工作。

表 24-1　二阶低通滤波器数据记录表

f/Hz	4	10	15	30	40	50	100	150	200	300	400
v_i/V											
v_o/V											

（5）绘制幅频特性曲线，并与理想情况比较。

2. 二阶高通滤波器

（1）实验电路如图 24-3 所示，请正确连接电路。

（2）将波形发生器输出端（SS3）连接到图 24-3 的输入端，同时连接到示波器的 CH1 端，将图 24-3 的输出端连接到示波器的 CH2 端，打开直流开关。

（3）波形发生器选择正弦波，频率为 4 Hz，幅度约为 5 V。通过示波器观察输入/输出波形，用示波器测量输入电压 v_i 和输出电压 v_o（峰-峰值），填入表 24-2。

（4）保持正弦波不变，幅度不变，按表 24-2 选择不同的频率，重复步骤（3），完成表 24-2 的所有测量工作。

表 24-2 二阶高通滤波器数据记录表

f/Hz	15	30	60	100	150	160	170	300	500	1 000	1 500
v_i/V											
v_o/V											

(5) 绘制幅频特性曲线，并与理想情况比较。

3. 二阶带通滤波器

(1) 实验电路如图 24-4 所示，请正确连接电路。

(2) 将波形发生器输出端（SS3）连接到图 24-4 的输入端，同时连接到示波器的 CH1 端，将图 24-4 的输出端连接到示波器的 CH2 端，打开直流开关。

(3) 波形发生器选择正弦波，频率为 4 Hz，幅度约为 0.8 V。通过示波器观察输入/输出波形，用示波器测量输入电压 v_i 和输出电压 v_o（峰-峰值），填入表 24-3。

(4) 保持正弦波不变，幅度不变，按表 24-3 选择不同的频率，重复步骤（3），完成表 24-3 的所有测量工作。

(5) 绘制幅频特性曲线，并与理想情况比较。

表 24-3 二阶带通滤波器数据记录表

f/Hz	15	30	60	100	150	160	170	300	500	1 000	1 500
v_i/V											
v_o/V											

4. 二阶带阻滤波器

(1) 实验电路如图 24-5 所示，请正确连接电路。

(2) 将波形发生器输出端（SS3）连接到图 24-5 的输入端，同时连接到示波器的 CH1 端，将图 24-5 的输出端连接到示波器的 CH2 端，打开直流开关。

(3) 波形发生器选择正弦波，频率为 4 Hz，幅度约为 5 V。通过示波器观察输入/输出波形，用示波器测量输入电压 v_i 和输出电压 v_o（峰-峰值），填入表 24-4。

(4) 保持正弦波不变，幅度不变，按表 24-4 选择不同的频率，重复步骤（3），完成表 24-4 的所有测量工作。

(5) 绘制幅频特性曲线，并与理想情况比较。

表 24-4 二阶带阻滤波器数据记录表

f/Hz	8	15	25	50	70	80	90	200	400	600	800
v_i/V											
v_o/V											

五、实验预习

(1) 复习低通、高通、带通与带阻等 4 种有源滤波器，理解它们的电路构成和工作原理。

（2）计算 4 种有源滤波器的截止频率（中心频率）和通带放大倍数等参数。
（3）绘制几种滤波器的理想幅频特性曲线。

六、实验报告

（1）处理测量数据，按要求画出各电路实测的幅频特性曲线。
（2）根据实验曲线，计算截止频率、中心频率、通带或阻带宽度及品质因数。
（3）根据实测幅频特性曲线，总结各电路的特点。
（4）总结心得体会。

实验二十五 低频功率放大器——OTL 功率放大器

一、实验目的

(1) 理解互补功率放大器的工作原理。
(2) 理解 OTL 电路产生交越失真的原因和消除方法。
(3) 掌握功率放大器的调试及主要性能指标的测量方法。

二、实验器材

(1) 实验箱 TDX-AS。
(2) 万用表。

三、实验原理

功率放大电路是一种以输出较大功率为目的的放大电路。它带负载能力强，一般直接驱动负载。目前广泛使用的互补对称功率放大电路是 OTL 电路（无输出变压器功率放大电路）、OCL 电路（无输出电容功率放大电路）和 BTL 电路（桥式推挽功率放大电路）。

图 25-1 所示为 OTL 低频功率放大器。其中由晶体三极管 T_1 组成推动级（也称前置放大级），T_2、T_3 是一对参数对称的 NPN 和 PNP 型晶体三极管，它们组成互补对称 OTL 功放电路。由于每一个晶体三极管都接成射极输出器形式，因此具有输出电阻低、带负载能力强的

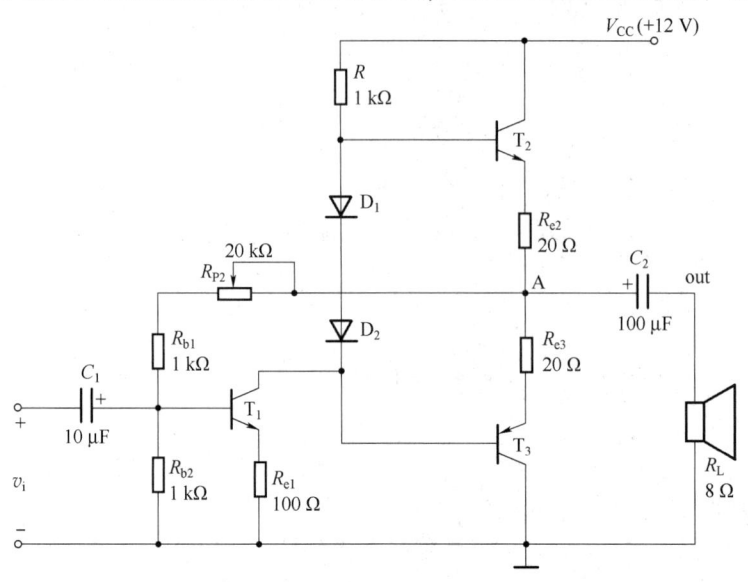

图 25-1 OTL 低频功率放大器

优点，适合于作功率输出级。T_1 工作于甲类状态，它的集电极电流 I_{C1} 由电位器 R_{P2} 进行调节。二极管 D_1、D_2 的电压降给 T_2、T_3 提供偏压。调节 R_{P2}，可以使 T_2、T_3 得到合适的静态电流，处于微导通状态，使 T_2、T_3 工作于甲、乙类状态，以克服交越失真。静态时，要求输出端 A 为中点电位，可以通过调节 R_{P2} 来实现，又由于 R_{P2} 接在 A 点，因此在电路中引入交、直流电压并联负反馈，能够稳定放大器的静态工作点，同时也改善了非线性失真。

当输入正弦交流信号 v_i 时，经 T_1 放大、倒相后同时作用于 T_2、T_3 的基极，v_i 的负半周使 T_2 导通，T_3 截止，电流通过扬声器负载 R_L，同时向电容 C_2 充电，在 v_i 的正半周，T_3 导通，T_2 截止，则已充好电的电容器 C_2 起着电源的作用，通过负载 R_L 放电，在 R_L 上就得到完整的正弦波。

为了得到尽可能大的输出功率，晶体管一般工作在接近临界参数的状态，如 I_{CM}、$U_{(BR)CEO}$ 和 P_{CM}，这样工作时晶体管极易发热，有条件的话晶体管还要采用散热措施。

在图 25-1 所示的电路中，如果采用双电源供电，下端接负电源，这样 A 点的电位为零，C_2 可以省掉，这样电路就成为 OCL 低频功率放大器。OCL 低频功率放大器的工作原理这里不再讨论，请自己分析。

四、实验内容及操作

1. 交越失真

图 25-2 所示为乙类双电源互补对称电路，它由两个射极输出器组成，实际上这种电路并不能使输出波形很好地反映输入的变化。

由于没有直流偏置，功率管的电流 i_b 必须在 $|V_{be}|$ 大于某一数值（即门限电压，NPN 硅管约为 0.6 V）时才有显著变化。当输入信号 v_i 低于这个数值时，T_1 和 T_2 都截止，i_{c1} 和 i_{c2} 基本为零，负载 R_L 上无电流通过，出现一段死区，这种现象称为交越失真，如图 25-3 所示。

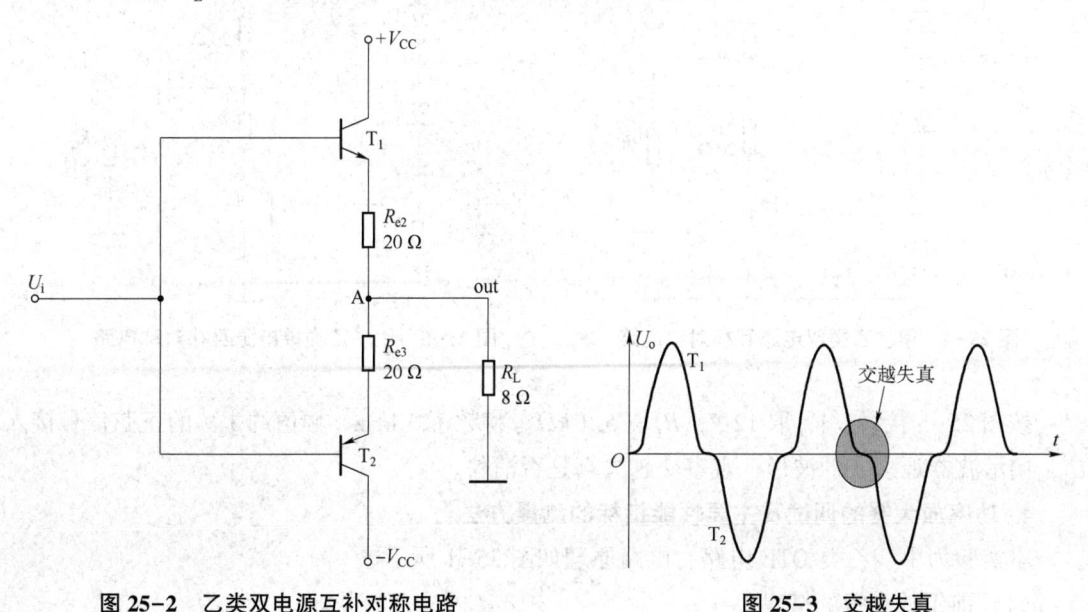

图 25-2 乙类双电源互补对称电路

图 25-3 交越失真

按照图 25-2 连线，V_{CC} 取 12 V。将频率 1 kHz、幅值约 1 V 的正弦信号接入 U_i，在 out

端接入负载 5.1 kΩ，用示波器观察 v_o 的波形是否发生交越失真。

注意：在实验报告中阐述什么是交越失真，并画出交越失真的波形图。

2. 双电源互补对称电路（OCL）消除交越失真

产生交越失真的原因是 T_1 和 T_2 工作在乙类状态，存在门限电压，使输入电压在 +0.6～ -0.6 V 时，T_1 和 T_2 处于截止状态，导致这期间的输出电压为零。

因此，如果给 T_1 和 T_2 一个较小的偏置电压，使静态时 T_1 和 T_2 处于微导通，克服门限电压，这样就不会出现交越失真。

在图 25-2 的电路中加入电阻 R 和二极管 D_1、D_2 构成基极偏置电路，如图 25-4 所示，只要合理选择元件，恰当设置静态工作点，就不会出现交越失真。

由于静态时 T_1 和 T_2 加了偏置，使 T_1 和 T_2 工作在甲、乙类状态，因此这种功率放大器称为甲、乙类双电源互补对称电路，有时也简称乙类双电源互补对称电路，即 OCL 电路。

按图 25-4 所示接线，V_{CC} 取 12 V，R_L 取 5.1 kΩ。将频率 1 kHz、幅值约 1 V 的正弦信号接入 U_i，用示波器观察 v_o 的波形，观察交越失真是否消除。

注意：在实验报告中阐述消除交越失真的办法。

3. 单电源互补对称电路（OTL）消除交越失真

很多场合要使用单电源互补对称功率放大电路，这种电路同样存在交越失真。解决的办法与双电源互补对称功率放大电路相同，如图 25-5 所示。

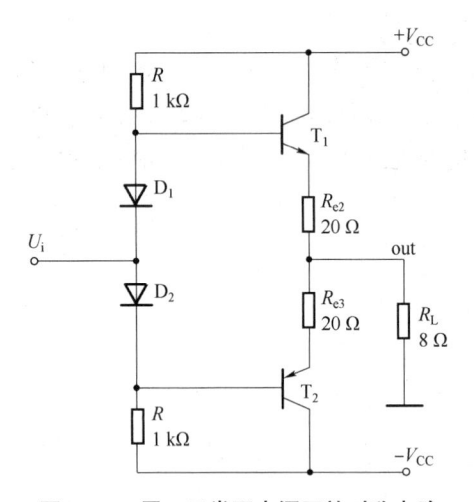

图 25-4　甲、乙类双电源互补对称电路 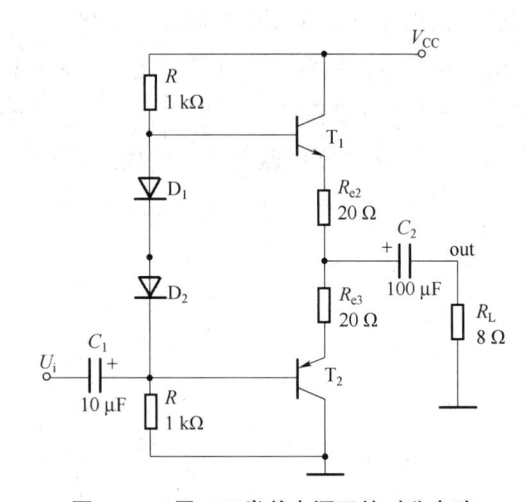　　图 25-5　甲、乙类单电源互补对称电路

按图 25-5 接线，V_{CC} 取 12 V，R_L 取 5.1 kΩ。将频率 1 kHz、幅值约 1 V 的正弦信号接入 U_i，用示波器观察 v_o 的波形，观察交越失真是否消除。

4. 功率放大器的调试及主要性能指标的测量方法

本实验为甲、乙类 OTL 电路，电路原理如图 25-1 所示。

（1）前置放大级的搭建。

在基本电路放大单元搭建单管前置放大级电路，如图 25-6 所示。

将图 25-6 与图 25-5 组合，即得到图 25-1 所示甲、乙类 OTL 电路。

(2) 静态工作点调整和测量。

按图 25-1 所示连接电路。

将输入端接地，用万用表（直流电压挡）测量电源电压 V_{CC}，填入表 25-1。

将万用表（直流电压挡）接在 A 点与地间，调节 R_{P2}，使读数为 $V_{CC}/2$。

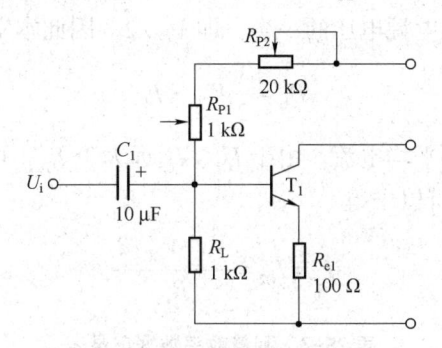

图 25-6 前置放大级电路

将输入端接地，测量各静态工作点，填入表 25-1。

表 25-1 静态工作点测量数据记录表

$V_{CC} =$		$V_A =$	
晶体三极管	T_1	T_2	T_3
V_B/V			
V_C/V			
V_E/V			
I_C/mA			

表中，$I_{C1} = V_{E1}/100$，$I_{C2} = (V_{E2}-V_A)/20$，$I_{C3} = (V_A-V_{E3})/20$。

(3) 最大输出功率 P_{om} 的测量。

将频率 $f = 1$ kHz、幅值较小的正弦波信号接到功放电路的 U_i，在 U_o 接入扬声器负载（8 Ω）。用示波器观察 U_o 的波形，逐渐增大 U_i 幅值使 U_o 达到最大且不失真，用示波器测量此时负载上的电压值 U_{om}（注意：U_{om} 是最大不失真时的峰值，而示波器测得的是最大不失真时的峰-峰值），计算最大输出功率 P_{om}，填入表 25-2。

$$P_{om} = \frac{1}{2} \cdot \frac{U_{om}^2}{R_L} \tag{25-1}$$

表 25-2 测量最大输出功率数据记录表

R_L/Ω	U_{om}/V	P_{om}/W
8		

(4) 效率 η 的测量。

$$\eta = \frac{P_{om}}{P_E} \times 100\% \tag{25-2}$$

式中，P_E 为直流电源供给的平均功率。在实验中，可测量电源供给的平均电流 I_{dc}，从而求得

$$P_E = V_{CC} \cdot I_{dc} \qquad (25-3)$$

式中，V_{CC} 为此电路的供电电压，但由于该功放电路是采用一个电源的互补对称电路，每个晶体三极管的工作电压变成电源电压的一半，即 $V_{CC}/2$。因此本实验中直流电源供电功率为

$$P_E = \frac{1}{2} V_{CC} \cdot I_{dc} \qquad (25-4)$$

式中，I_{dc} 为直流电源供给的平均电流。由于 I_{C2}、I_{C3} 远大于 I_{C1}，可以近似取 $I_{dc} = I_{C2}$，也就是只要测量 R_{e2} 上的电压，便可以求得

$$I_{dc} = I_{C2} = \frac{V_{e2} - V_{CC}/2}{R_{e2}} \qquad (25-5)$$

表 25-3 测量效率数据记录表

V_{CC}/V	R_{e2}/Ω	V_{e2}/V	I_{dc}/mA	P_E/W	η
	20 Ω				

（5）输入灵敏度测试（选做）。

输入灵敏度是指输出最大不失真功率时，输入信号 U_i 之值。

（6）频率响应的测试（选做）。

五、实验预习

（1）复习 OTL、OCL 互补对称电路的结构和工作原理。

（2）理解交越失真和消除交越失真的办法。

（3）理解功率放大器主要性能指标的测量方法。

六、实验报告

（1）处理实验数据。

（2）根据实验测量数据，计算最大输出功率、效率 η。

（3）总结心得体会。

实验二十六　低频功率放大器——集成功率放大器

一、实验目的

（1）熟悉集成功率放大器的特点。
（2）掌握集成功率放大器的主要性能指标及测量方法。

二、实验器材

（1）实验箱 TDX-AS。
（2）万用表。

三、实验原理

集成功率放大器由集成功放芯片和一些外部阻容元件构成。集成功放芯片的种类很多，本实验采用的集成功放型号为 LM386，其内部结构如图 26-1 所示，由一级有源负载差分放大电路、一级有源负载共发放大器和互补推挽输出级电路等组成。LM386 引脚图如图 26-2 所示。

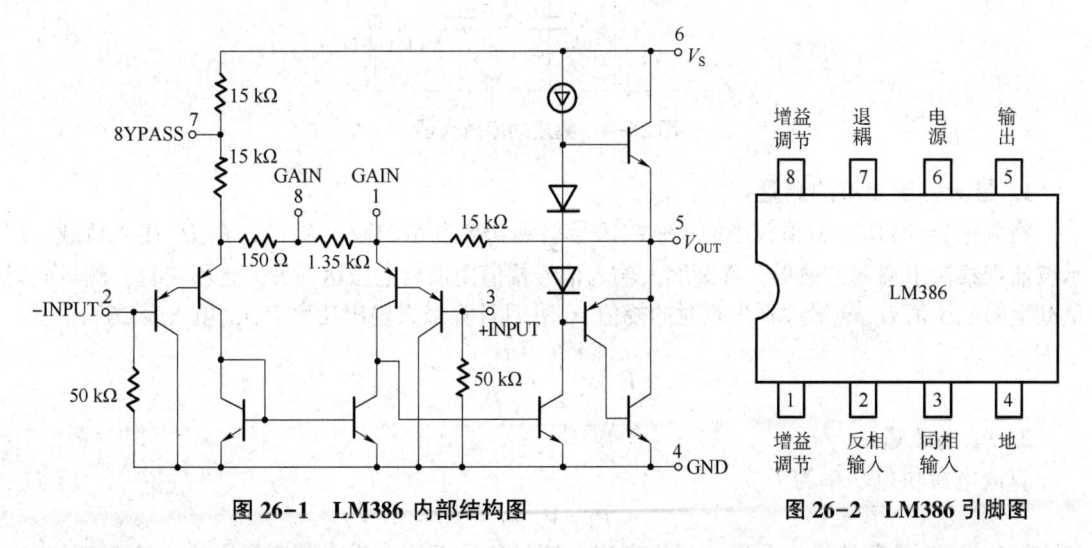

图 26-1　LM386 内部结构图　　　　图 26-2　LM386 引脚图

LM386 集成功放电路如图 26-3 所示。C_2 为自举电容，与内部电路构成自举电路；当没有此电容时，电路增益为 20；加上此电容后，增益可达 200。C_3 为外接去耦电容。V_{CC} 为供电电压，取 +10 V。

四、实验内容

按图 26-4 连接电路。将恒压源中的 +1.5～+10 V 调到 +10 V，然后接入 V_{CC} 端，电流表暂时先不接入电路，负载接 5.1 kΩ。

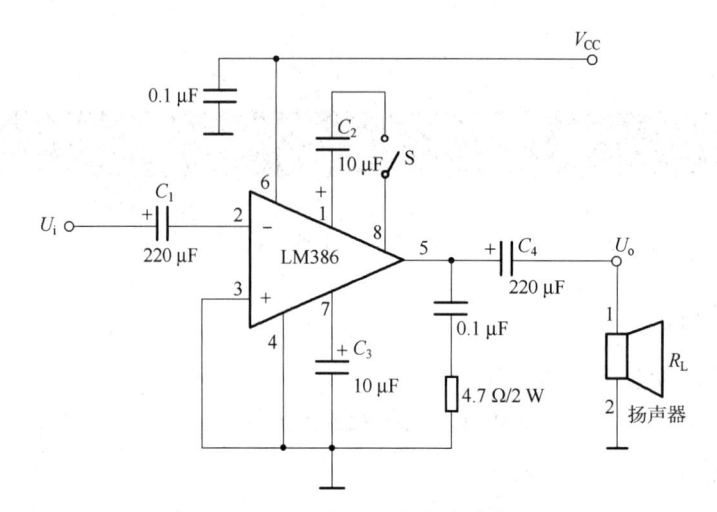

图 26-3 LM386 集成功放电路

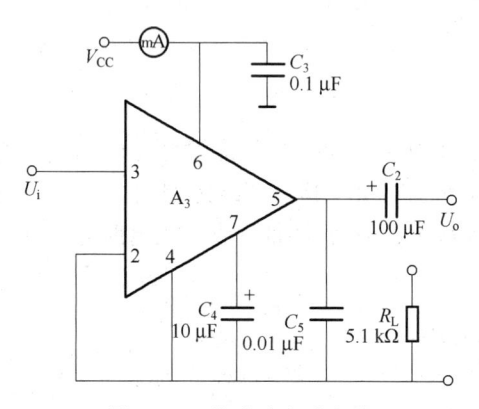

图 26-4 集成功率放大器

1. 最大输出功率的测量

将频率 $f=1$ kHz、幅值较小的正弦波信号接到功放电路的输入端 U_i，在 U_o 接入负载。用示波器观察输出端 v_o 的波形，逐渐增大输入信号幅值使输出电压达到最大且不失真，测量此时负载上的电压值 U_{om}（最大不失真时的峰值），并且计算最大输出功率 P_{om}，填入表 26-1。

$$P_{om} = \frac{1}{2} \cdot \frac{U_{om}^2}{R_L}$$

2. P_E 的测量

直流电源供电功率为

$$P_E = V_{CC} \times I_{dc}$$

式中，V_{CC} 为此电路的供电电压；I_{dc} 为直流电源供给的平均电流。其测量方法为按图 26-4 所示接入毫安电流表，在最大不失真输出的情况下，读出电流表的电流值 I_{dc}，即可计算 P_E，填入表 26-1。

3. η 的测量

η 为电路的效率，其公式为

$$\eta = \frac{P_{om}}{P_E} \times 100\%$$

将负载换成扬声器（8 Ω），保证输出不失真，重新测量 P_{om}、P_E、η，填入表 26-1。

表 26-1 数据记录表

R_L/Ω	U_{om}	P_{om}/W	V_{CC}	I_{dc}	P_E/W	η
5.1 k						
8						

五、实验预习

（1）查阅和学习 LM386 电路的内部结构和工作原理。
（2）理解图 26-3 所示的电路中外部元件的功能和作用。
（3）掌握 LM386 功率放大器主要性能指标的测量方法。

六、实验报告

（1）处理实验测量数据。
（2）根据测量数据，计算最大输出功率 P_{om} 和效率 η。
（3）总结心得体会。

实验二十七　直流稳压电源——晶体管稳压电源

一、实验目的

（1）理解单相、全波、桥式整流电路的结构和工作原理。
（2）理解电容滤波的原理和电路特性。
（3）掌握稳压管、串联晶体管稳压电源主要技术指标的测试方法。

二、实验器材

（1）实验箱 TDX-AS。
（2）万用表。
（3）电源扩展板。

三、实验原理

1. 交流电网电压转换为直流电压的一般过程

直流稳压电路组成及过程如图 27-1 所示。
（1）电源变压器：利用变压器将电网电压（50 Hz，220 V）转换为所需要的交变电压。
（2）整流电路：利用二极管的单向导电性，将正弦交流电转换为单一方向的脉动电压。
（3）滤波电路：利用电容、电感等储能元件滤出交流成分，将单一方向的脉动电压转换为平滑的直流电。
（4）稳压电路：利用稳压二极管、三端稳压器或其他稳压电路使滤波电路处理后的直流电压在电网电压或负载电流发生变化时保持稳定。

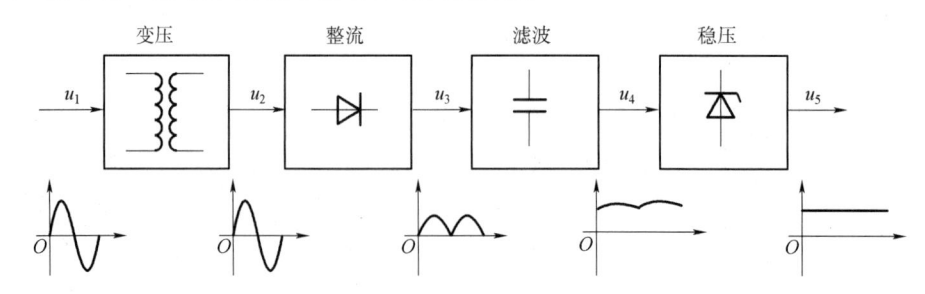

图 27-1　直流稳压电路组成及过程

2. 整流电路

整流电路的作用：将交流电压转换为脉动的直流电压。
整流原理：利用二极管的单向导电性。
常见的整流电路：半波、全波、桥式和倍压整流；单相和三相整流。
1）半波整流电路
半波整流电路如图 27-2 所示。

当 U_1 为正半周时,二极管 D 承受正向电压而导通,此时有电流流过负载,此电流就是二极管 D 上的电流,即 $i_o = i_d$。如果忽略二极管的电压降,则负载两端的输出电压等于变压器副边电压,即 $U_2 = U_1$,输出电压 U_2 的波形与 U_1 相同。当 U_1 为负半周时,二极管 D 承受反向电压而截止。此时负载上无电流流过,输出电压 $U_2 = 0$,变压器副边电压 U_1 全部加在二极管 D 上。

半波整流电路的波形如图 27-3 所示。半波整流电压的平均值为

$$U_2 = \frac{1}{2\pi}\int_0^{2\pi} u_o \mathrm{d}(\omega t) = \frac{1}{2\pi}\int_0^{\pi} \sqrt{2} U_1 \sin(\omega t)\mathrm{d}(\omega t) = \frac{1}{2\pi}\sqrt{2} U_1 \cos(\omega t)\Big|_0^{\pi} = \frac{\sqrt{2}}{\pi} U_1 \approx 0.45 U_1$$

二极管正向平均电流:$I_{VD} = I_o = U_2/R_1 = 0.45 \times \dfrac{U_1}{R_1}$。

二极管最大反向峰值电压:

$$U_{RM} = \sqrt{2} U_1$$

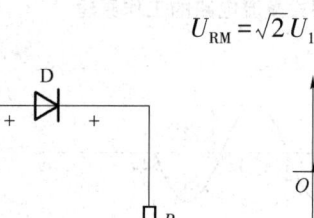

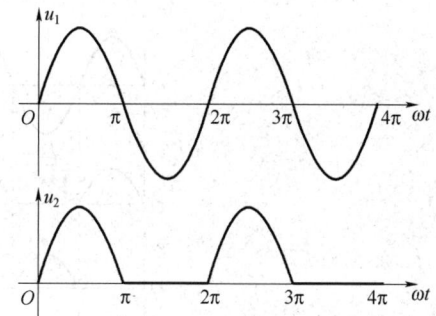

图 27-2 半波整流电路

图 27-3 半波整流电路的波形

2)桥式整流电路

桥式整流电路如图 27-4 所示,其工作原理如图 27-5 所示。

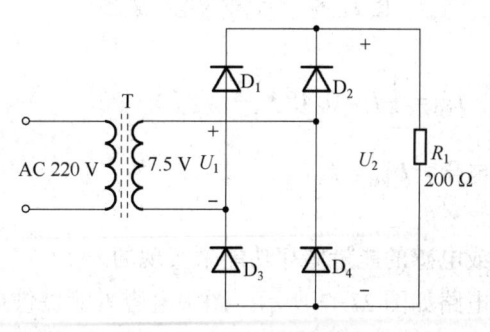

图 27-4 桥式整流电路

当 U_2 为正半周时,a 点电位高于 b 点电位,二极管 D_1、D_3 承受正向电压而导通,D_2、D_4 承受反向电压而截止。此时电流的路径为 a→D_1→R_L→D_3→b。

当 U_2 为负半周时,a 点电位低于 b 点电位,二极管 D_4、D_2 承受正向电压而导通,D_1、D_3 承受反向电压而截止。此时电流的路径为 b→D_2→R_L→D_4→a。

桥式整流电路波形如图 27-6 所示。

桥式整流电压的平均值:$U_2 = \dfrac{1}{\pi}\int_0^{\pi} u_o \mathrm{d}(\omega t) = \dfrac{1}{\pi}\int_0^{\pi} \sqrt{2} U_2 \sin(\omega t)\mathrm{d}(\omega t) = 0.90 U_2$。

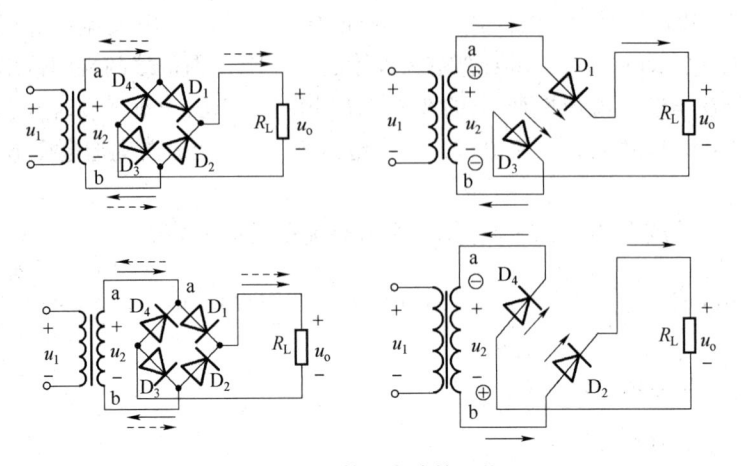

图 27-5　桥式整流电路的工作原理

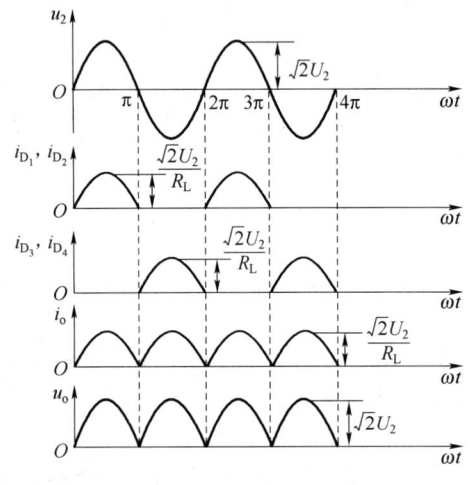

图 27-6　桥式整流电路波形

二极管正向平均电流：$I_{VD} = \dfrac{1}{2}I_o = 0.45 \times \dfrac{U_2}{R_2}$。

二极管最大反向峰值电压：$U_{RM} = \sqrt{2}\,U_2$。

3. 滤波电路

滤波通常是利用电容或电感的能量储存功能来实现的。

桥式整流、电容滤波电路如图 27-7 所示，图中电容 C 为滤波电容。

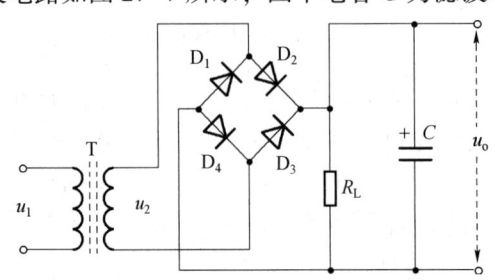

图 27-7　桥式整流、电容滤波电路

空载（即 $R_L = \infty$）时：
$$U_o = U_{2m} = \sqrt{2}\,U_2 \approx 1.4U_2$$
接负载 R_L 时：
$$U_o \approx 1.2U_2$$

4. 并联型稳压电路

稳压原理：利用稳压管的反向击穿特性实现稳压。由于反向特性陡直，较大的电流变化，只会引起较小的电压变化。只要使稳压二极管工作在击穿区，就可以从稳压二极管的两端得到较稳定的直流电压。

图 27-8 所示为并联稳压电路。

图 27-8 并联稳压电路

由图 27-8 知：
$$U_o = U_Z = U_i - U_R = U_i - IR$$
而
$$I = I_L + I_Z$$
当输入电压变化时：
$$U_i \uparrow \to U_o \uparrow \to U_Z \uparrow \to I_Z \uparrow \to I \uparrow \to U_R \uparrow \to U_o \downarrow$$

当负载电流变化时：
$$I_L \uparrow \to U_o \uparrow \to I_Z \downarrow \to I_R \uparrow \to U_R \uparrow \to U_o \downarrow$$

5. 串联型稳压电路

1）电路结构

串联型稳压电路由调整元件、比较放大器、基准电路、取样电路、保护电路和辅助电源等环节构成，其电路结构框图如图 27-9 所示。

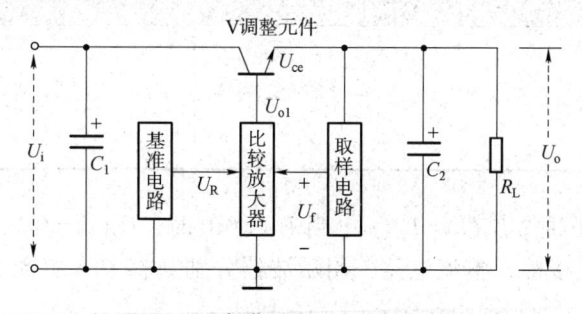

图 27-9 串联型稳压电路结构框图

2）工作原理

输入电压变化时：
$$U_i \uparrow \to U_o \uparrow \to U_f \uparrow \to U_{o1} \downarrow \to U_{ce} \uparrow \to U_o \downarrow$$

负载电流变化时：
$$I_L \uparrow \to U_o \downarrow \to U_f \downarrow \to U_{o1} \uparrow \to U_{ce} \downarrow \to U_o \uparrow$$

6. 稳压电路的主要指标

（1）稳压系数 S_U：在负载不变、环境温度不变的情况下，输出电压的变化率与输入电压的变化率之比。

$$S_{U} = \frac{\Delta U_{o}/U_{o}}{\Delta U_{i}/U_{i}} \bigg|_{\substack{\Delta T_{a}=0 \\ \Delta R_{L}=0}} \tag{27-1}$$

（2）输出电阻：在输入电压不变、环境温度不变的情况下，输出电压的变化量与输出电流的变化量之比。

$$r_{o} = \frac{\Delta U_{o}}{\Delta I_{o}} \bigg|_{\substack{\Delta U_{i}=0 \\ \Delta T_{a}=0}} \tag{27-2}$$

（3）输出电压的温度系数：在输入电压不变、输出电流不变的情况下，输出电压的变化量与环境温度的变化量之比。

$$S_{T} = \frac{\Delta U_{o}}{\Delta T} \bigg|_{\substack{\Delta U_{i}=0 \\ \Delta I_{o}=0}} \tag{27-3}$$

（4）输出纹波电压：是指在额定负载条件下，输出电压中所含交流分量的有效值（或峰-峰值）。

（5）额定输出电压 U_{ON}。

（6）额定输出电流 I_{ON}。

四、实验内容及操作

1. 半波整流、桥式整流电路的研究

（1）按图 27-2 连接半波整流电路，用示波器分别观察 U_1、U_2 波形的变化（将电路中 U_2 的"-"端接地），将波形记录到表 27-1 中。

表 27-1　半波整流前后的波形

项目	$U_1(t)$	$U_2(t)$
波形		

参考：当 $U_1(t)>0$ 时，$U_2(t)=U_1(t)$；当 $U_1(t)<0$ 时，$U_2(t)=0$。

（2）按图 27-4 连接桥式整流电路，用示波器分别观察 U_1、U_2 波形的变化，将波形记录到表 27-2 中。

表 27-2　桥式整流前后的波形

项目	$U_1(t)$	$U_2(t)$
波形		

参考：当 $U_1(t)>0$ 时，$U_2(t)=U_1(t)$；当 $U_1(t)<0$ 时，$U_2(t)=-U_1(t)$。

2. 电容滤波电路研究

在上述电路的基础上，将整流输出的"-"端与电容电路的"-"端相连，如图 27-10 所示。

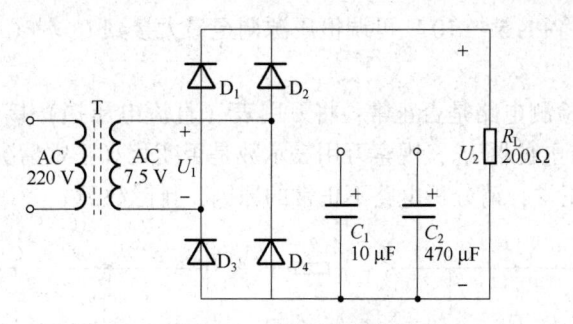

图 27-10 电容滤波电路

分别选择 C_1 和 C_2 接入电路，用示波器观察 U_2 的波形，用万用表交流电压挡测量 U_2，记为交流分量；用万用表直流电压挡测量 U_2，记为直流分量，填入表 27-3。

表 27-3 整流滤波电路数据记录

测试条件	直流分量 V_2/V	交流分量 U_2/V
$R_L = 200\ \Omega$，无电容		
$R_L = 200\ \Omega$，$C = 10\ \mu F$		
$R_L = 200\ \Omega$，$C = 470\ \mu F$		

分析：根据滤波电容的不同，结合波形、交流分量和直流分量，分析滤波电路的特点。

1. 并联稳压电路研究

按图 27-11 连接电路，将可调直流信号源 +1.5 ~ +10 V 挡接入 U_i，用它来模拟正常输出为 9 V 而有 ±10% 波动的电网。按表 27-4 用万用表测量不同的 U_i 和 U_o 值，计算稳压系数，填入表 27-4。

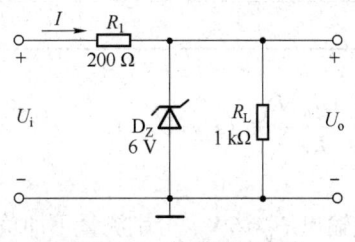

图 27-11 并联稳压电路

表 27-4 并联稳压电路数据记录

测量值		计算值
U_i/V	U_o/V	$S/(\% \cdot V^{-1})$
8		$S_{12} =$
9		
10		$S_{23} =$

2. 串联型晶体管稳压电路

图 27-12 所示为串联型晶体管稳压电路。此实验电路除输入信号和负载外已连接完成。

（1）连接电路。将+1.5~+10 V 可调恒压源调至最大接到 U_i 端（A 端），B 端接地。先不接负载。

（2）开路初测，检测电路是否正常：将万用表（直流电压挡）接在输出端（C、B 端，红表笔接 C 端），调节电位器 R_P，观察万用表示数是否变化（正常情况在 4~9 V 变化），若不变化，电路工作不正常，请分析电路不正常的原因，排除故障。

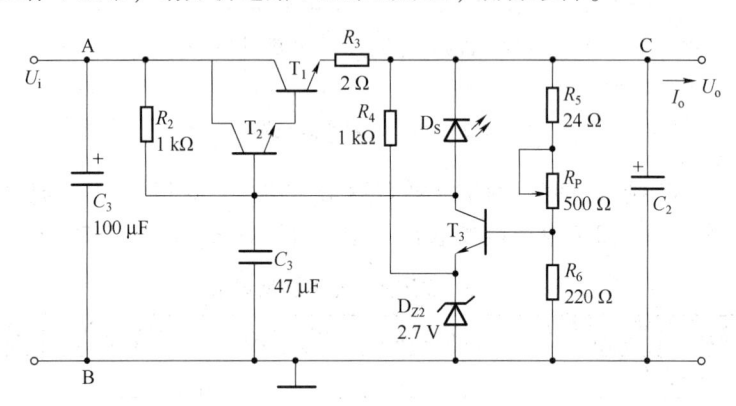

图 27-12 串联型晶体管稳压电路

（3）输出电压可调范围的测量。断开输入电压，用万用表欧姆挡判断 R_P 增大和减小的方向，并记住。接入输入电压，将输入电压 U_i 调为 10 V（顺时针最大），调节 R_P，测量 U_o 的最大变化范围，填入表 27-5。

表 27-5　输出电压可调范围的测量数据记录

R_P/Ω	实测 U_o/V	理论估算 U_o/V
最大		
最小		

理论估算参考公式：$U_o = \dfrac{R_5+R_6+R_P}{R_6}(U_Z+U_{BE3})$。

（4）输出电阻测量。

保持 U_i 为 10 V，调节 R_P 使输出 $U_o = 6$ V。分别测量不加负载（空载）、加 1 kΩ 和 5.1 kΩ 负载时 U_o 的值，并计算 I_o 和电路的输出电阻，填入表 27-6。

表 27-6　输出电阻测量数据记录

项目	测量值		计算值
R_L	U_o/V	I_o/mA	R_o/Ω
空载			$R_{o12} =$
1 kΩ			
5.1 kΩ			$R_{o23} =$

其中，负载 1 kΩ 和 5.1 kΩ 使用基本放大电路中的 R_L；$I_o = \dfrac{U_o}{R_L}$，$R_o = \left.\dfrac{\Delta U_o}{\Delta I_o}\right|_{U_i=\text{常数}}$。

（5）稳压系数 S 的测量。输出空载，调节 R_P，使 U_i 为 9 V 时输出 $U_\text{o} = 6$ V。然后按表 27-7 改变电路输入电压 U_i（模拟电网电压波动），用万用表分别测量不同输入电压 U_i 及输出电压 U_o，计算 S，填入表 27-7。

表 27-7 稳压系数测量数据记录

测量值		计算值
U_i/V	U_o/V	$S/(\% \cdot \text{V}^{-1})$
8		$S_{12} =$
9		
		$S_{23} =$
10		

五、实验预习

（1）复习理论课教材中有关二极管整流、滤波及稳压电路部分的内容。
（2）阅读实验教材，了解实验目的、内容、步骤及操作要求。
（3）完成表 27-5 中理论估算值的计算。

六、实验报告

（1）绘制半波整流和桥式整流前后的波形图。
（2）整理测量数据，完成表内数据的计算。
（3）简述表 27-3 中各种状态下直流分量和交流分量的变化情况。
（4）总结心得体会。

实验二十八　直流稳压电源——集成稳压电源

一、实验目的

(1) 研究集成稳压器的特点和性能指标的测试方法。
(2) 学会用集成稳压器设计稳压电源。

二、实验器材

(1) 实验箱 TDX-AS。
(2) 万用表。
(3) 电源扩展板。

三、实验原理

单片集成稳压电源,具有体积小、可靠性高、使用灵活、价格低廉等优点。最简单的集成稳压电源只有输入、输出和公共引出端,故称为三端集成稳压器。常用的三端集成稳压器有78××、79××和LM317、LM337等。78、79系列三端集成稳压器的输出电压是固定的,在使用中不能进行调整,78系列输出正电压,79系列输出负电压。三端稳压器LM317(正稳压器)和LM337(负稳压器)是可调的。

1. 固定式三端稳压器

图28-1所示为由三端稳压器7805构成的实验电路。滤波电容C一般选取几百~几千微法。在7805输入端必须接入电容器C_1(数值为0.33 μF),以抵消线路的电感效应,防止产生自激振荡。输出端电容C_o(0.1 μF)用以滤除输出端的高频信号,改善电路的暂态响应。

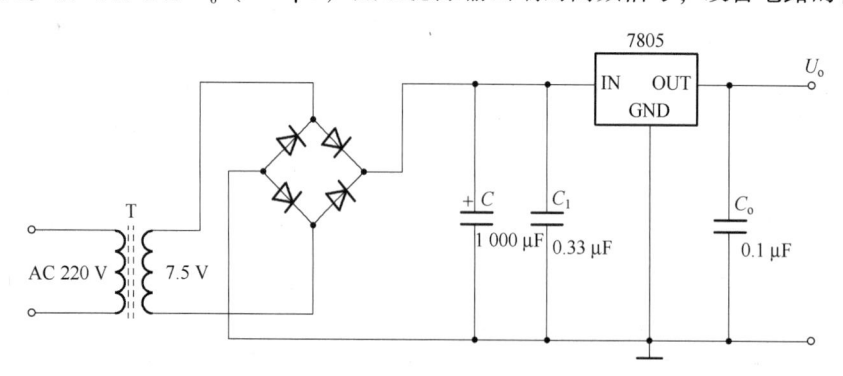

图 28-1　由三端稳压器7805构成的实验电路

2. 可调式三端稳压器

图28-2所示为可调式三端集成稳压电源电路,可输出连续可调的直流电压,其输出电压范围在1.25~37 V,最大输出电流为1.5 A,稳压器内部含有过流、过热保护电路。如图28-2所示,C_1、C_2为滤波电容,D_1为保护二极管,以防稳压器输出端短路而损坏集成块。

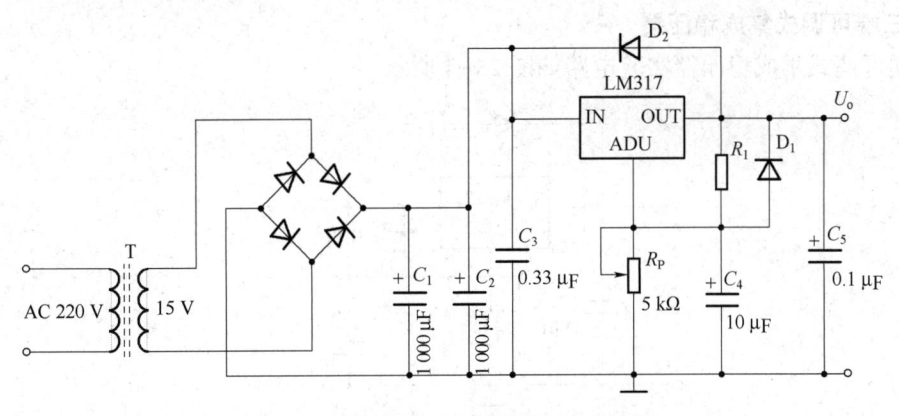

图 28-2　可调式三端集成稳压电源电路

四、实验内容及操作

1. 三端稳压器 7805 基本测试

三端稳压器 7805 实验电路如图 28-3 所示。

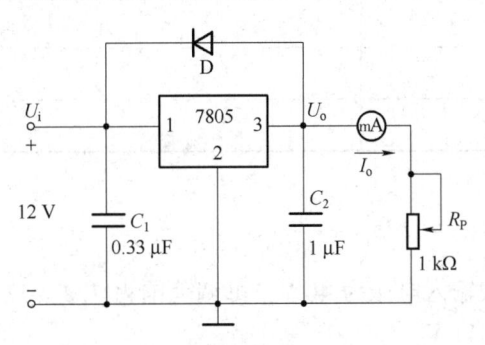

图 28-3　三端稳压器 7805 实验电路

（1）连接电路，将 12 V 电源接到 U_i。改变不同的负载值 R_P（在调节电阻值时不可为 0），用万用表测量集成稳压器输出电压 U_o 和输出电流 I_o，填入表 28-1。

表 28-1　三端稳压器测试记录

R_P/Ω	实测	
	U_o/V	I_o/mA
500		
100		
50		

7805 在其正常工作下，输出应该是 5 V。

（2）将 12 V 电源换成 +1.5～+10 V 可调恒压源，测量保持输出电压为 5 V 的最小输入电压。

（3）重新接回 12 V 电源，不断减小 R_P 值，测量保持输出电压为 5 V 的负载值，并测量此时输出电流 I_o，此电流即最大输出电流。

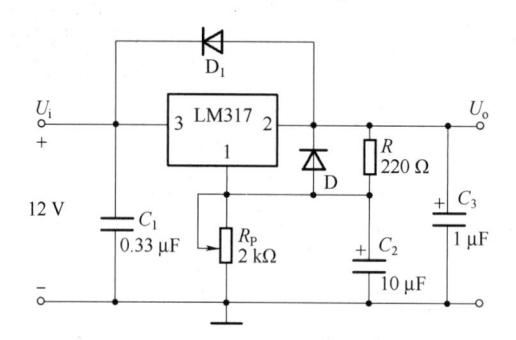

2. 三端可调式集成稳压器

三端可调式集成稳压器实验电路如图 28-4 所示。

图 28-4　三端可调式集成稳压器实验电路

连接电路，将+12 V 电压源接入 U_i，按表 28-2 改变 R_P，用万用表测量输出电压 U_o，填入表 28-2。

表 28-2　稳压器测试数据记录

R_P/Ω	0.5 k	1 k	1.5 k	2 k
实测 U_o/V				
理论估算 U_o/V				

理论估算参考公式：$U_{out} = 1.25\left(1 + \dfrac{R_P}{R}\right)$。

电路中的 LM317 最大输入电压为 40 V，可调范围为 1.2~37 V，本实验的输入电压为 12 V，故可调范围为 1.2~11 V。

五、实验预习

（1）复习有关集成三端稳压器的工作原理、使用方法和使用注意事项。
（2）阅读实验教材，了解实验目的、内容、步骤及要求。

六、实验报告

（1）处理实验测量数据，完成表内数据的计算。
（2）总结心得体会。

实验二十九　RC 正弦波振荡电路

一、实验目的

(1) 进一步理解 RC 正弦波振荡器的组成、原理及振荡条件。
(2) 掌握测量和调试振荡电路的方法。

二、实验器材

(1) 实验箱 TDX-AS。
(2) 万用表。

三、实验原理

RC 正弦波振荡电路如图 29-1 所示，本实验电路为双 T 选频网络振荡电路。

从结构上看，正弦波振荡器是没有输入信号、带选频网络的正反馈放大器。若用 R、C 元件组成选频网络，称为 RC 振荡器，一般用来产生 1 Hz～1 MHz 的低频信号。

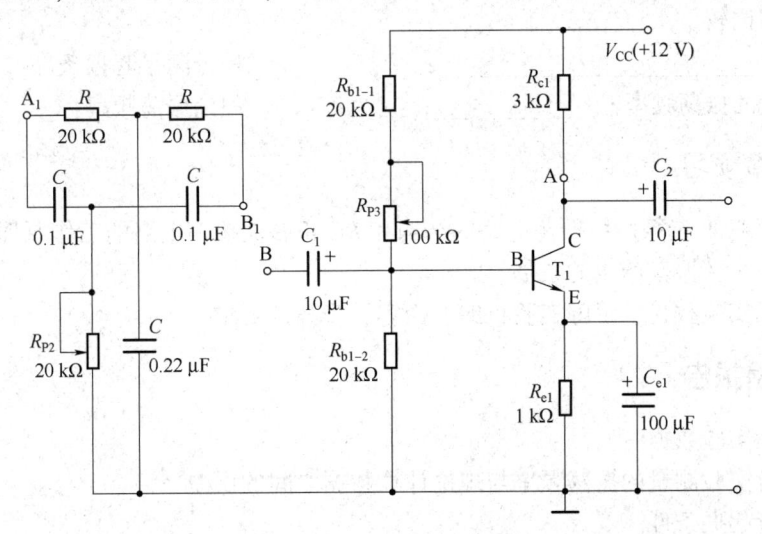

图 29-1　RC 正弦波振荡电路

(1) 振荡频率：

$$f_o = \frac{1}{2\pi RC} \tag{29-1}$$

(2) 起振条件：

$$|AF| > 1, \quad R_{P4} < R/2 \tag{29-2}$$

四、实验内容及操作

按图 29-1 连接电路，连接完成后将 R_{P3} 调至最大。

1. 静态调整

将恒压源中的 +12 V 电源接入 V_{CC}（+12 V）端，将 B 点接地。调节 R_{P3} 使得 A 点为 9 V 左右。将频率为 500 Hz、幅值适当的正弦波信号接入 B 点，用示波器观察，如果输出波形失真，请减小输入信号幅值，直到不失真。用示波器测量 U_i、U_o，并计算放大倍数 $A = U_o / U_i$。

表 29-1 数据记录

U_i/V	U_o/V	A

2. 起振条件与振荡频率的测量

（1）将双 T 网络接入电路（将 B 与 B_1、A 与 A_1 相连），缓慢减小 R_{P2}，观察 U_o 是否有振荡（有正弦波出现）产生。

（2）若产生振荡，用万用表测量刚好起振时 R_{P2} 的阻值。注意：用万用表欧姆挡测量 R_{P2} 的阻值时，必须先把 R_{P2} 与电路断开。

（3）根据测量结果，判断是否满足起振条件。

（4）调节 R_{P2}，使 U_o 产生幅值最大且不失真的正弦波，用示波器测量其频率，并和理论振荡频率相比较。

R_{P2}：_____；   是否满足起振条件：_____；

实验测量的振荡频率：_____；   理论振荡频率：_____。

五、实验预习

（1）理解双 T 选频网络振荡电路的结构和 RC 正弦波振荡电路的工作原理。

（2）理解正弦振荡产生的条件。

（3）阅读实验教材，了解实验目的、内容、步骤及要求。

六、实验报告

（1）处理实验数据。

（2）分析实验测量的振荡频率与理论计算数据之间的误差。

（3）分析起振条件。

（4）总结心得体会。

实验三十　LC 正弦波振荡电路

一、实验目的

(1) 理解电容三点式振荡电路的组成、原理及振荡条件。
(2) 掌握测量调试振荡电路的方法。

二、实验器材

(1) 实验箱 TDX-AS。
(2) 万用表。

三、实验原理

本实验为 LC 正弦波振荡电路，如图 30-1 所示。

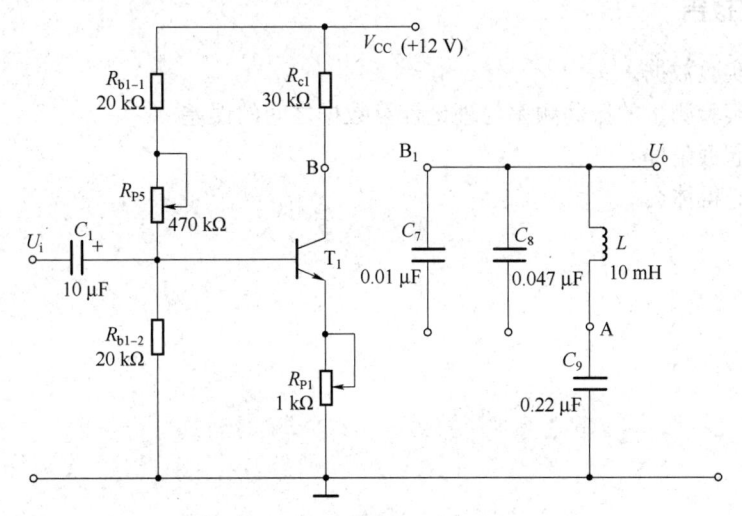

图 30-1　LC 振荡器及选频放大器

(1) 振荡频率：

$$f_o = \frac{1}{2\pi\sqrt{L\dfrac{C_7 C_9}{C_7 + C_9}}} \tag{30-1}$$

(2) 起振条件：

$$|AF| > 1, \quad \phi_A + \phi_F = 2n\pi \tag{30-2}$$

四、实验内容及操作

1. 连接电路

按图 30-1 连接电路，连接完成后将 R_{P1} 调至最大。

2. 静态调整

将恒压源中的+12 V 电源接入 V_{CC} 端,将 U_i 点接地。调节 R_{P5} 使得 B 点为 9 V 左右。

3. 起振条件与振荡频率的测量

(1) 将电容三点式网络接入电路(将 U_i、B 分别与 A、B_1 相连,选择 C_7 下端接地),缓慢减小 R_{P1},用示波器观察 U_o 是否有振荡(正弦波)产生。

(2) 若产生振荡,用万用表测量刚好起振时 R_{P1} 的阻值,并且计算此时的放大倍数,判断是否满足起振条件。注意:用万用表欧姆挡测量 R_{P1} 的阻值时,必须先把 R_{P1} 与电路断开。

(3) 调节 R_{P1},使 U_o 产生幅值最大且不失真的正弦波,测量其频率并和理论振荡频率相比较。

(4) 将 C_7 与地断开,选择 C_8 下端接地。重新完成上述测量。

自己设计数据记录表。

五、实验预习

(1) 理解电容三点式振荡电路的结构和振荡电路的工作原理。
(2) 理解正弦振荡产生的条件。
(3) 阅读实验教材,了解实验目的、内容、步骤及要求。

六、实验报告

(1) 处理实验数据。
(2) 分析实验测量的振荡频率与理论计算数据之间的误差。
(3) 分析起振条件。
(4) 总结心得体会。

实验三十一　超外差收音机的组装与调试

一、实验目的

（1）进行焊接训练，逐步提高学生的焊接水平。
（2）认识收音机工作的基本原理和电路结构。
（3）学会收音机调试的基本方法。

二、实验器材

（1）收音机套件。
（2）电烙铁1把。
（3）焊锡丝、松香、刀片、砂纸等。

三、实验原理

收音机是一种用于接收无线电广播信号的电子设备，用于接收无线电信号并将其转换为音频信号，使人们能够听到广播节目。它是人们获取广播节目、音乐和新闻的重要工具。

收音机的工作原理是通过天线接收无线电信号，经过调谐电路选择所需频率，然后通过检波器将信号转换为音频信号，再经过音频放大器放大，最后通过扬声器输出声音。

1. 收音机的基本构成及工作过程

收音机由以下几个主要部分组成。

（1）天线：用于接收无线电信号。天线接收到无线电信号，将其传输到调谐电路。
（2）调谐电路：用于选择所需的无线电频率。调谐电路根据用户选择的频道，选择并过滤出所需的无线电信号。调谐电路通常使用电感线圈和电容器来实现。调谐电路可以通过旋钮或按钮来调节，以便选择不同的广播频道。
（3）检波器：检波器将调谐电路接收到的无线电信号转换为音频信号。这是通过去除无线电信号的高频部分，只保留音频部分来实现的。检波器通常使用二极管或晶体管来实现。
（4）音频放大器：音频信号经过检波后，会非常微弱。音频放大器会将其放大到足够的强度，以便驱动扬声器产生声音。
（5）扬声器：放大后的音频信号通过扬声器转换为可听的声音。扬声器通常是一个振动膜，当电流通过时，振动膜会产生声音。

从接收天线得到的高频天线电信号一般非常微弱，直接把它送到检波器不太合适，最好在选择电路和检波器之间插入一个高频放大器，把高频信号放大。把从天线接收到的高频信号放大几百甚至几万倍，一般要有几级的高频放大，每一级电路都有一个谐振回路，当被接收的频率改变时，谐振电路都要重新调整，而且每次调整后的选择性和通带很难保证完全一样，为了克服这些缺点，现在的收音机几乎都采用超外差式电路。

超外差的特点是：被选择的高频信号的载波频率，变为较低的固定不变的中频（465 kHz），再利用中频放大器放大，满足检波的要求，然后才进行检波。在超外差接收机中，为了产生变频作用，还要有一个外加的正弦信号，这个信号叫作外差信号，产生外差信号的电路，习惯叫作本地振荡或本机振荡。在收音机本振频率和被接收信号的频率相差一个中频，因此在混频器之前的选择电路，和本振采用统一调谐，使之差保持固定的中频数值。由于中频固定，且频率比高频已调信号低，中放的增益可以做得较大，工作也比较稳定，通频带特性也可做得比较理想，这样可以使检波器获得足够大的信号，从而使整机输出音质较好的音频信号。

2. 超外差式收音机的工作原理

图 31-1 所示为调幅超外差收音机的工作原理方框图。天线接收到的高频信号通过输入电路与收音机的本机振荡频率（其频率较外来高频信号高一个固定中频，我国中频标准规定为 465 kHz）一起送入变频电路内进行混合（变频），在混合级的负载回路选频产生一个 465 kHz 的新频率，称为中频，即通过差频产生中频。中频只改变了载波的频率，原来的音频包络线并没有改变。中频信号经过中频选频放大电路可以更好地得到放大。中频信号经检波并滤除高频信号，就得到音频信号。音频信号再经低放、功率放大后，推动扬声器发出声音。

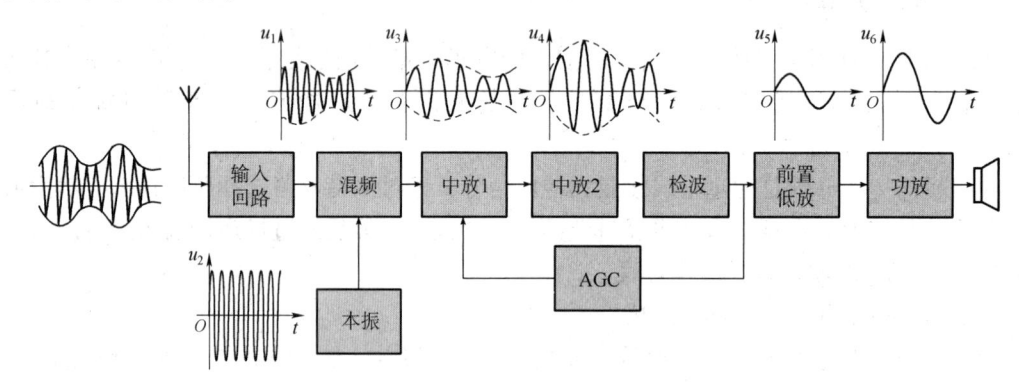

图 31-1 调幅超外差收音机的工作原理方框图

3. 套件电路原理

D9018 六管超外差收音机电路如图 31-2 所示，为袖珍全硅管六管超外差式收音机。其主要电气性能符合 CC 类的参数规定。该机结构简单，选材、装配、调试、维修都很方便，是初级电子爱好者入门学习的理想器材。为了能一次装配成功，请在动手装配前仔细阅读套件附带的说明材料。

本机主要元件的功能及收音机简单原理：

C_{1a}、C_a、B_1 组成天线输入回路，将电磁波转换为电信号，并对接收信号进行粗选。

VT_1 为变频管和本机振荡管，具有双重功能。VT_1、B_1、B_2、C_1 等组成变频级，B_3 的初级线圈与 C 构成变频级负载（选频网络）。VT_1、C_2、C_{1b}、B_2 和 L_{22} 等组成本机振荡电路，C_2 为振荡耦合电路。

VT_2 和 B_3 等组成第一级中频放大电路，VT_3 和 B_4 等组成第二级中频放大电路，VT_3 同时构成为检波电路，完成检波。

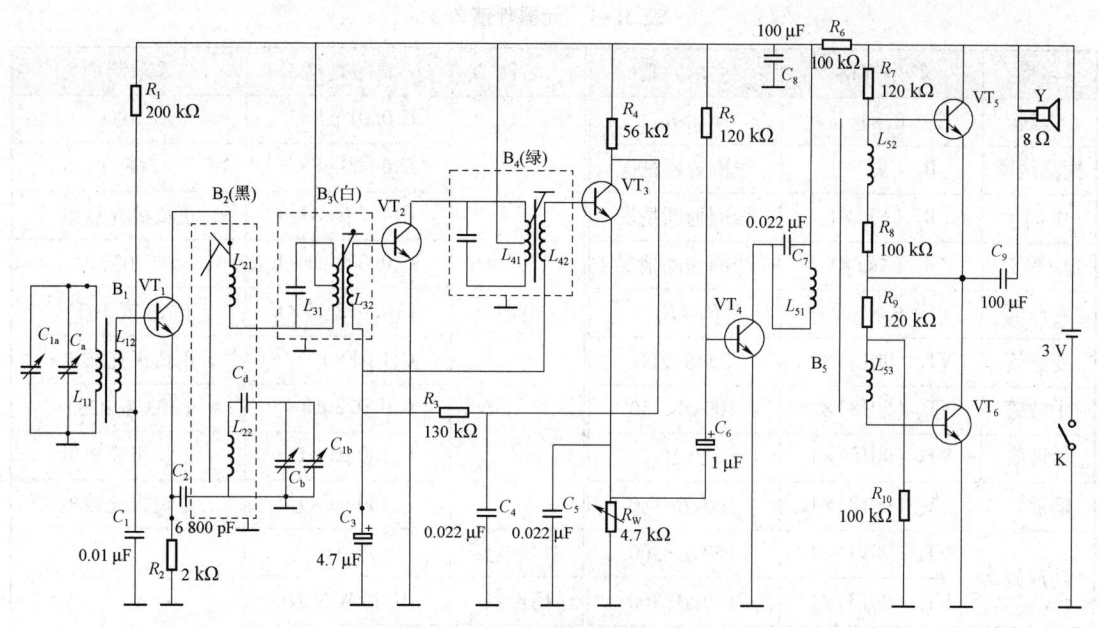

图 31-2　D9018 六管超外差收音机电路

R_3、C_3 等构成 AGC 电路。

VT_4、VT_5、VT_6 等元件构成音频放大电路。R_W 为音量电位器（带电源开关）。VT_4 为前置低频放大级，VT_5、VT_6 组成乙类推挽功率放大器。

R_1、R_2、R_3、R_4、R_5、R_6、R_7、R_8、R_9、R_{10} 为各级直流偏置电阻。

D9018 六管超外差收音机印刷板电路如图 31-3 所示。

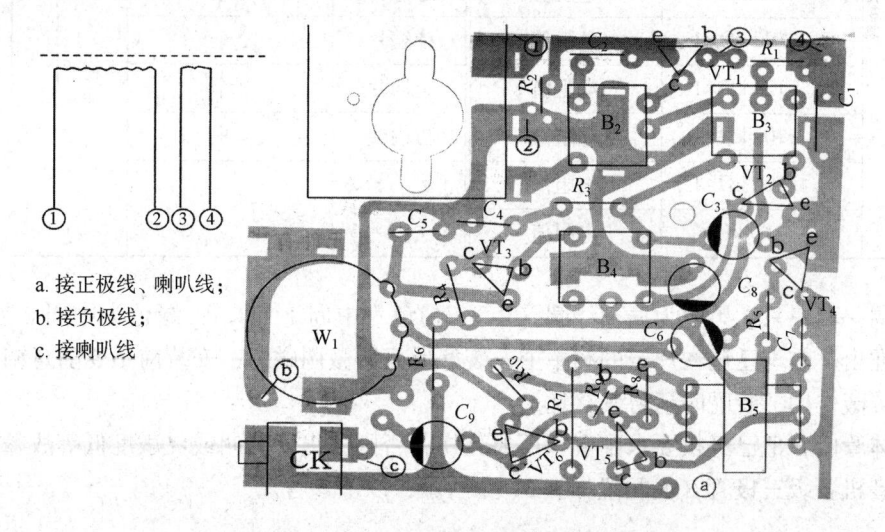

a. 接正极线、喇叭线；
b. 接负极线；
c. 接喇叭线

图 31-3　D9018 六管超外差收音机印刷板电路

四、实验内容及操作

1. 清理元器件

以 D9018 六管超外差收音机套件为例，元器件清单如表 31-1 所示。

表 31-1 元器件清单

名称	符号规格	要求判别	名称	符号规格	要求判别
天线	$B_1 \times 1$	$R_{12} > R_{34}$	电容	C_1 0.01 μF×1	(103)
振荡线圈	B_2（黑）×1	线圈通断情况		C_2 6 800 pF×1	(682)
中周 1	B_3（白）×1	线圈通断情况		C_3 4.7 μF×1	正负极充放电
中周 2	B_4（绿）×1	线圈通断情况		C_4 0.022 μF×1	(103)
变压器	$B_5 \times 1$	$R_初 > R_次$		C_5 0.022 μF×1	(223 或 103)
变频管	VT_1（9018）×1	$80 < \beta < 100$		C_6 1 μF×1	正负极充放电
中放管	VT_2（9018）×1	$100 < \beta < 150$		C_7 0.022 μF×1	(103 或 223)
检波管	VT_3（9018）×1	$\beta > 20$		C_8 100 μF×1	正负极充放电
低放管	VT_4（9018）×1	$100 < \beta < 180$		C_9 100 μF×1	正负极充放电
功放管	VT_5（9013）×1	$150 < \beta < 300$	双联电容	1 个	
	VT_6（9013）×1	$150 < \beta < 300$	扬声器	0.25 W/8 Ω	
电位器	R_W 4.7 kΩ×1	转动灵活	磁棒	1 根	
电阻	R_1 200 kΩ×1	电阻值	塑料套	1 个	
	R_2 2 kΩ×1	1.8~2.2 kΩ	电路板	1 块	
	R_3 130 kΩ×1	电阻值	网罩	1 片	
	R_4 56 kΩ×1	电阻值	频率盘	1 片	
	R_5 120 kΩ×1	电阻值	螺丝钉	4 个	
	R_6 100 kΩ×1	电阻值	弹簧片	2 个	
	R_7 120 kΩ×1	电阻值	金属片	2 个	
	R_8 100 kΩ×1	电阻值	机内线	4 根	
	R_9 120 kΩ×1	电阻值			
	R_{10} 100 kΩ×1	电阻值			

中周一套三只。黑色为振荡线圈（B_2），白色为中周 1（B_3），绿色为中周 2（B_4）。三只中周在出厂前均已调在规定的频率上，装好后只需微调磁芯，安装前不要随意调动。中周外壳起屏蔽作用，装配时请将其接地。

晶体管的 β 值已经按要求配置，不要互换，否则会出现啸叫或灵敏度低等故障。

收音机各级三极管 β 值配置如表 31-2 所示，以供参考。

表 31-2 收音机各级三极管 β 值配置

三极管	VT_1变频管	VT_2中放管	VT_3检波管	VT_4低放管	VT_5、VT_6功放管
β 值	80~100	100~150	$\beta > 20$	100~180	150~300

2. 元器件处理及电路焊接

在焊接电路前，需要对元件及印刷板电路进行处理，以免出现虚焊和假焊。

（1）清洁：包括元件脚的清洁和电路板的清洁。元件脚的清洁方法是用刀片或断锯片轻轻刮拭元件脚，清除杂质和氧化层。电路板的清洁方法是用细砂纸轻轻擦拭电路板的铜箔部分，清除杂质和氧化层。

（2）上锡：指用电烙铁在元件脚上和电路板的铜箔焊盘上镀上一层薄薄的锡。

电路焊接顺序：为了焊接方便，一般先焊接体积小的元件，然后焊接体积大的元件，最后安装电池盒、扬声器、天线和磁棒。

有关元器件的判断和具体的焊接技巧，请参考其他书籍，这里不再赘述。

3. 收音机的测量和调试

1）开机测量

收音机焊接完成后，如果焊接无误，一般开机后就可以听到声音（电台声或噪声），此时需要测量各级电流，以判断电路的工作点情况，如果偏离参考值太大，需要更换相关电阻或三极管。

在印刷板电路上已经预留了电流测试点，可以依次用电流表测量。注意：这些测试点是通过断开电路来测量电流，所以不测电流时，这些测试点必须用焊锡连通，否则无声音。

各级电流参考值如下：

（1）VT_1集电极电流：$0.4 \sim 0.6$ mA，不在此范围调整R_2值。

（2）VT_2集电极电流：$0.8 \sim 1.5$ mA。

（3）VT_4集电极电流：$1.5 \sim 4.5$ mA，不在此范围调整R_5值。

（4）VT_6射极电流：$6 \sim 8$ mA。

2）调中频

先将收音机调谐到低端，收到一个电台，然后轻轻沿磁棒左右移动天线B_1使音量最大，再用无感螺丝刀调节B_4、B_3的中周磁帽，由后级往前调节，反复调节，使音量达到最大为止。

3）调整频率范围及灵敏度

装好刻度盘，将双连电容器调到最低端，在最低端附近收到一个电台（最好是本地电台）。调节本机振荡电路中周B_2的磁帽，使电台的音量最大。然后将双连电容器调到最高端，在最高端附近收到一个电台（最好是本地电台），调节可变电容振荡连上的微调电容，使高端电台出现，且声音最佳。再调节可变电容输入回路的微调电容，使电台的声音更大。

反复数次调整高低端电台，同时也要兼顾中段电台，直至最佳为止。

调整完毕，用石蜡把所有中周磁帽和天线线圈封牢，使磁帽和天线线圈的位置不会由于振动而发生变化。

五、实验预习

（1）理解收音机的工作原理和电路结构。

（2）清理元器件。

（3）阅读实验教材，理解收音机的装配流程及注意事项。

六、实验报告

记录和总结收音机的装配过程，撰写项目报告。

第四部分

数字电路实验

实验三十二 门电路逻辑功能验证及参数测试

一、实验目的

(1) 测试与门、或门、非门、与非门、或非门及异或门的逻辑功能。
(2) 掌握门电路参数的测试方法。
(3) 了解数字集成电路器件的使用特点。

二、实验器材

(1) 设备：数字电路实验箱、示波器、数字式万用表。
(2) 器件：74X00（四二输入与非门）、74X02（四二输入或非门）、74X04（六反相器）、74X08（四二输入与门）、74X32（四二输入或门）、74X86（四二输入异或门）。

三、实验原理

1. 门电路

除三种基本的门电路（即与门、或门和非门）外，常用的门电路还有与非门、或非门、与或非门、异或门和同或门等。部分门电路的逻辑符号、逻辑函数表达式、真值表如表32-1所示（除非门为1输入外，其他均以2输入的门电路为例）。

表32-1 部分门电路的逻辑符号、逻辑函数表达式、真值表

门电路	逻辑符号	逻辑函数表达式	真值表			备注
与门	A —[&]— Y, B	$Y=AB$	A	B	$Y=A \cdot B$	
			0	0	0	
			0	1	0	
			1	0	0	
			1	1	1	
或门	A —[≥1]— Y, B	$Y=A+B$	A	B	$Y=A+B$	
			0	0	0	
			0	1	1	
			1	0	1	
			1	1	1	
非门	A —[1]o— Y	$Y=\bar{A}$	A		$Y=\bar{A}$	
			0		1	
			1		0	

181

续表

门电路	逻辑符号	逻辑函数表达式	真值表			备注
与非门	A —[&]— Y B —	$Y=\overline{AB}$	A	B	$Y=\overline{AB}$	
			0	0	1	
			0	1	1	
			1	0	1	
			1	1	0	
或非门	A —[≥1]o— Y B —	$Y=\overline{A+B}$	A	B	$Y=\overline{A+B}$	
			0	0	1	
			0	1	0	
			1	0	0	
			1	1	0	
异或门	A —[=1]— Y B —	$Y=A\oplus B$	A	B	$Y=A\oplus B$	$A\oplus B=$ $\overline{A}B+A\overline{B}$
			0	0	0	
			0	1	1	
			1	0	1	
			1	1	0	

2. 门电路的参数

以非门为例，测试门电路电压传输特性，即测量输出电压随输入电压变化的关系。由电压传输特性（曲线）可得到门电路的一些参数。

四、实验内容及操作

1. 熟悉数字电路实验箱

第一次做实验之前，先熟悉数字电路实验箱各单元的名称和用途。对于本实验，重点要熟悉电源 V_{CC}（+5 V）端、接地（GND）端、芯片座、逻辑电平开关和逻辑电平显示 LED 等。

2. 测试 74X08（与门）的逻辑功能

将 74X08 插入实验箱，接上电源正极 V_{CC} 和地 GND，任意选择其中一个与门进行实验。用实验箱上"逻辑电平输出"给门电路输入端提供输入电平，当开关向上拨时，门电路输入端加上了高电平，LED 亮，用二进制"1"表示；当开关向下拨时，门电路输入端加上了低电平，LED 灭，用二进制"0"表示。将门电路输出端接在实验箱逻辑电平显示区的 LED 上。同样，当 LED 亮时，门电路输出高电平，用"1"表示；当 LED 灭时，门电路输出低电平，用"0"表示。

门电路的输入、输出电平状态，除了由逻辑电平显示 LED 的亮灭判断外，也可以用数字式万用表的直流电压挡测试对地电位来确定，还能用实验箱上的"逻辑笔"测量。

将测试结果填入表 32-2，并判断此门电路的逻辑功能是否正常。

3. 测试 74X32（或门）、74X00（与非门）、74X02（或非门）、74X86（异或门）的逻辑功能

仿照上述方法，测试其他门电路的逻辑功能，结果填入表32-2。

表32-2 门电路逻辑功能测试

输入		与门输出 （74X08）			或门输出 （74X32）			与非门输出 （74X00）			或非门输出 （74X02）			异或门输出 （74X86）		
A	B	Y	LED	U/V	Y	LED	U/V	Y	LED	U/V	Y	LED	U/V	Y	LED	U/V
0	0															
0	1															
1	0															
1	1															
逻辑关系																

4. 测试 74X04（非门，即反相器）的逻辑功能

表32-3 非门逻辑功能测试

A	$Y=\bar{A}$	LED：亮或灭	电位/V
0			
1			

5. 测量门电路的参数

按图32-1连好电路。调节电位器，使 U_i 在 0~4 V 变化，记录相应的输出电压 U_o 值，将结果填入表32-4，画出电压传输特性曲线。

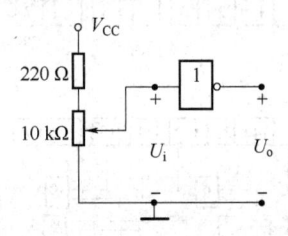

图32-1 测试非门的电压传输特性

表32-4 74X04（反相器）的电压传输特性

U_i/V	0	0.2	0.4	0.6	0.8	1.0	1.5	2.0	2.5	3.0	3.5	4.0
U_o/V												

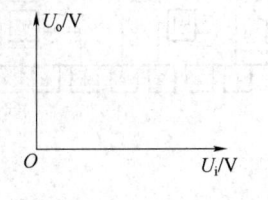

由表32-4和左图得：

输入低电平的上限值	$V_{iL(max)}=$	V
输入高电平的下限值	$V_{iH(min)}=$	V
输出高电平的下限值	$V_{oH(min)}=$	V
输出低电平的上限值	$V_{oL(max)}=$	V

*（选做）自选测量方案和电路，测试门电路的其他参数。

五、实验预习

（1）复习数字式万用表的使用方法。

（2）学习数字集成电路引脚排列的规律。

（3）查阅本实验所用的门电路引脚的功能。特别注意74X02（或非门）的引脚与74X32（或门）、74X08（与门）、74X00（与非门）、74X86（异或门）的差别。

（4）门电路的主要参数有哪些？如何测量？

（5）将本实验所用门电路的GB符号与国际通用符号对比，熟悉国际通用符号。

六、思考题

（1）如何用一片74X00（四二输入与非门）分别实现与门、或门、非门（反相器）的功能？

（2）如何用一片74X08（四二输入与门）实现74X11（三输入与门，1/3）的功能？

（3）如何用74X86（四二输入异或门）实现非门（反相器）的功能？

（4）74X20（二四输入与非门）的功能用作74X00（1/4）或74X10（1/3）时，多余的输入端应如何处理？

（5）门电路的输入端可以并联吗？

（6）为什么门电路的输出端不能并联，也不能直接接地或接电源？

附录32-1：常用门电路的引脚（图32-2）

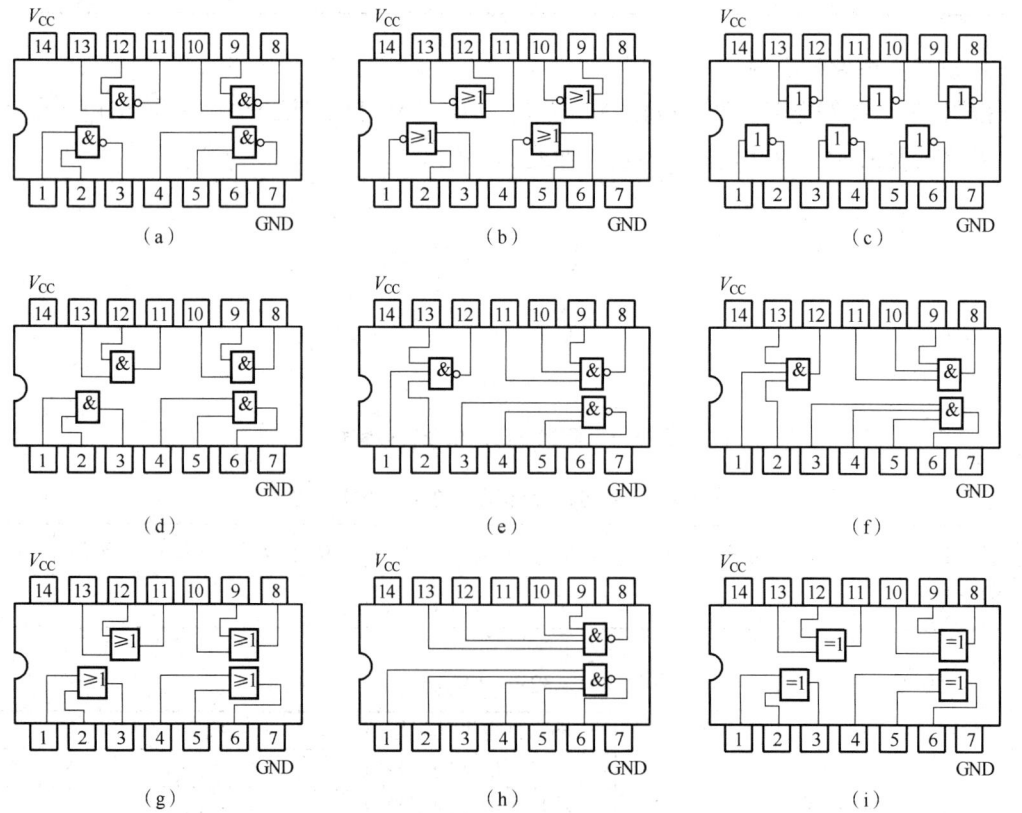

图32-2　常用门电路的引脚

(a) 74X00（与非门）；(b) 74X02（或非门）；(c) 74X04（非门）；(d) 74X08（与门）；(e) 74X10（与非门）；(f) 74X11（与门）；(g) 74X32（或门）；(h) 74X20（与非门）；(i) 74X86（异或门）

附录 32-2：门电路的使用注意事项

（1）插拔芯片之前，应切断电源；接插芯片时，要认清定位标记，不能插反。

（2）门电路的电源（+5 V）和地不能接反。TTL 电路对电源要求比较严格，只允许在 5（1±10%）V的范围内微小波动。

（3）普通门电路的输出端不能并联使用（集电极开路门与三态输出门电路除外），不允许直接接地或直接接电源，否则不仅会使电路逻辑功能混乱，还会损坏器件和实验箱。

（4）门电路的负载个数不能超过允许值（扇出数）。

（5）需正确处理门电路闲置输入端。处理方法：

① 与门、与非门的闲置输入端应接电源、高电平，或与使用的输入端并联。

② 或门、或非门的闲置输入端应接地、低电平，或与使用的输入端并联。

③ 特殊情况下，闲置输入端可以"悬空"，相当于悬空端接"1"。为了减小外界干扰，不建议悬空，而是按逻辑要求接入相应的电平。

实验三十三　半加器和全加器

一、实验目的

（1）学习用门电路设计和组成二进制半加器和全加器，并测试其功能。
（2）测试集成四位二进制全加器 74X83 的逻辑功能。

二、实验器材

（1）设备：数字电路实验箱、数字式万用表。
（2）器件：74X00（四二输入与非门）、74X08（四二输入与门）、74X83（四位二进制全加器）、74X86（四二输入异或门）。

三、实验原理

1. 半加器

半加器：不考虑低位进位，将两个一位二进制数 A、B 相加，求本位和 S，并给出向高位的进位 C 的电路。半加器的逻辑符号如图 33-1 所示。

用与门、异或门构成半加器的逻辑电路，如图 33-2 所示。

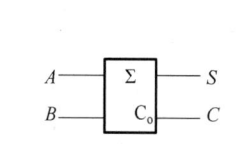

图 33-1　半加器的逻辑符号

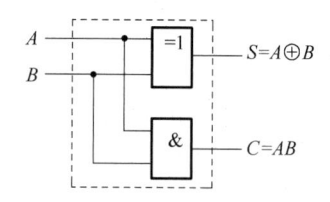

图 33-2　半加器的逻辑电路

逻辑函数表达式：

$$S = A \oplus B, \quad C = AB$$

2. 全加器

全加器：能实现两个一位二进制数 A、B 及低位来的进位 C_i 相加，得本位和 S，并给出向高位的进位 C_o 的电路。全加器的逻辑符号如图 33-3 所示。

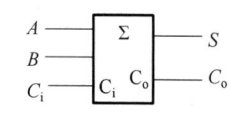

图 33-3　全加器的逻辑符号

全加器的逻辑表达式（最小项表达式）为

$$S = \overline{A}\overline{B}C_i + \overline{A}B\overline{C_i} + A\overline{B}\,\overline{C_i} + ABC_i$$

$$C_o = \overline{A}BC_i + A\overline{B}C_i + AB\overline{C_i} + ABC_i$$

若用与非门、异或门构成全加器，如图 33-4 所示，则上述逻辑表达式变换为

$$S = (A \oplus B) \oplus C_i$$

$$C_o = \overline{\overline{AB} \cdot \overline{(A \oplus B)C_i}}$$

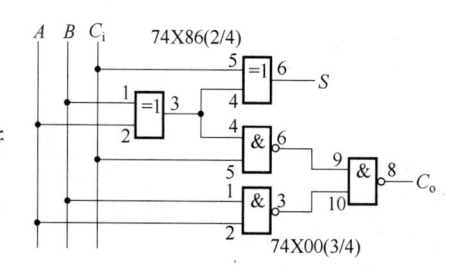

图 33-4　全加器的逻辑电路

3. 集成四位二进制全加器

集成四位二进制全加器由 4 组一位全加器连接而成，每组具有相同的逻辑功能，组间的进位于内部自动进行。图 33-5 所示为 74X83 的逻辑符号和引脚图，它是四位二进制全加器，可以接收低位进位 C_i（无低位进位时取 $C_i=0$），将被加数 $A_3A_2A_1A_0$ 与加数 $B_3B_2B_1B_0$ 相加，得和数 $S_3S_2S_1S_0$，并向高位进位 C_o。

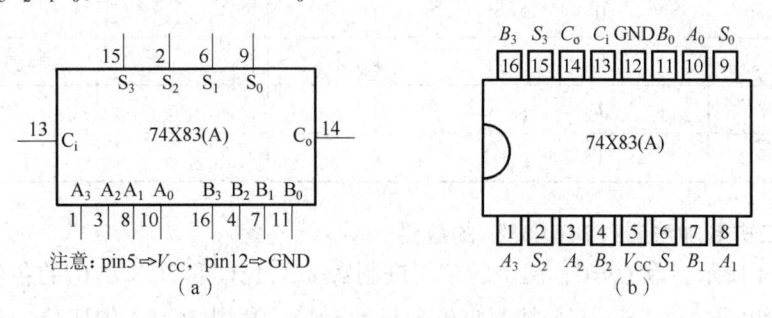

图 33-5 74X83 的逻辑符号和引脚图
（a）逻辑符号；（b）引脚图

1~4 位的二进制数相加用一片 74X83 即可实现，5~8 位的二进制数相加用两片 74X83 级联实现，9~12 位的二进制数相加则用三片 74X83 级联实现，以此类推。

四、实验内容及操作

1. 用与门、异或门构成半加器

用 74X08 和 74X86 构成一位二进制数的半加器，其逻辑电路如图 33-2 所示。输入端接逻辑电平开关，输出端接逻辑电平显示 LED。将实验结果填入表 33-1，判断结果是否正确。

表 33-1 一位二进制半加器实验记录

输入		输出	
A	B	C	S
0	0		
0	1		
1	0		
1	1		

2. 用与非门、异或门构成全加器

用 74LS00 和 74LS86 实现一位二进制数的全加器，其逻辑电路如图 33-4 所示，验证结论的正确性，结果填入表 33-2。

表 33-2 一位二进制全加器实验记录

输入			输出	
A	B	C_i	C_o	S
0	0	0		
0	0	1		
0	1	0		

续表

输入			输出	
A	B	C_i	C_o	S
0	1	1		
1	0	0		
1	0	1		
1	1	0		
1	1	1		

3. 四位二进制加法器（74LS83）的应用

如图 33-4 所示，取 $C_i=0$，两个四位二进制数 $A_3A_2A_1A_0$ 和 $B_3B_2B_1B_0$ 的各位分别接逻辑电平开关；输出端 C_o 和 $S_3S_2S_1S_0$ 接逻辑电平显示 LED。利用 74X83 做四位二进制数加法运算，将实验结果填入表 33-3。

表 33-3　四位二进制加法器实验记录

加数 $A_3A_2A_1A_0$	加数 $B_3B_2B_1B_0$	进位 C_o	和位 $S_3S_2S_1S_0$

五、实验预习

（1）复习二进制半加器和全加器的概念。

（2）复习组合电路分析和设计的方法、步骤。

（3）熟悉实验所用的集成电路引脚功能。

（4）四位二进制加法器（74LS83）的电源和接地引脚与其他大多数数字集成电路相比有何特点？

六、思考题

（1）图 33-4 是用与非门、异或门构成全加器的一种方案。除此之外，还可以如何用门电路构成全加器？

（2）用两片 74X83 级联可以实现八位二进制数相加的功能，试画出其逻辑电路图。

实验三十四　译码器及其应用

一、实验目的

（1）掌握 2-4 线译码器、3-8 线译码器、4-10 线译码器的逻辑功能和使用方法。
（2）掌握使用 74X138 作数据分配器和实现组合逻辑函数的方法。
（3）掌握用两片 3-8 线译码器扩展成 4-16 线译码器的方法。

二、实验器材

（1）设备：数字电路实验箱、示波器、数字式万用表。
（2）器件：74X20（双四输入与非门）、74X42（4-10 线译码器）、74X138（3-8 线译码器，两片）、74X139（双 2-4 线译码器）。

三、实验原理

1. 译码器概述

译码是将具有特定含义的二进制码进行辨别，并转换为相应的控制信号的过程。译码是编码的逆过程。具有译码功能的逻辑电路称为译码器。译码器分为 BCD 码译码器、二进制译码器、数字显示译码器等。译码器在数字系统中有广泛的应用，不仅用于代码的转换、终端的数字显示，还用于数据分配、存储器寻址和组合控制信号等。不同的用途和功能可选用不同种类的译码器。

BCD 码译码器有 4 个输入端，10 个输出端。

图 34-1 所示为二进制译码器的一般原理。

二进制译码器具有 n 个输入端、2^n 个输出端和 1 个使能输入端。在使能输入端为有效电平时，对应每一组二进制代码输入，2^n 个输出端中只有一个为有效电平，其余输出端为非有效电平。每一个有效输出所代表的函数对应于 n 个变量的一个最小项。

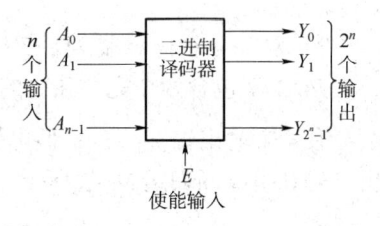

图 34-1　二进制译码器的一般原理

二进制译码器实际上也是负脉冲输出的脉冲分配器，若利用使能端中的一个输入端输入数据信息，器件就成为一个（多路）数据分配器。

数字显示译码器将在后续实验中介绍。

2. 典型译码器

1）4-10 线译码器 74X42

74X42 是 8421BCD 码译码器。它有 4 个地址输入端 A_3、A_2、A_1 和 A_0（其中 A_3 为高位），可输入 8421BCD 码 0000~1001；有 10 个输出端 $\overline{Y}_0$~$\overline{Y}_9$，低电平有效。输入超过 1001 时，输出 $\overline{Y}_0$~$\overline{Y}_9$ 全为高电平。74X42 的逻辑符号和引脚图如图 34-2 所示。74X42 的功能表如表 34-1 所示。

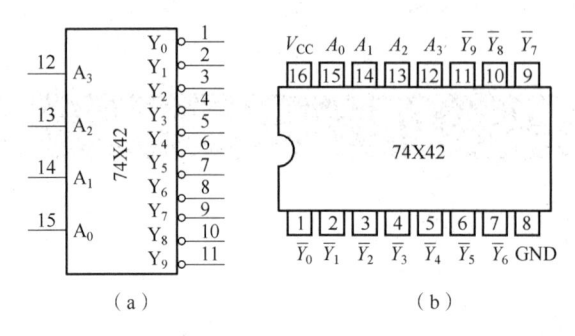

图 34-2 74X42 的逻辑符号和引脚图

(a) 逻辑符号；(b) 引脚图

表 34-1 74X42 的功能表

\multicolumn{4}{c	}{8421BCD 码输入}	\multicolumn{10}{c}{输出}
A_3	A_2	A_1	A_0	$\overline{Y}_0$	$\overline{Y}_1$	$\overline{Y}_2$	$\overline{Y}_3$	$\overline{Y}_4$	$\overline{Y}_5$	$\overline{Y}_6$	$\overline{Y}_7$	$\overline{Y}_8$	$\overline{Y}_9$
0	0	0	0	0	1	1	1	1	1	1	1	1	1
0	0	0	1	1	0	1	1	1	1	1	1	1	1
0	0	1	0	1	1	0	1	1	1	1	1	1	1
0	0	1	1	1	1	1	0	1	1	1	1	1	1
0	1	0	0	1	1	1	1	0	1	1	1	1	1
0	1	0	1	1	1	1	1	1	0	1	1	1	1
0	1	1	0	1	1	1	1	1	1	0	1	1	1
0	1	1	1	1	1	1	1	1	1	1	0	1	1
1	0	0	0	1	1	1	1	1	1	1	1	0	1
1	0	0	1	1	1	1	1	1	1	1	1	1	0

2) 双 2-4 线译码器 74X139

74X139 包含两个完全独立的 2-4 线二进制译码器。每个译码器有两个地址输入端 A_1、A_0；有 4 个输出端 $\overline{Y}_0 \sim \overline{Y}_3$，低电平有效；另外还有一个使能输入端 $\overline{E}$，低电平有效。它的逻辑符号和引脚图如图 34-3 所示。

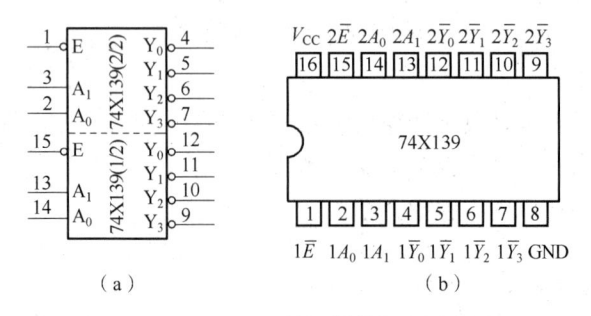

图 34-3 74X139 的逻辑符号和引脚图

(a) 逻辑符号；(b) 引脚图

双 2-4 线二进制译码器 74X139 的功能表如表 34-2 所示。

表 34-2 双 2-4 线二进制译码器 74X139 的功能表

输入			输出			
使能	地址码					
$\overline{E}$	A_1	A_0	$\overline{Y}_0$	$\overline{Y}_1$	$\overline{Y}_2$	$\overline{Y}_3$
1	×	×	1	1	1	1
0	0	0	0	1	1	1
0	0	1	1	0	1	1
0	1	0	1	1	0	1
0	1	1	1	1	1	0

3) 3-8 线译码器 74X138

74X138 是 3-8 线二进制译码器。它有 3 个地址输入端 A_2、A_1 和 A_0 (其中 A_2 为高位),可输入 8 个二进制码(000~111);有 8 个输出端 $\overline{Y}_0$~$\overline{Y}_7$,低电平有效;另外还有 3 个使能输入端,1 个高电平有效 (E_3),2 个低电平有效 ($\overline{E}_2$、$\overline{E}_1$)。当使能端不满足有效电平条件 ($E_3=1$,$\overline{E}_2=\overline{E}_1=0$) 时,8 个输出端都输出高电平。利用这三个使能端可以扩展译码器,还可以将译码器用作数据分配器。74X138 的逻辑符号和引脚图如图 34-4 所示,其功能表如表 34-3 所示。

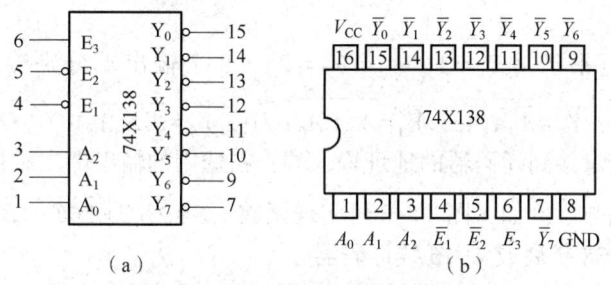

图 34-4 74X138 的逻辑符号和引脚图
(a) 逻辑符号;(b) 引脚图

表 34-3 74X138 的功能表

输入						输出							
使能			地址码										
E_3	$\overline{E}_2$	$\overline{E}_1$	A_2	A_1	A_0	$\overline{Y}_0$	$\overline{Y}_1$	$\overline{Y}_2$	$\overline{Y}_3$	$\overline{Y}_4$	$\overline{Y}_5$	$\overline{Y}_6$	$\overline{Y}_7$
×	×	1	×	×	×	1	1	1	1	1	1	1	1
×	1	×	×	×	×	1	1	1	1	1	1	1	1
0	×	×	×	×	×	1	1	1	1	1	1	1	1
1	0	0	0	0	0	0	1	1	1	1	1	1	1
1	0	0	0	0	1	1	0	1	1	1	1	1	1
1	0	0	0	1	0	1	1	0	1	1	1	1	1
1	0	0	0	1	1	1	1	1	0	1	1	1	1
1	0	0	1	0	0	1	1	1	1	0	1	1	1
1	0	0	1	0	1	1	1	1	1	1	0	1	1
1	0	0	1	1	0	1	1	1	1	1	1	0	1
1	0	0	1	1	1	1	1	1	1	1	1	1	0

3. 译码器的应用

1) 译码器用作数据分配器

以 74X138 为例,若从 $\overline{E}_2$ 端输入数据信号,令 $E_3=1$,$\overline{E}_1=0$,地址码所对应的输出是

$\overline{E}_2$ 端数据信号的原码，如图 34-5（a）所示；若从 E_3 端输入数据信号，令 $\overline{E}_2=\overline{E}_1=0$，地址码所对应的输出是 E_3 数据的反码，如图 34-5（b）所示。若输入信号是时钟脉冲，则数据分配器便成为时钟脉冲分配器。

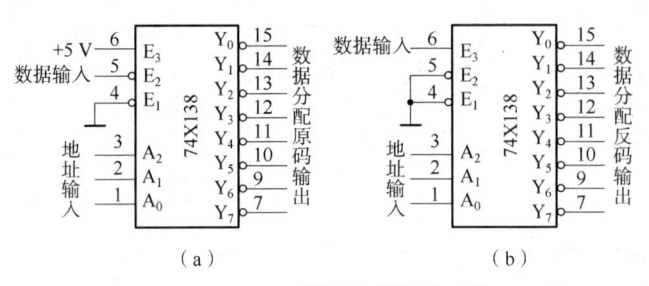

图 34-5 译码器用作数据分配器

（a）从 $\overline{E}_2$ 端输入数据信号；（b）从 E_3 端输入数据信号

2）用译码器实现组合逻辑函数

74X139 在有效电平下（$\overline{E}=0$），4 个输出端分别输出：$\overline{Y}_0=\overline{\overline{A}_1\overline{A}_0}$，$\overline{Y}_1=\overline{\overline{A}_1A_0}$，$\overline{Y}_2=\overline{A_1\overline{A}_0}$，$\overline{Y}_3=\overline{A_1A_0}$。

74X138 在有效电平下（$E_3=1$，$\overline{E}_2=\overline{E}_1=0$），8 个输出端分别输出 $\overline{Y}_i=\overline{m_i}$，即 $\overline{Y}_0=\overline{\overline{A}_2\overline{A}_1\overline{A}_0}$，$\overline{Y}_1=\overline{\overline{A}_2\overline{A}_1A_0}$，$\overline{Y}_2=\overline{\overline{A}_2A_1\overline{A}_0}$，$\overline{Y}_3=\overline{\overline{A}_2A_1A_0}$，…，$\overline{Y}_7=\overline{A_2A_1A_0}$。

因此，只要将变量接到译码器的地址输入端，在选用的输出端之后接适当的与非门，就可得到某种功能的函数。例如，图 34-6 可实现函数：$F=\overline{A}B\overline{C}+\overline{A}BC+A\overline{B}\overline{C}+ABC$。

3）用两片 74X138 扩展成 4-16 线译码器

用两片 74X138 扩展成 4-16 线译码器，如图 34-7 所示。

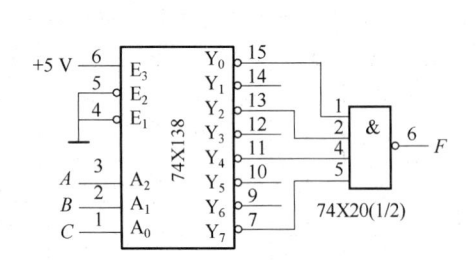

图 34-6 用译码器实现逻辑函数 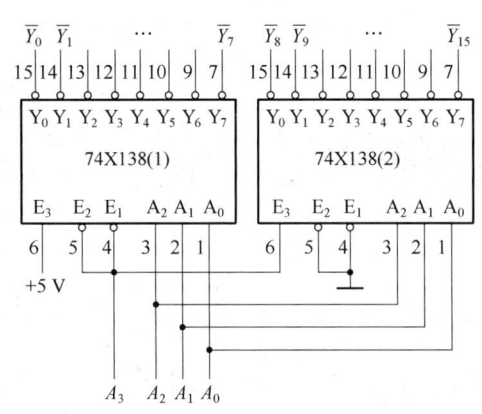　　图 34-7 用两片 74X138 扩展成 4-16 线译码器

四、实验内容及操作

1. 测试 74X42、74X139、74X138 译码器逻辑功能

将 74X42 插在数字电路实验箱 16PIN 的芯片座上，第 8 脚接地（GND），第 16 脚接电源（V_{CC}）。将 74X42 的输入端 A_3、A_2、A_1 和 A_0 依次接到 4 个电平开关上，输出端 $\overline{Y}_0\sim\overline{Y}_9$ 分别依次接到 10 个电平显示 LED 上。拨动电平开关，观察电平显示 LED 的变化，测试

74X42 的逻辑功能。

同理测试 74X139、74X138 译码器的逻辑功能。

2. 译码器用作数据分配器

参照图 34-5，取时钟脉冲 CP 的频率为 1 kHz，要求分配器输出端 $\overline{Y_0} \sim \overline{Y_7}$ 的信号与 CP 输入信号同相。当地址端 $A_2A_1A_0$ 分别取 000~111 这 8 种状态时，用示波器观察 $\overline{Y_0} \sim \overline{Y_7}$ 端的输出波形。注意输出波形与 CP 波形之间的相位关系。

3. 用 74X138 实现逻辑函数

一个 3-8 线译码器能产生三变量函数的全部最小项，利用这一点能够很方便地实现三变量逻辑函数，具体的接线方法如图 34-6 所示。

在芯片座上插上 74X138 和 74X20，A、B、C 三个输入端接逻辑电平开关，F 接电平显示 LED。A、B、C 分别取 000~111，记录 F 的值。验证电路的功能是否与逻辑函数一致。

4. 用两片 3-8 线译码器 74X138 扩展成 4-16 线译码器

按图 34-7 连线，输入信号为 4 个二进制码（对应地址码 $A_3A_2A_1A_0$），接逻辑电平开关；16 个输出端 $\overline{Y_0} \sim \overline{Y_{15}}$ 接电平显示 LED。地址码 $A_3A_2A_1A_0$ 分别取 0000~1111 这 16 种不同状态，逐项测试电路的逻辑功能。

五、实验预习

（1）复习有关译码器与数据分配器的原理。

（2）学会看懂本实验相关芯片的功能表。

（3）根据实验任务，画出所需的实验记录表。

六、思考题

（1）如果没有 3-8 线译码器 74X138，可以用 4-10 线译码器 74X42 代替吗？

（2）按图 34-7 做实验，体会 74X138 的使能端 E_3、$\overline{E_2}$ 和 $\overline{E_1}$ 的作用。

（3）与图 34-7 不同，用两片 3-8 线译码器 74X138 扩展成 4-16 线译码器的另一方案如图 34-8 所示，试说明其工作原理。

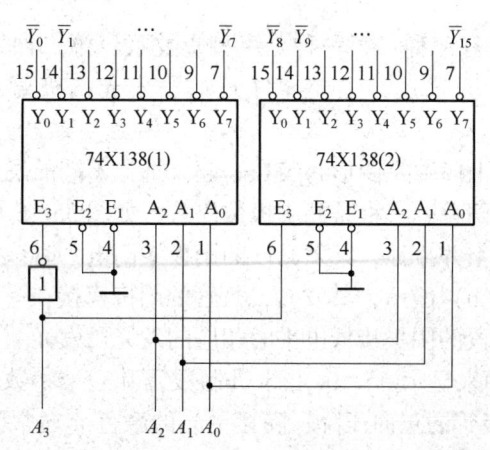

图 34-8 用两片 74X138 扩展成 4-16 线译码器

（4）除了图 34-7、图 34-8，请再设计一个方案，实现用两片 3-8 线译码器 74X138 扩展成 4-16 线译码器。画出电路图，并说明其工作原理。

实验三十五　数码管显示实验

一、实验目的

（1）了解七段数码显示器的工作原理。
（2）理解七段译码驱动器的工作原理。
（3）掌握利用译码驱动器 74LS47、74LS48/248 及 CD4511 驱动数码显示器的方法。

二、实验器材

（1）设备：数字电路实验箱、示波器、数字式万用表。
（2）器件：七段共阴极数码显示器、七段共阳极数码显示器、74X47/247（共阳极译码驱动器）、74X48/248（共阴极译码驱动器）、CD4511（共阴极译码驱动器）。

三、实验原理

1. 数码显示原理

在数字测量仪表和各种数字系统中，都需要将数字量直观地显示，以供人们直接读取测量和运算结果，或监视数字系统的工作情况。因此，数字显示电路是许多数字设备不可缺少的部分。数字显示电路通常由计数器、译码器、驱动器和显示器等组成，如图 35-1 所示。

输入信号 → 计数器 → 译码器 → 驱动器 → 显示器

图 35-1　数字显示电路框图

数码的显示方式一般有三种：第一种是字型重叠式；第二种是分段式；第三种是点阵式。目前以分段式显示最为普遍，主要器件是七段发光二极管数码显示器，即 LED 数码管。

将发光二极管构成的七段数字图形封装在一起，选择不同的发光段发光就可以显示不同的字型。七段数码管分为两种，一种是共阴极数码管，如图 35-2（a）所示，其发光二极管的阴极都接在一个公共点上并接地，某发光段的阳极接高电平时该发光段发光；另一种是共阳极数码管，如图 35-2（b）所示，其发光二极管的阳极都接在一个公共点上，公共点接电源正极或高电位，某发光段的阴极接低电平时相应的发光段发光。

一个 LED 数码管可用来显示一位 0~9 十进制数码和一个小数点。小型数码管（0.5 in 和 0.36 in）每段发光二极管的正向压降，随显示光的颜色（通常为红、绿、黄、橙色）不同略有差别，通常为 1.8~2.5 V，点亮电流为 5~10 mA。

LED 数码管要显示 BCD 码所表示的十进制数字，需要有一个专门的显示译码器，该译码器不但要有译码功能，还要有一定的驱动能力。下面为一些常用的译码驱动器。

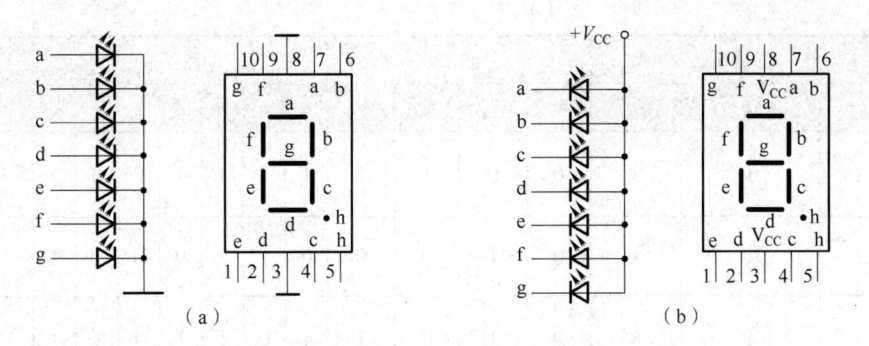

图 35-2　七段数码管的结构
（a）共阴极接法；（b）共阳极接法

2. 典型显示译码驱动器

1）74X48/248 共阴极译码驱动器

74X48 是共阴极译码驱动器，具有集电结开路输出结构，内部接有上拉电阻。当发光段的电流大于 2 mA 时，仍需再接适当的上拉电阻和电源。它有 4 个输入端 A_3、A_2、A_1、A_0（其中 A_3 为高位），用于输入 8421BCD 码 0000~1001；有 7 个输出端 a~g，高电平有效，分别用于驱动共阴极数码管的 a~g 发光段；有 3 个控制端：试灯输入端 $\overline{LT}$、灭零输入端 $\overline{RBI}$、特殊控制端 $\overline{BI/RBO}$。当起控制作用时，3 个控制端都是低电平有效（详细说明见下）；当正常工作时，3 个控制端都接高电平。它的逻辑符号和引脚图如图 35-3 所示。74X48 共阴极译码驱动器的功能表如表 35-1 所示。

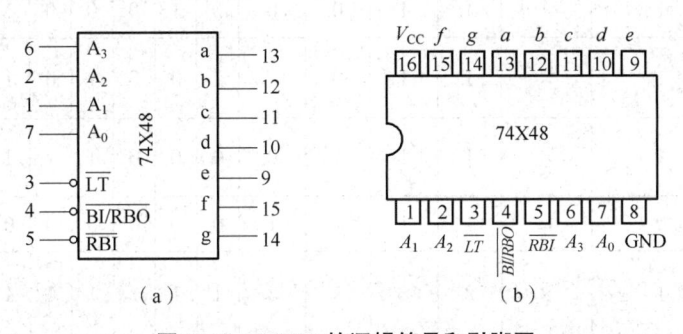

图 35-3　74X48 的逻辑符号和引脚图
（a）逻辑符号；（b）引脚图

表 35-1　74X48 共阴极译码驱动器的功能表

功能	控制端			输入				输出							字型显示
	$\overline{LT}$	$\overline{BI/RBO}$	$\overline{RBI}$	A_3	A_2	A_1	A_0	a	b	c	d	e	f	g	
0	1	1	1	0	0	0	0	1	1	1	1	1	1	0	0
1	1	1	×	0	0	0	1	0	1	1	0	0	0	0	1
2	1	1	×	0	0	1	0	1	1	0	1	1	0	1	2

续表

功能	控制端			输入				输出							字型显示
	$\overline{LT}$	$\overline{BI/RBO}$	$\overline{RBI}$	A_3	A_2	A_1	A_0	a	b	c	d	e	f	g	
3	1	1	×	0	0	1	1	1	1	1	1	0	0	1	∃
4	1	1	×	0	1	0	0	0	1	1	0	0	1	1	4
5	1	1	×	0	1	0	1	1	0	1	1	0	1	1	5
6	1	1	×	0	1	1	0	0	0	1	1	1	1	1	b
7	1	1	×	0	1	1	1	1	1	1	0	0	0	0	٦
8	1	1	×	1	0	0	0	1	1	1	1	1	1	1	8
9	1	1	×	1	0	0	1	1	1	1	1	0	1	1	9
10	1	1	×	1	0	1	0	0	0	0	1	1	0	1	c
11	1	1	×	1	0	1	1	0	0	1	1	0	0	1	⊃
12	1	1	×	1	1	0	0	0	1	0	0	0	1	1	u
13	1	1	×	1	1	0	1	1	0	0	1	0	1	1	c
14	1	1	×	1	1	1	0	0	0	0	1	1	1	1	t
15	1	1	×	1	1	1	1	0	0	0	0	0	0	0	不显示
试灯	0	1	×	×	×	×	×	1	1	1	1	1	1	1	8
灭灯	×	0（输入）	×	×	×	×	×	0	0	0	0	0	0	0	不显示
灭零	1	0（输出）	0	0	0	0	0	0	0	0	0	0	0	0	不显示

$\overline{LT}$：试灯输入端，用于检查数码管是否能正常发光，低电平有效。当$\overline{LT}=0$，$\overline{BI/RBO}=1$时，无论$A_3 \sim A_0$为何输入状态，$a \sim g$都为高电平，显示8则表示数码管是好的。当正常工作时，应取$\overline{LT}=1$。

$\overline{RBI}$：灭零输入端，用于消除无效的0。当$\overline{LT}=1$，$\overline{RBI}=0$，并且$A_3A_2A_1A_0=0000$时，$a \sim g$都为低电平，显示器熄灭，不显示任何数字，且$\overline{RBO}=0$。

$\overline{BI/RBO}$：灭灯输入端/灭灯输出端。作灭灯输入端：当$\overline{BI}=0$时，无论其他输入端状态如何，$a \sim g$都输出低电平，显示器全灭；作灭灯输出端：当$\overline{LT}=1$，$\overline{RBI}=0$，且$A_3A_2A_1A_0=0000$

时，若$\overline{RBO}$=0，则表示译码器已将有效数前面的零熄灭。

74X248 的使用方法与 74X48 相同，两者的功能基本一样。两者唯一的差别是显示 6 与 9 这两个数时字型不同，即 74X48 输出的 6、9 对应 5 个发光段，而 74X248 输出的 6、9 对应 6 个发光段，如图 35-4 所示。

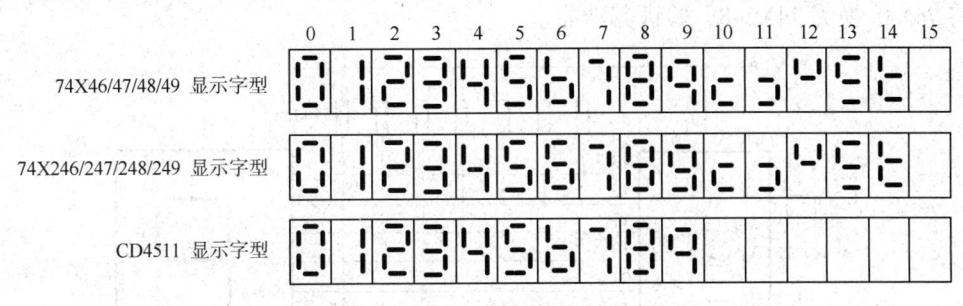

图 35-4　七段数码译码器驱动字型对比

2）CD4511 共阴极译码驱动器

CD4511 的使用方法、功能和显示效果与 74LS48 基本一样，但也有一些区别。

首先，CD4511 的 3 个控制端：$\overline{LT}$、$\overline{BI}$ 与 74LS48 一样，但有一个锁存输入端 LE，高电平有效，低电平时传输数据，即 LE=1 时译码器是锁定保持状态，译码器输出被保持在 LE=0 时的数值。其次，CD4511 的输入码超过 1001（即大于 9）时，它的输出全为低电平，数码管熄灭，如图 35-4 所示。另外，CD4511 是 CMOS 电路，能提供较大的上拉电流，可直接驱动 LED 显示器，因而使用 CD4511 时，输出端与数码管之间要串联限流电阻。

3）74X47/247 共阳极译码驱动器

74X47 的引脚排列与 74LS48 的相同，两者的功能也差不多。不同点在于：74LS48 用来驱动共阴极显示器（高电平有效），而 74LS47 用来驱动共阳极显示器（低电平有效）。74LS48 内部有上拉电阻，可以直接驱动显示器；而 74LS47 为集电极开路输出，内部无上拉电阻，使用时要外接电阻。

74X247 的使用方法与 74X47 相同，两者的功能也基本一样。两者的差别是 6 和 9 的字型不同，如图 35-4 所示。

四、实验内容及操作

1. 用数字式万用表检测七段数码管的极性和好坏

按下数字式万用表电源，选择"二极管检测"功能挡。将数字式万用表的黑表笔接七段数码管的公共端（Pin3 或 Pin8），红表笔依次接七段数码管的其他引脚，若各段二极管都发光，则所测的七段数码管是好的，且是共阴极数码管。

将数字式万用表的红表笔接七段数码管的公共端（Pin3 或 Pin8），黑表笔依次接七段数码管的其他引脚，若各段二极管都发光，则所测的七段数码管是好的，且是共阳极数码管。

2. 学习七段数码管的显示原理

以共阴极数码管为例，先将共阴极数码管的公共端接地，再将数码管 a~h 输入端依次通过限流电阻接到电平开关。分别点亮各段二极管，选择合适的输入电平，使数码管显示 0~9。

3. 测试 74X48/248 的功能

按图 35-5 连线（若各字段电流较小，则不必接上拉电阻），测试 74X48 的功能。

测试方法：先安装芯片 74X48，并将共阴极数码管的公共端接地；74X48 的 BCD 码输入端接逻辑电平开关；74X48 的输出端 $a \sim g$ 分别接共阴极数码管的 $a \sim g$。先熟悉 3 个控制端的作用和功能；再在有效电平下（可取 3 个高电平），观察并记录 BCD 码（从 0000 ~ 1111）与数码管的对应显示情况。

将 74X48 换为 74X248，验证其功能。

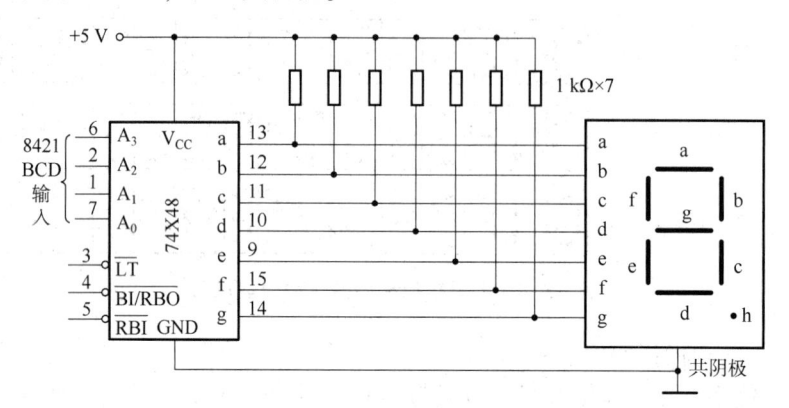

图 35-5　74X48 驱动共阴极 LED 数码显示器

4. 换上 CD4511 测试其功能

CD4511 驱动共阴极 LED 数码显示器如图 35-6 所示。（注意要串联限流电阻）

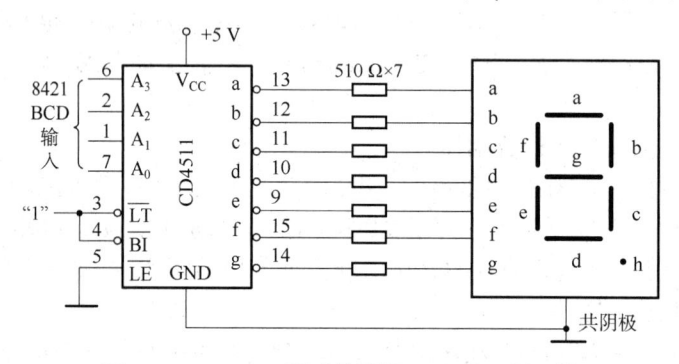

图 35-6　CD4511 驱动共阴极 LED 数码显示器

*5. 用 74X47/247 和共阳极显示器测试其功能

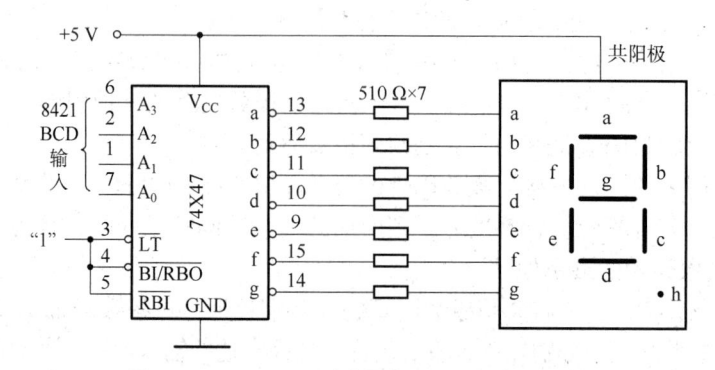

74X47 驱动共阳极 LED 数码显示器如图 35-7 所示。

图 35-7　74X47 驱动共阳极 LED 数码显示器

五、实验预习

（1）预习七段数码管的显示原理。
（2）预习七段发光数码译码器和七段发光数码管的原理。
（3）熟悉实验电路图，熟悉实验内容。

六、思考题

（1）什么是共阴极数码显示器和共阳极数码显示器？如何用数字式万用表检测？
（2）可以用共阴极译码器驱动共阳极数码显示器吗？可以用共阳极译码器驱动共阴极数码显示器吗？
（3）比较 78X48、74X248、CD4511、74X47 和 74X247 的异同点。

实验三十六　编码器及其应用

一、实验目的

（1）掌握 4-2 线编码器的构成和使用方法。
（2）掌握 4-2 线编码器、10-4 线编码器、8-3 线编码器的逻辑功能和使用方法。
（3）掌握用两片 8-3 线编码器连成 16-4 线编码器的方法。

二、实验器材

（1）设备：数字电路实验箱、示波器、数字式万用表。
（2）器件：74X04（六非门）、74X08（四二输入与门）、74X147（10-4 线优先编码器）、74X148（8-3 线优先编码器）、CD4511、七段数码显示器。

三、实验原理

1. 编码器概述

编码是将具有特定含义的信息，用一个二进制代码表示的过程。具有编码功能的逻辑电路称为编码器。

编码器分为普通编码器和优先编码器两类。

普通编码器：任何时刻只允许一个输入信号有效，否则输出会发生错乱。其主要包括二进制编码器（如用门电路构成的 4-2 线、8-3 线编码器等）和二-十进制编码器。

优先编码器：允许多个输入信号同时有效，但是只对其中优先级别高的一个输入信号进行编码，如 10-4 线集成 BCD 码优先编码器、8-3 线集成二进制优先编码器 74X148 等。

本实验主要学习优先编码器的原理及应用。

2. 10-4 线优先编码器 74X147

74X147 是 10-4 线优先编码器，有 9 个信号输入端 $\overline{I}_1 \sim \overline{I}_9$，低电平有效，其中 $\overline{I}_1$ 的优先级别最低，$\overline{I}_9$ 的优先级别最高；有 4 个二进制码输出端 $\overline{Y}_0 \sim \overline{Y}_3$，输出 8421BCD 码的反码。图 36-1 所示为 74X147 的逻辑符号和引脚图。

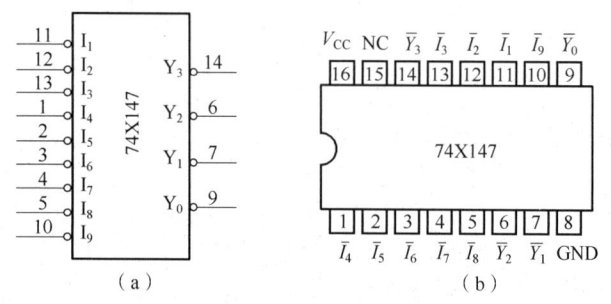

图 36-1　74X147 的逻辑符号和引脚图
（a）逻辑符号；（b）引脚图

表 36-1 所示为 74X147 的功能表。

表 36-1　74X147 的功能表

$\overline{I}_1$	$\overline{I}_2$	$\overline{I}_3$	$\overline{I}_4$	$\overline{I}_5$	$\overline{I}_6$	$\overline{I}_7$	$\overline{I}_8$	$\overline{I}_9$	$\overline{Y}_3$	$\overline{Y}_2$	$\overline{Y}_1$	$\overline{Y}_0$
1	1	1	1	1	1	1	1	1	1	1	1	1
×	×	×	×	×	×	×	×	0	0	1	1	0
×	×	×	×	×	×	×	0	1	0	1	1	1
×	×	×	×	×	×	0	1	1	1	0	0	0
×	×	×	×	×	0	1	1	1	1	0	0	1
×	×	×	×	0	1	1	1	1	1	0	1	0
×	×	×	0	1	1	1	1	1	1	0	1	1
×	×	0	1	1	1	1	1	1	1	1	0	0
×	0	1	1	1	1	1	1	1	1	1	0	1
0	1	1	1	1	1	1	1	1	1	1	1	0

3. 8–3 线优先编码器 74X148

74X148 是 8-3 线优先编码器,该编码器有 8 个信号输入端 $\overline{I}_0 \sim \overline{I}_7$,低电平有效,且 $\overline{I}_0$ 的优先级别最低,$\overline{I}_7$ 的优先级别最高;有 3 个二进制码输出端 $\overline{Y}_0 \sim \overline{Y}_2$。另外,编码器还设置了输入使能端 $\overline{EI}$、输出使能端 EO 和优先标志端 $\overline{GS}$,它们还经常用于功能扩展。当 $\overline{EI}=1$ 时,无论 8 个输入端处于什么状态,3 个输出端都处于高电平,优先标志端 $\overline{GS}$ 和输出端使能端 EO 也为高电平,编码器处于非工作状态。当 $\overline{EI}=0$ 时,编码器工作。输入端全为高电平时,3 个输出端都处于高电平,优先标志端 $\overline{GS}=1$,EO 为低电平。至少一个输入端为低电平时,优先标志端 $\overline{GS}$ 为低电平,EO 则为高电平,表示编码器处于正常工作状态。图 36-2 所示为 74X148 的逻辑符号和引脚图。

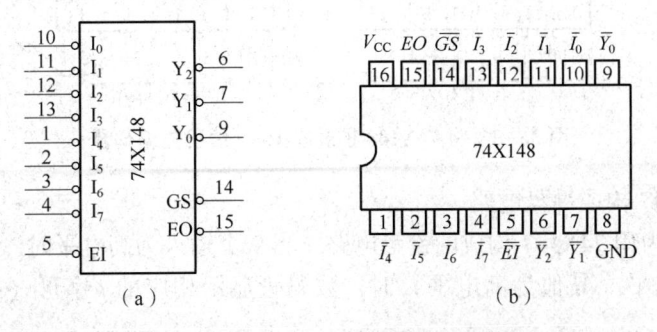

图 36-2　74X148 的逻辑符号和引脚图
(a) 逻辑符号;(b) 引脚图

8-3 线优先编码器 74X148 的功能表如表 36-2 所示。

表 36-2 8-3 线优先编码器 74X148 的功能表

$\overline{EI}$	$\overline{I_0}$	$\overline{I_1}$	$\overline{I_2}$	$\overline{I_3}$	$\overline{I_4}$	$\overline{I_5}$	$\overline{I_6}$	$\overline{I_7}$	$\overline{Y_2}$	$\overline{Y_1}$	$\overline{Y_0}$	$\overline{GS}$	EO
1	×	×	×	×	×	×	×	×	1	1	1	1	1
0	1	1	1	1	1	1	1	1	1	1	1	1	0
0	×	×	×	×	×	×	×	0	0	0	0	0	1
0	×	×	×	×	×	×	0	1	0	0	1	0	1
0	×	×	×	×	×	0	1	1	0	1	0	0	1
0	×	×	×	×	0	1	1	1	0	1	1	0	1
0	×	×	×	0	1	1	1	1	1	0	0	0	1
0	×	×	0	1	1	1	1	1	1	0	1	0	1
0	×	0	1	1	1	1	1	1	1	1	0	0	1
0	0	1	1	1	1	1	1	1	1	1	1	0	1

4. 编码器的应用

1）用 2 片 74X148 扩展成 16-4 线编码器

用 2 片 74X148，辅以与门 74X08，扩展成 16-4 线优先编码器，如图 36-3 所示。

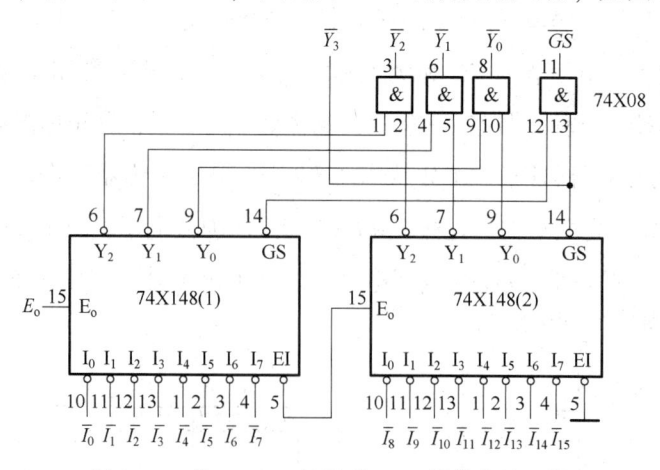

图 36-3 将 74X148 扩展成 16-4 线优先编码器

*2）用 74X147 构成键盘电路

图 36-4 所示为用 74X147 构成的键盘电路。当 9 个输入为高电平时，数码管显示 0；当某个输入 I_i 为低电平（其他为高电平）时，数码管显示相应的 i 字形（$i=1, 2, …, 9$）。其工作原理如下：

74X147 为 10-4 线优先编码器，其作用是对优先级别高的输入信号编码，输出 8421BCD 码的反码；74X04 为非门，它们将 8421BCD 码的反码变成 8421BCD 码；CD4511 为数码显示译码器，将 8421BCD 码解码成 7 段信号；7 个电阻起限流降压作用，保护数码显示器中的发光二极管；数码显示器接收 7 段信号，点亮发光二极管，显示字形。

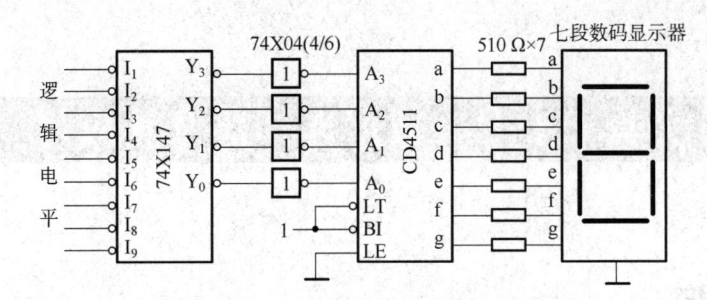

图 36-4　用 74X147 构成的键盘电路

四、实验内容及操作

(1) 测试 74X147 优先编码器的逻辑功能。
(2) 测试 74X148 优先编码器的逻辑功能。
(3) 用两片 8-3 线优先编码器 74X148，扩展成 16-4 线优先编码器，验证其功能。
*(4) 用 74X147 构成键盘电路并检测其功能。

五、实验预习

(1) 复习有关编码器的原理。
(2) 学会看懂本实验相关芯片的功能表。

实验三十七 数据选择器及其应用

一、实验目的

（1）掌握数据选择器的逻辑功能和使用方法。
（2）掌握用数据选择器构成组合逻辑电路的方法。
（3）学习用数据选择器的其他应用。

二、实验器材

（1）设备：数字电路实验箱、示波器、数字式万用表。
（2）器件：74X00（四二输入与非门）、74X04（六非门）、74X08（四二输入与门）、74X32（四二输入或门）、74X151（8选1数据选择器）、74X153（双4选1数据选择器）。

三、实验原理

1. 数据选择器概述

数据选择是指经过选择，把多路数据中的某一路数据传送到公共数据线上去。实现数据选择功能的逻辑电路称为数据选择器。它的功能相当于具有多个输入的单刀多掷开关。对于有 2^n 个输入和 1 个输出的数据选择器，其控制变量（地址码）有 n 个。因此，数据选择器也称多路选择器或多路开关。

数据选择器有多种用途，辅以少量的门电路，它可以实现组合电路函数、将并行数据转换为串行数据、作为串行信号产生器等。

4 选 1 数据选择器的原理如图 37-1 所示，其中的 4 路待选数据为 $D_0 \sim D_3$，在选择信号（地址码）A_1、A_0 的控制下，有 1 路被选中并送至输出端 Y。

图 37-1 4 选 1 数据选择器的原理

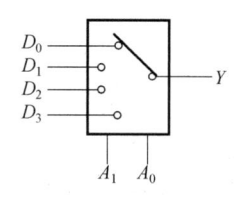

数据选择器有很多种类，常见的有四 2 选 1 数据选择器（74X157/257，CD4019）、双 4 选 1 数据选择器（74X153/253/353）、8 选 1 数据选择器（74X151/251，CD4512）和 16 选 1 数据选择器（74X150）等。本实验主要介绍 74X153 和 74X151 的功能和应用。

2. 典型数据选择器

1）双 4 选 1 数据选择器（74X153）

所谓双 4 选 1 数据选择器，就是在一块集成芯片上有两个 4 选 1 数据选择器，每个数据选择器有 4 个数据输入端、1 个使能输入端（低电平有效）和 1 个输出端；2 个地址码输入端 A_1、A_0 则是 2 个数据选择器共用。其逻辑符号和引脚图如图 37-2 所示，其功能表如表 37-1 所示。

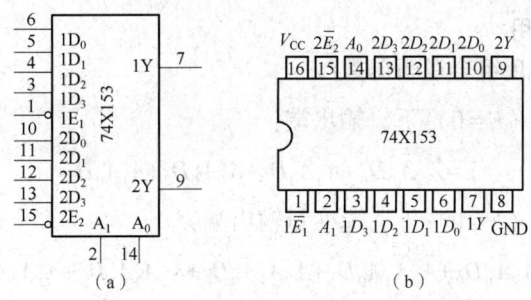

图 37-2　74X153 的逻辑符号和引脚图
（a）逻辑符号；（b）引脚图

表 37-1　74X153 功能表

数据输入	控制端	地址输入		输出	说明
	$\bar{E}$	A_1	A_0	Y	
$D_0 \sim D_3$	1	×	×	0	$D_0 \sim D_3$：4 个数据输入端； A_1、A_0：2 个地址码输入端； $\bar{E}$：使能输入端，低电平有效； Y：输出端
	0	0	0	D_0	
	0	0	1	D_1	
	0	1	0	D_2	
	0	1	1	D_3	

2）8 选 1 数据选择器（74X151）

74X151 是具有一对互补输出的 8 选 1 数据选择器，它有 8 个数据输入端、3 个地址码输入端、1 个使能输入端（低电平有效）、2 个互补输出端。其逻辑符号和引脚图如图 37-3 所示，其功能表如表 37-2 所示。

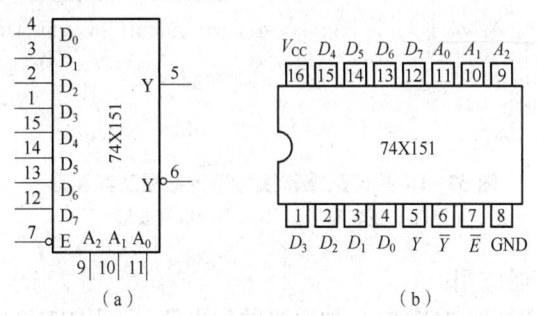

图 37-3　74X151 的逻辑符号和引脚图
（a）逻辑符号；（b）引脚图

表 37-2　74X151 功能表

数据输入	控制端	地址输入			输出		说明
	$\bar{E}$	A_2	A_1	A_0	Y	$\bar{Y}$	
$D_0 \sim D_7$	1	×	×	×	0	1	$D_0 \sim D_7$：8 个数据输入端； $A_2 \sim A_0$：3 个地址码输入端； $\bar{E}$：使能输入端，低电平有效； Y、$\bar{Y}$：2 个互补输出端
	0	0	0	0	D_0	$\bar{D_0}$	
	0	0	0	1	D_1	$\bar{D_1}$	
	0	0	1	0	D_2	$\bar{D_2}$	
	0	0	1	1	D_3	$\bar{D_3}$	
	0	1	0	0	D_4	$\bar{D_4}$	
	0	1	0	1	D_5	$\bar{D_5}$	
	0	1	1	0	D_6	$\bar{D_6}$	
	0	1	1	1	D_7	$\bar{D_7}$	

3. 数据选择器的应用

1）用数据选择器实现组合逻辑函数

74X153 在有效电平（$\overline{E}=0$）下，输出端：

$$Y=\overline{A}_1\overline{A}_0 D_0+\overline{A}_1 A_0 D_1+A_1\overline{A}_0 D_2+A_1 A_0 D_3$$

74X151 在有效电平（$\overline{E}=0$）下，原变量输出端：

$$\begin{aligned}Y &= \overline{A}_2\overline{A}_1\overline{A}_0 D_0+\overline{A}_2\overline{A}_1 A_0 D_1+\overline{A}_2 A_1\overline{A}_0 D_2+\overline{A}_2 A_1 A_0 D_3+A_2\overline{A}_1\overline{A}_0 D_4+ \\ &\quad A_2\overline{A}_1 A_0 D_5+A_2 A_1\overline{A}_0 D_6+A_2 A_1 A_0 D_7 \\ &= m_0 D_0+m_1 D_1+m_2 D_2+m_3 D_3+m_4 D_4+m_5 D_5+m_6 D_6+m_7 D_7 \\ &= \sum_{i=0}^{7} m_i D_i\end{aligned}$$

式中，m_i 为 A_2、A_1、A_0 的最小项。因此，只要在数据选择器输入端 D_i 取确定值（0、1）或变量，就可得到某种功能的函数。

2）用数据选择器将并行数据转换为串行数据

并行数据同时加到数据选择器的待选择输入端 $D_0 \sim D_7$，随地址码不同，各待选数据依次被分时传送到输出端，成为串行数据。逻辑符号如图 37-4（a）所示，串行数据波形如图 37-4（b）所示。

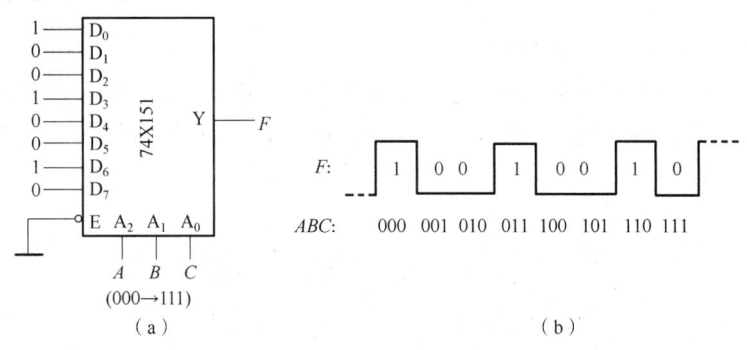

图 37-4 并行数据转换为串行数据及其波形
（a）逻辑符号；（b）串行数据波形

3）数据选择器的扩展应用

用 2 片 8 选 1 数据选择器 74X151，加适当的门电路（1 片 74X04），实现 16 选 1 数据选择器的功能，如图 37-5 所示。

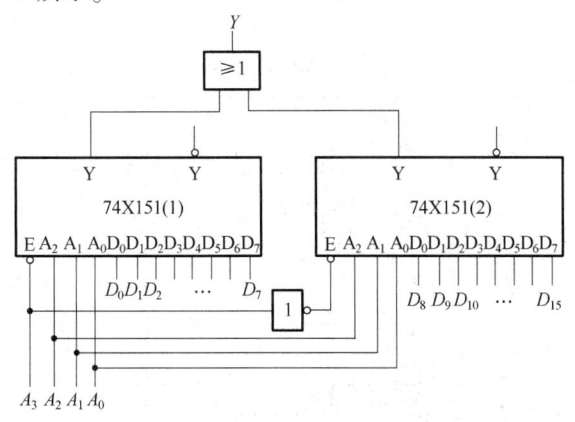

图 37-5 2 片 8 选 1 数据选择器扩展为 16 选 1 数据选择器

四、实验内容及操作

（1）验证 74X151、74X153 的逻辑功能。将 74X151 插在实验箱 16PIN 的插座上，第 8 脚接 GND，第 16 脚接 V_{CC}。将 74X151 的使能输入端 $\overline{E}$、3 个地址码输入端 $A_2 \sim A_0$、8 个数据输入端 $D_0 \sim D_7$ 接电平拨位开关，2 个输出端 Y、$\overline{Y}$ 接逻辑电平显示的两个 LED。测试 74X151 的逻辑功能。

同理测试 74X153 的逻辑功能。

（2）用数据选择器实现逻辑函数（以 74X151 为例）。画出实验线路，连接电路并通过实验验证。

① 用 8 选 1 数据选择器 74X151 实现函数 $F_{(A,B,C)} = \overline{ABC} + \overline{A}BC + AC$。

② 用 8 选 1 数据选择器 74X151 实现函数 $F_{(A,B,C,D)} = \sum m(1, 2, 4, 9, 10, 11, 12, 14, 15)$。

（3）用数据选择器，将并行数据转换为串行数据，画出实验线路，并用电平显示验证功能。

（4）数据选择器功能扩展。用 2 片 8 选 1 数据选择器 74X151，实现 16 选 1 数据选择器的功能，并通过实验验证。

五、实验预习

（1）学习（或复习）数据选择器的工作原理。
（2）熟悉本实验所用的集成电路的逻辑符号和引脚功能。
（3）学会看懂本实验相关芯片的功能表。
（4）画出实验内容中测试电路的逻辑图与数据记录表。

六、思考题

（1）用数据选择器实现函数时，当所实现逻辑函数的输入变量数小于数据选择器的地址变量数时，多余的地址变量应如何处理？

（2）用数据选择器实现函数时，当所实现逻辑函数的输入变量数大于数据选择器的地址变量数时，多余的输入变量应如何处理？（提示：输入变量数大于地址变量数，需将输入变量进行分离，一般选择出现次数多的变量为地址变量，而其余变量送入输入端，可使电路最简。）

（3）试分析图 37-5 的工作原理。
（4）试比较数据选择器和数据分配器的原理的差别。

实验三十八　锁存器和触发器及其应用

一、实验目的

（1）掌握基本 SR 锁存器、D 触发器、JK 触发器和 T 触发器的逻辑功能的测试方法。
（2）掌握集成触发器的功能测试方法和使用方法。
（3）知道触发器功能之间相互转换的方法。

二、实验器材

（1）设备：数字电路实验箱、数字式万用表。
（2）器件：74X00（四二输入与非门）、74X74（双上升沿 D 触发器）、74X112（双下降沿 JK 触发器）、74X86（四二输入异或门）。

三、实验原理

锁存器和触发器是能够存储和记忆一位二进制信息的逻辑电路，它们都有两个互补输出端，其输出状态不仅与输入有关，还与原先的输出状态有关。锁存器和触发器都有两个稳定状态，用以表示逻辑状态"1"和"0"。在一定的外界信号作用下，可以从一个稳定状态翻转到另一个稳定状态。锁存器和触发器是构成各种时序电路的最基本的单元电路。不同的是，锁存器对高低电平敏感，触发器对脉冲边沿敏感。

1. 基本 SR 锁存器

基本 SR 锁存器主要具有置 0、置 1 功能，此外还有"保持"功能。

图 38-1 所示为 2 个与非门交叉耦合构成的基本 SR 锁存器及逻辑符号，它是无时钟控制的低电平直接触发的锁存器。图 38-1 中的基本 SR 锁存器有两个输入端 $\overline{S}$ 和 $\overline{R}$，分别叫作置 1 端和置 0 端，置 0 和置 1 都是低电平有效；有两个互补输出端 Q 和 $\overline{Q}$，把 $Q=0$，$\overline{Q}=1$ 的状态定义为锁存器的"0"状态；而把 $Q=1$，$\overline{Q}=0$ 定义为锁存器的"1"状态。

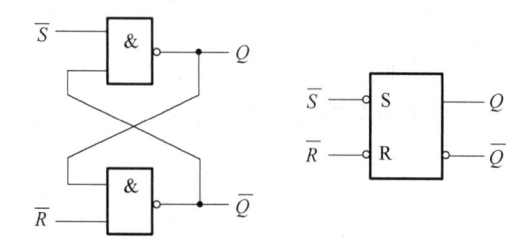

图 38-1　2个与非门交叉耦合构成的基本 SR 锁存器及逻辑符号

当 $\overline{S}=0$，$\overline{R}=1$ 时，锁存器被置 1；当 $\overline{S}=1$，$\overline{R}=0$ 时，锁存器被置 0；当 $\overline{S}=\overline{R}=1$ 时，锁存器状态保持不变；当 $\overline{S}=\overline{R}=0$ 时，锁存器为不确定状态，应当避免这种状态。

基本 SR 锁存器也可以用两个"或非门"组成，此时置 1 和置 0 都是高电平有效。

2. D 触发器

D 触发器的应用很广，可构成寄存器、移位寄存器、分频器、波形发生器和计数器等时序电路。D 触发器的状态只取决于时钟到来前 D 端的状态。在输入信号为单端输入的情况下，D 触发器用起来非常方便。D 触发器的特性方程为

$$Q^{n+1} = D$$

根据用途的不同，有很多种类的触发器可供选用，如双 D 触发器（74X74、CC4013）、四 D 触发器（74X175、CC4042）、六 D 触发器（74X174、CC14174）和八 D 触发器（74X374）等。下面以 74X74 为例介绍 D 触发器的功能和使用方法。

74X74 由两个互相独立的 D 触发器组成，有预置、清除功能，输出状态的更新发生在 CP 脉冲的上升沿，是上升沿触发的边沿触发器。图 38-2 所示为其逻辑符号、引脚图。表 38-1 所示为 74X74 功能表。

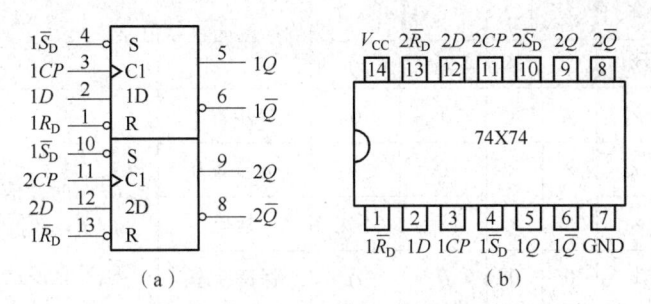

图 38-2 74X74 的逻辑符号和引脚图
（a）逻辑符号；（b）引脚图

表 38-1 74X74 功能表

输入				输出		说明	引脚意义
$\overline{S}_D$	$\overline{R}_D$	CP	D	Q	$\overline{Q}$		
0	1	×	×	1	0	异步置 1	CP：时钟信号，上升沿有效；
1	0	×	×	0	1	异步置 0	D：数据输入端；
0	0	×	×	不定	不定	禁止	$\overline{S}_D$：直接置位端，低电平有效；
1	1	↑	1	1	0	同步置 1	$\overline{R}_D$：直接复位端，低电平有效；
1	1	↑	0	0	1	同步置 0	Q、$\overline{Q}$：2 个互补输出端
1	1	0	×	Q	$\overline{Q}$	保持原态	

3. JK 触发器

JK 触发器常被用作缓冲存储器、移位寄存器和计数器等。在有两个输入信号的情况下，JK 触发器是功能完善、使用灵活和通用性较强的一种触发器。JK 触发器的特性方程为

$$Q^{n+1} = J\overline{Q}^n + \overline{K}Q^n$$

根据用途的不同，有很多型号的 JK 触发器可供选用，如 74X70~73/76/78、74X101~114、CC4027 等。下面以 74X112 为例，介绍 JK 触发器的功能特点和使用方法。

74X112 是双 JK 触发器，它由两个互相独立的 JK 触发器组成，有预置、清除功能，输

出状态的更新发生在时钟脉冲的下降沿,是下降沿触发的边沿触发器。图38-3所示为其逻辑符号和引脚图。74X112功能表如表38-2所示。

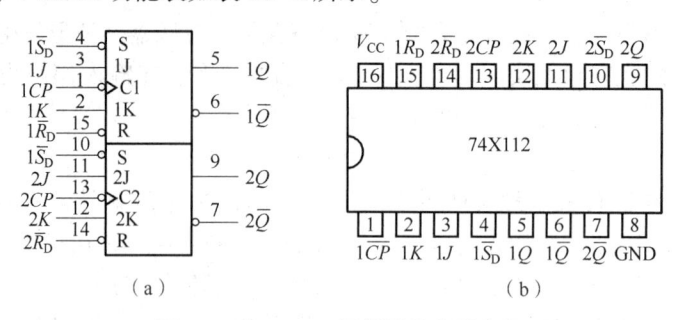

图38-3 74X112逻辑符号和引脚图

表38-2 74X112功能表

输入					输出		说明	引脚意义
$\overline{S}_D$	$\overline{R}_D$	$\overline{CP}$	J	K	Q	$\overline{Q}$		
0	1	×	×	×	1	0	异步置1	
1	0	×	×	×	0	1	异步置0	$\overline{CP}$:时钟信号,下降沿有效;
0	0	×	×	×	不定	不定	禁止	J、K:数据输入端;
1	1	↓	0	0	Q	$\overline{Q}$	保持原态	$\overline{S}_D$:直接置位端,低电平有效;
1	1	↓	1	0	1	0	同步置1	$\overline{R}_D$:直接复位端,低电平有效;
1	1	↓	0	1	0	1	同步置0	Q、$\overline{Q}$:2个互补输出端
1	1	1	×	×	Q	$\overline{Q}$	保持原态	

4. T触发器

T触发器由JK触发器转换而得,没有专门生产T触发器芯片。

JK触发器中,令J=K=T,则特性方程变换为

$$Q^{n+1} = T\overline{Q^n} + \overline{T}Q^n = T \oplus Q^n$$

这就是T触发器的特性方程。

由上式知:当T=1时,$Q^{n+1} = \overline{Q^n}$(翻转);当T=0时,$Q^{n+1} = Q^n$(保持)。

5. 触发器功能的转换

在集成触发器的产品中,每一种触发器都有自己确定的逻辑功能。但是可以利用转换的方法获得具有其他功能的触发器。例如,将JK触发器的J、K两端接在一起,并当作T端,就得到T触发器,如图38-4(a)所示;JK触发器加上一个非门,可以转换为D触发器,如图38-4(b)所示。D触发器加上一个异或门,可以转换为T触发器,如图38-4(c)所示。

四、实验内容及操作

1. 测试基本SR锁存器的逻辑功能

(1)按图38-1用2个与非门组成基本SR锁存器,输入端$\overline{S}$、$\overline{R}$接逻辑电平开关,输出端Q和$\overline{Q}$接逻辑电平显示LED,测试它的逻辑功能并设计记录表,将实验结果填入表内。

210

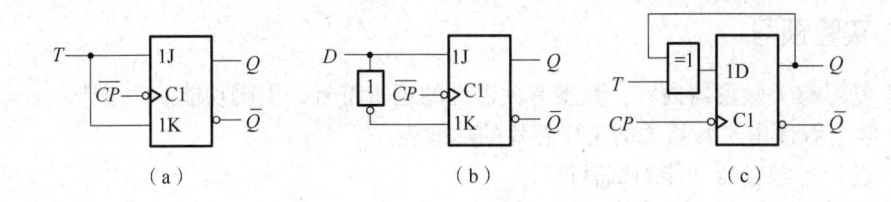

图 38-4 JK 触发器转换为 T 触发器、D 触发器及 D 触发器转换为 T 触发器

(a) T 触发器；(b) D 触发器；(c) T 触发器

（2）当 $\overline{S}$、$\overline{R}$ 都接低电平时，观察 Q、$\overline{Q}$ 端的状态。当 $\overline{S}$、$\overline{R}$ 端同时由低电平跳变为高电平时，观察 Q、$\overline{Q}$ 端的状态，重复 3~5 次看 Q、$\overline{Q}$ 端的状态是否每次都相同，以正确理解"不定"的含义。

（选做）用 2 个或非门构成基本 SR 锁存器，要求同上。

2. 测试双 D 触发器 74X74 的逻辑功能

（1）测试 D 触发器的置位、复位功能。

任意选取一个 D 触发器，$\overline{S}_D$、$\overline{R}_D$、D 端接逻辑电平开关，CP 接单次脉冲源，输出端 Q 和 $\overline{Q}$ 接逻辑电平显示 LED。要求改变 $\overline{S}_D$、$\overline{R}_D$（D 和 CP 处于任意状态），并在 $\overline{S}_D\overline{R}_D = 10$，$\overline{S}_D\overline{R}_D = 01$ 作用期间任意改变 D 和 CP 的状态，观察 Q 和 $\overline{Q}$ 的状态，并设计记录表，将实验结果填入表内。

（2）测试 D 触发器的逻辑功能。

3. 测试 JK 触发器 74X112 的逻辑功能

1）测试 JK 触发器的置位、复位功能

任意选取一个 JK 触发器，$\overline{S}_D$、$\overline{R}_D$、J、K 端接逻辑电平开关，$\overline{CP}$ 接单次脉冲源，输出端 Q 和 $\overline{Q}$ 接逻辑电平显示 LED。改变 $\overline{S}_D$、$\overline{R}_D$（J、K 和 $\overline{CP}$ 处于任意状态），并在 $\overline{S}_D\overline{R}_D = 10$，$\overline{S}_D\overline{R}_D = 01$ 作用期间任意改变 J、K 和 $\overline{CP}$ 的状态，观察 Q 和 $\overline{Q}$ 的状态，并设计记录表，将实验结果填入表内。

2）测试 JK 触发器的逻辑功能

不断改变 J、K 和 $\overline{CP}$ 的状态，观察 Q 和 $\overline{Q}$ 的状态变化，并设计记录表，将实验结果填入表内。观察触发器状态更新是否发生在 $\overline{CP}$ 的下降沿。

4. 触发器功能的转换

1）将 JK 触发器转换为 T 触发器

按图 38-4（a）连线，将 JK 触发器的 J、K 端连在一起，构成 T 触发器。测试转换所得的 T 触发器的逻辑功能，并设计记录表，将实验结果填入表内；在 $\overline{CP}$ 端输入 1 Hz 连续脉冲，观察 Q 端的变化，用双踪示波器观察 $\overline{CP}$ 和 Q 的波形，注意相位关系。

2）将 JK 触发器转换为 D 触发器

按图 38-4（b）连线，测试转换所得的 D 触发器的逻辑功能，并设计记录表，将实验结果填入表内。

3）D 触发器转换为 T 触发器

按图 38-4（c）连线，测试转换所得的 T 触发器的逻辑功能，并设计记录表，将实验结果填入表内。

五、实验预习

（1）复习有关触发器内容，熟悉有关器件的逻辑符号、引脚功能。
（2）学会看懂本实验相关的主要芯片的功能表。
（3）设计各触发器功能测试表格。

六、思考题

（1）请描述各类触发器的逻辑功能。
（2）观察总结到的波形，说明触发器的触发方式。
（3）利用普通的机械开关组成的数据开关所产生的信号，能否作为触发器的时钟脉冲信号？为什么？能否作为触发器其他输入端的信号，又是为什么？

附录：触发器的使用规则

（1）通常根据数字系统的时序配合关系正确选用触发器，除特殊功能外，一般在同一系统中最好选择相同触发方式的同类型触发器。

（2）工作速度要求较高的情况下，最好采用边沿触发方式的触发器。但速度越高，越易受外界干扰。采用上升沿触发还是下降沿触发，原则上没有优劣之分。对于 TTL 电路的触发器，因为输出为"0"时的驱动能力远强于输出为"1"时的驱动能力，尤其是当集电极开路输出时上升沿更差，为此选用下降沿触发更好些。

（3）为了保证可靠性，触发器在使用前必须经过全面测试。使用时必须注意置"1"和复"0"脉冲的最小宽度及恢复时间。

（4）触发器翻转时的动态功耗远大于静态功耗，为此应尽可能避免同一封装内的触发器同时翻转（尤其是甚高频电路）。

（5）CMOS 集成触发器与 TTL 集成触发器在逻辑功能、触发方式上基本相同，使用时不宜将这两种器件同时使用，因 CMOS 内部电路结构以及对触发时钟脉冲的要求与 TTL 存在较大的差别。

实验三十九　计数器及其应用

一、实验目的
（1）掌握用集成触发器构成计数器的方法。
（2）掌握中规模集成计数器的使用及功能测试方法。
（3）运用集成计数器构成 1/N 分频器。

二、实验器材
（1）设备：数字电路实验箱、示波器、数字式万用表。
（2）器件：74X00（四二输入与非门）、74X10（三三输入与非门）、74X74（双 D 触发器）、74X161（四位二进制同步加法计数器）、74X192（同步十进制可逆计数器）、74X290（异步计数器）。

三、实验原理

1. 计数器概述

计数器的基本功能是统计时钟脉冲的个数，除了计数外，计数器还可以用来分频、定时、产生节拍脉冲和脉冲序列等。计数器是数字系统中用得较多的基本逻辑电路或器件，计算机中的时序发生器、分频器、指令计数器等都要使用计数器。

计数器的种类很多。按进位体制的不同，可分为二进制计数器、十进制计数器和任意进制计数器；按构成计数器中的各触发器是否使用一个时钟脉冲源来分，可分为同步计数器和异步计数器；按计数过程中数值增减趋势的不同，可分为加法计数器、减法计数器和可逆计数器；还有可预置数和可编计数器，等等。

2. 典型计数器

1）用触发器构成计数器

用 JK 触发器或 D 触发器可以构成二进制加法/减法计数器。

如图 39-1 所示，用 2 片 74X74（双上升沿触发的 D 触发器）组成四位二进制异步加法计数器。图中时钟信号 CP 从最低位触发器 FF_0 的时钟输入端输入，各个触发器的反相输出端与该触发器的 D 输入端相连，同时低位触发器的反相输出端又送到高位触发器的时钟输入端。$\overline{CR}$ 为整个计数器的置零复位端，低电平有效。4 位计数信号从各个触发器的同相输出端取出，$Q_3Q_2Q_1Q_0$ 的范围是 0000~1111。

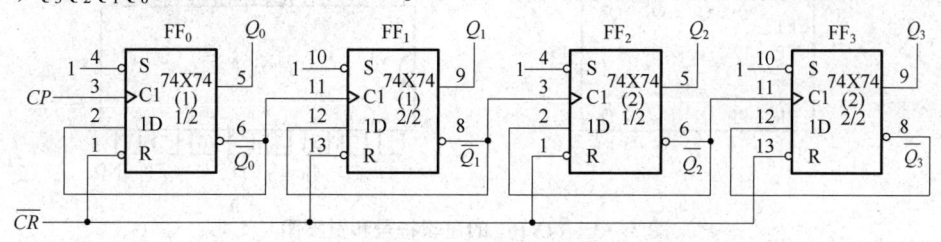

图 39-1　四位二进制异步加法计数器

2) 中规模十进制计数器 74X192

74X192 是同步十进制可逆计数器，它具有双时钟输入，并具有异步清零和异步置数等功能，其逻辑符号和引脚图如图 39-2 所示，其功能表如表 39-1 所示。

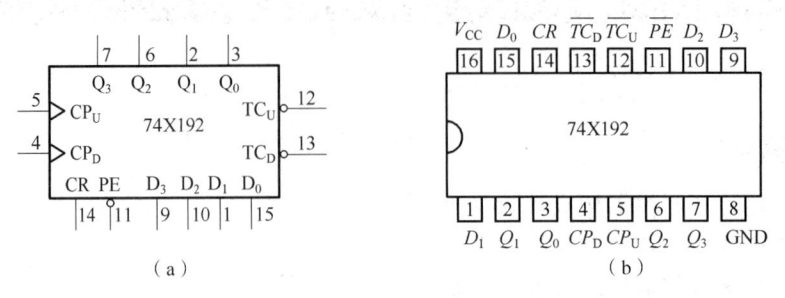

图 39-2　74X192 的逻辑符号和引脚图

(a) 逻辑符号；(b) 引脚图

从功能表可知，当 $CR=1$ 时，计数器异步清零；当 $\overline{PE}=0$，且 $CR=0$ 时，计数器异步置数，也就是将 $D_3 \sim D_0$ 端输入的并行数据 $d_3 \sim d_0$ 置入计数器，即 $Q_3Q_2Q_1Q_0 = d_3d_2d_1d_0$，与时钟无关；$CP_U$ 为加计数时钟输入端（上升沿有效），CP_D 为减计数时钟输入端（上升沿有效），$\overline{TC}_U$ 为进位输出端，$\overline{TC}_D$ 为借位输出端。

表 39-1　74X192 功能表

输入								输出			
清零	预置	时钟		预置数据输入				Q_3	Q_2	Q_1	Q_0
CR	$\overline{PE}$	CP_U	CP_D	D_3	D_2	D_1	D_0				
1	×	×	×	×	×	×	×	0	0	0	0
0	0	×	×	d_3	d_2	d_1	d_0	d_3	d_2	d_1	d_0
0	1	1	1	×	×	×	×	保持			
0	1	↑	1	×	×	×	×	加 1 计数			
0	1	1	↑	×	×	×	×	减 1 计数			

3) 四位二进制同步计数器 74X161

74X161 是四位二进制加计数器，其逻辑符号和引脚图如图 39-3 所示，其功能表如表 39-2 所示。

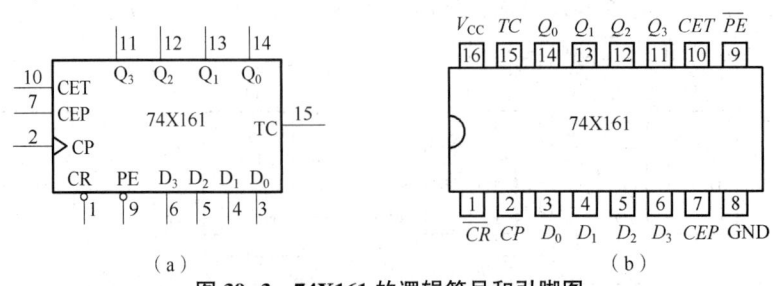

图 39-3　74X161 的逻辑符号和引脚图

(a) 逻辑符号；(b) 引脚图

表 39-2　74X161 功能表

清零	预置	使能		时钟	预置数据输入				输出				进位
									Q_3	Q_2	Q_1	Q_0	
$\overline{CR}$	$\overline{PE}$	CEP	CET	CP	D_3	D_2	D_1	D_0					TC
0	×	×	×	×	×	×	×	×	0	0	0	0	0
1	0	×	×	↑	d_3	d_2	d_1	d_0	d_3	d_2	d_1	d_0	#
1	1	0	×	×	×	×	×	×	保持				#
1	1	×	0	×	×	×	×	×	保持				0
1	1	1	1	↑	×	×	×	×	计数				#

从功能表可知，当 $\overline{CR}=0$ 时，计数器异步清零；当 $\overline{PE}=0$，且 $\overline{CR}=1$ 时，在时钟信号 CP 的上升沿作用下，$D_3 \sim D_0$ 端输入的并行数据 $d_3 \sim d_0$ 置入计数器，即 $Q_3Q_2Q_1Q_0 = d_3d_2d_1d_0$；当控制端 CEP 和 CET 中有低电平时，计数器保持原状态不变；当 $\overline{CR}=\overline{PE}=CEP=CET=1$ 时，在时钟信号 CP 的上升沿作用下，计数器加计数。当计到最大数 15（$Q_3Q_2Q_1Q_0=1111$）时，进位输出端 TC=1。利用 TC、CEP、CET 可实现多级计数器的级联。

4）异步集成计数器 74X290

74X290 为具有异步清零和异步置 9 功能的二-五-十进制计数器，其逻辑符号和引脚图如图 39-4 所示。

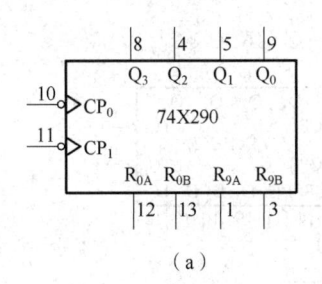

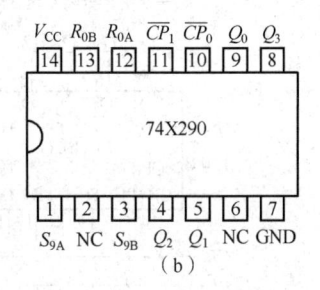

图 39-4　74X290 的逻辑符号和引脚图

(a) 逻辑符号；(b) 引脚图

当 $R_{0A}=R_{0B}=1$，且 S_{9A} 和 S_{9B} 中有低电平时，计数器清零；当 $R_{9A}=R_{9B}=1$，计数器置 9，即 $Q_3Q_2Q_1Q_0=1001$；当 S_{0A} 和 S_{0B} 中有低电平，且 S_{9A} 和 S_{9B} 中也有低电平时，计数器计数。

从 CP_0 输入计数脉冲，从 Q_0 输出，则为二进制计数器；从 CP_1 输入计数脉冲，从 $Q_3Q_2Q_1$ 输出，则是五进制加计数器。

CP_1 和 Q_0 相连，从 CP_0 输入计数脉冲，构成 8421BCD 计数器；CP_0 和 Q_3 相连，从 CP_1 输入计数脉冲，则构成 5421BCD 计数器。

74X290 的功能表如表 39-3 所示。

表 39-3　74X290 的功能表

输入					输出			
清零		置九		时钟	Q_3	Q_2	Q_1	Q_0
R_{0A}	R_{0B}	S_{9A}	S_{9B}	CP				
1	1	0	×	×	0	0	0	0
1	1	×	0	×	0	0	0	0
×	×	1	1	×	1	0	0	1
0	×	0	×	↓	计数			
×	0	×	0	↓	计数			
0	×	×	0	↓	计数			
×	0	0	×	↓	计数			

3. 集成计数器的应用

1) 计数器的级联扩展

一个十进制计数器只能显示 10 个数（0000~1001），一个四位二进制计数器只能显示 16 个数（0000~1111）。为了扩大计数器范围，常将多个计数器级联使用。

计数器往往设有进位（或借位）输出端，故可选用其进位（或借位）输出信号来驱动下一级计数器。

如图 39-5 所示，将 2 片 74X192 级联，低位片进位/借位输出端接到高位片的时钟输入端，可构成 $M = 100$ 的十进制加法计数器。

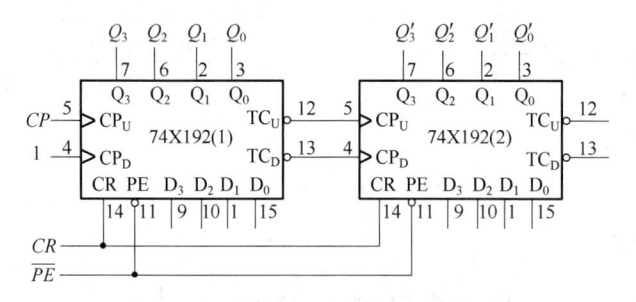

图 39-5　74X192 级联扩展

辅以适当的门电路，可以将 1 片 74X192 改装成 $M<9$ 的 N 进制计数器，将 2 片 74X192 改装成 $M<99$ 的 N 进制计数器。

2) 用清零法或置数法获得任意进制计数器

假定已有一个 N 进制计数器，而需要得到一个 M 进制计数器时，只要 $M<N$，用清零法使计数器计数到 M 时置零，即获得 M 进制计数器。下面用 74X161（四位二进制计数器），辅以适当的门电路，可得到 N 进制的计数器。

如图 39-6 所示，在时钟信号 CP 的上升沿作用下，当计数器计数到 $Q_3Q_2Q_1Q_0 = 1010$ 时，与非门的输出端 $\overline{Q_3Q_1} = \overline{1 \cdot 1} = 0$，使 $\overline{CR} = 0$ 时，计数器异步清零，立刻使 $Q_3Q_2Q_1Q_0 = 0000$，开始下一循环计数。

如图 39-7 所示，预置数为 $D_3D_2D_1D_0=0000$。在时钟信号 CP 的上升沿作用下，当计数器计数到 $Q_3Q_2Q_1Q_0=0111$ 时，与非门的输出端 $\overline{Q_2Q_1Q_0}=\overline{1\cdot1\cdot1}=0$，使 $\overline{PE}=0$ 时，计数器同步置数，立刻使 $Q_3Q_2Q_1Q_0=D_3D_2D_1D_0=0000$，然后开始下一循环计数。用置数法时，预置数为 $D_3D_2D_1D_0$ 也可以取不等于零的数。

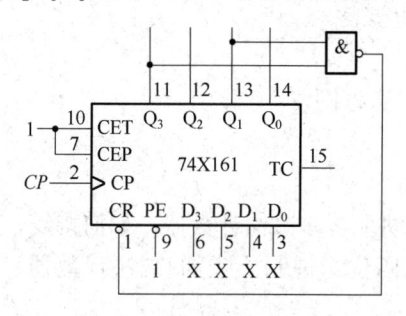

图 39-6　用清零法构成
十进制计数器

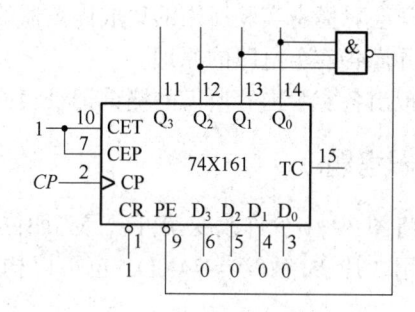

图 39-7　用置数法构成
八进制计数器

四、实验内容及操作

（1）用 D 触发器构成四位二进制异步加法计数器。

按图 39-1 连接电路，CP 接 1 Hz 时钟信号，或者接手动单脉冲信号。$\overline{CR}$ 接逻辑电平开关，计数时取 $\overline{CR}=1$，置零时取 $\overline{CR}=0$。$Q_3Q_2Q_1Q_0$ 依次接到逻辑电平显示 LED。记录实验结果，画出状态图。

（2）测试 74X192 的逻辑功能。

连接电路时，CP 接 1 Hz 时钟信号，CR、$\overline{PE}$ 和 $D_3D_2D_1D_0$ 分别接逻辑电平开关，$\overline{TC_U}$、$\overline{TC_D}$ 和 $Q_3Q_2Q_1Q_0$ 分别接逻辑电平显示 LED。当 $CP_U=CP$，$CP_D=1$ 时，电路实现加计数功能；当 $CP_U=1$，$CP_D=CP$ 时，电路实现加计数功能。对照功能表，测试其逻辑功能，注意观察进位/借位信号。

（3）计数器的级联扩展。

如图 39-5 所示，用 2 片 74X192 组成二位十进制加法计数器，CP 接 1 Hz 时钟信号。当 $CP_U=CP$，$CP_D=1$ 时，电路实现加计数功能，进行由 0000 0000～1001 1001 的加计数。记录实验结果，画出转换状态图。

*选做：取 $CP_U=1$，$CP_D=CP$，观察电路实现减计数功能的情形。

（4）测试 74X161 的逻辑功能。

连接电路时，CP 接 1 Hz 时钟信号，$\overline{CR}$、$\overline{PE}$ 和 $D_3D_2D_1D_0$ 分别接逻辑电平开关，TC 和 $Q_3Q_2Q_1Q_0$ 分别接逻辑电平显示 LED。对照功能表，测试其逻辑功能，注意观察进位信号。

（5）用清零法或置数法获得任意进制计数器。

按图 39-6 连接电路，用清零法实现十进制加计数器的功能。记录实验结果，画出状态转换图。

按图 39-7 连接电路，用置数法实现八进制加计数器的功能。记录实验结果，画出状态转换图。

（6）（选做）测试异步集成计数器 74X290 的功能。

五、实验预习

（1）复习计数器的有关原理。

（2）查相关资料，熟悉实验所用各集成块的引脚排列。

（3）学会看懂本实验所用的集成计数器的功能表。

（4）弄懂各实验电路的原理。

（5）拟出各实验内容所需的测试记录表或状态框图。

六、思考题

（1）将图 39-1 少许改变就可以得到四位二进制异步减法计数器。如何接线？

（2）用 2 片 JK 触发器 74X112 也可以构成四位二进制异步加/减法计数器。试设计电路图。

（3）仿照图 39-6、图 39-7 所示电路，如何用 74X192 实现八进制加计数器的功能？门电路都是用与非门吗？

（4）若设计一个 $M=24$ 的加计数器，要几片 74X161？试设计逻辑电路图。

（5）总结使用集成计数器的心得体会。

实验四十　555 定时器及其应用

一、实验目的

(1) 熟悉 555 定时器的结构、工作原理及特点。
(2) 掌握 555 定时器的基本应用。

二、实验器材

(1) 设备：数字电路实验箱、示波器、数字式万用表。
(2) 器件：NE555（555 定时器），电阻、电容若干。

三、实验原理

1. 555 定时器概述

555 集成时基电路又称 555 定时器，是一种数字、模拟混合的中规模集成电路。555 定时器不仅用来定时，外接少量的阻容元件可以构成单稳触发器、多谐振荡器和施密特触发器等，因而广泛用于信号的产生、变换、控制和检测。

555 定时器的内部电路简图和引脚图如图 40-1 所示。它由分压器、电压比较器 C_1 和 C_2、基本 SR 触发器、放电三极管 T 和输出缓冲器 G 5 部分组成。

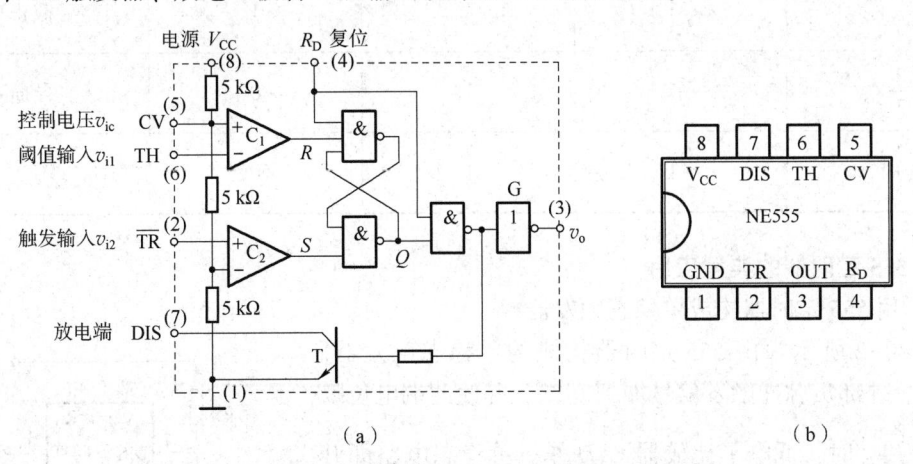

图 40-1　555 定时器的内部电路简图和引脚图
(a) 内部电路简图；(b) 引脚图

分压器：由 3 个 5 kΩ 的电阻串联而成（因此命名此器件为 555 定时器），分别为电压比较器 C_1 的同相端、C_2 的反相端提供 $\frac{2}{3}V_{CC}$、$\frac{1}{3}V_{CC}$ 的基准电压。

电压比较器 C_1 和 C_2：是两个运算放大器，它们的输出端即 SR 触发器的输入端。从比较器 C_1 的反相端输入的电压（称为阈值电压）为 v_{i1}，当 $v_{i1} > \frac{2}{3}V_{CC}$ 时，输出 R 为低电平；当 $v_{i1} < \frac{2}{3}V_{CC}$ 时，

输出 R 为高电平。从比较器 C_2 的同相端输入的电压（称为触发电压）为 v_{i2}，当 $v_{i2}>\frac{1}{3}V_{CC}$ 时，输出 S 为高电平；当 $v_{i2}<\frac{1}{3}V_{CC}$ 时，输出 S 为低电平。

基本 SR 触发器：由与非门构成的低电平触发的基本 SR 触发器。

放电三极管 T：有导通和截止两种状态，导通时将给接于放电端的电容器提供低电阻放电通道。

输出缓冲器 G：作用是提高负载能力，并隔离负载对定时器的影响。

$\overline{R}_D$ 是复位端，低电平有效。当 $\overline{R}_D=0$ 时，555 定时器直接复位，输出低电平；正常工作时，$\overline{R}_D$ 应接电源 V_{CC} 或高电平。

CV 是控制电压端（5脚），在 CV 端外接一个电压 V_{iC}，可改变两个比较器的基准电压，即用 V_{iC}、$\frac{1}{2}V_{iC}$ 取代 $\frac{2}{3}V_{CC}$ 和 $\frac{1}{3}V_{CC}$。当不外接电压时，应将 CV 端经过一个小电容器（如 0.01 μF）接地，起滤波抗干扰的作用，使基准电压稳定。

555 定时器的功能表如表 40-1 所示。

表 40-1　555 定时器的功能表

输入			输出	
阈值电压（v_{i1}）	触发电压（v_{i2}）	复位 $\overline{R}_D$	输出（v_o）	放电管 T
×	×	0	0	导通
$<\frac{2}{3}V_{CC}$	$<\frac{1}{3}V_{CC}$	1	1	截止
$>\frac{2}{3}V_{CC}$	$>\frac{1}{3}V_{CC}$	1	0	导通
$<\frac{2}{3}V_{CC}$	$<\frac{1}{3}V_{CC}$	1	不变	不变

2. 555 定时器的典型应用

1）用 555 定时器构成单稳态触发器

图 40-2 所示为由 555 定时器构成的单稳态触发器。当有一个外部负脉冲触发信号加到 v_i 端，并使两端电位瞬时低于 $\frac{1}{3}V_{CC}$ 时，低电平比较器 C_2 动作，单稳态电路即开始一个稳态过程，电容 C 开始充电，v_c 按指数规律增大。当 v_c 充电到 $\frac{2}{3}V_{CC}$ 时，高电平比较器 C_1 动作，输出 v_o 从高电平返回低电平，放电管 T 重新导通，电容 C 上的电荷经放电管放电，暂态结束，恢复稳定，为下一个触发脉冲的到来做好准备。

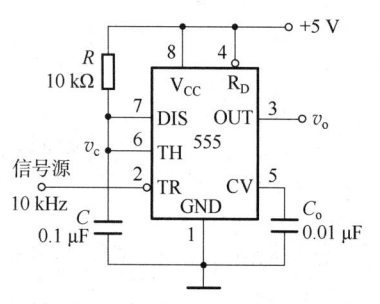

图 40-2　555 定时器构成的单稳态触发器

暂稳态的持续时间 T_W（即延时时间）取决于外接元件 R、C 的大小：

$$T_W = RC\ln 3$$

通过改变 R、C 的大小，可使延时时间在几微秒至几十分钟之间变化。

2）用 555 定时器构成多谐振荡器

由 555 定时器和外接元件 R_1、R_2、C 构成的多谐振荡器如图 40-3（a）所示，脚 2 与脚 6 直接相连。此电路没有稳态，仅存在两个暂稳态，电路亦不需要外接触发信号。

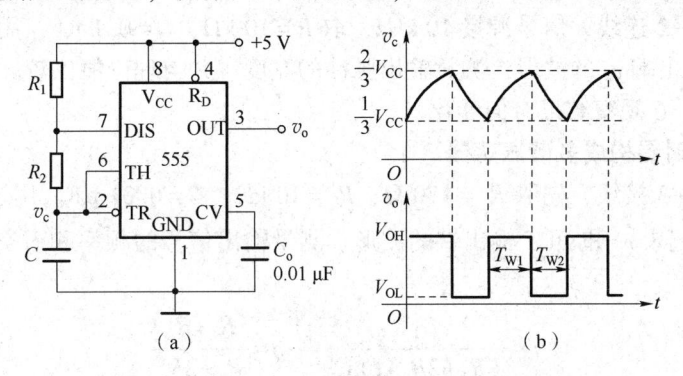

图 40-3　555 定时器构成多谐振荡器及其波形
（a）多谐振荡器；（b）波形

多谐振荡器利用电源通过 R_1、R_2 向电容 C 充电，然后电容 C 再通过 R_2 向放电端 DIS 放电。电容 C 在 $\frac{1}{3}V_{CC}$ 和 $\frac{2}{3}V_{CC}$ 之间反复充电和放电，使电路产生振荡，从而在输出端得到一系列的矩形波，对应的波形如图 40-3（b）所示。

输出信号的时间参数为

$$T = T_{W1} + T_{W2}$$
$$T_{W1} = (R_1 + R_2)C\ln 2,\ T_{W2} = R_2 C\ln 2$$

式中，T_{W1} 为 v_c 由 $\frac{1}{3}V_{CC}$ 上升到 $\frac{2}{3}V_{CC}$ 所需的时间；T_{W2} 为电容 C 放电所需的时间。

3）用 555 定时器组成施密特触发器

只要将 555 定时器的脚 2 和脚 6 连在一起作为信号输入端，即得到施密特触发器。施密特触发器有多种用途，如波形整形、波形变换和幅度鉴别等。

如图 40-4 所示，被整形变换的电压信号为 v_i，此电压同时加到 555 定时器的脚 2 和脚 6。当 v_i 上升到 $\frac{2}{3}V_{CC}$ 时，v_o 从高电平转换为低电平；当 v_i 下降到 $\frac{1}{3}V_{CC}$ 时，v_o 又从低电平转换为高电平。

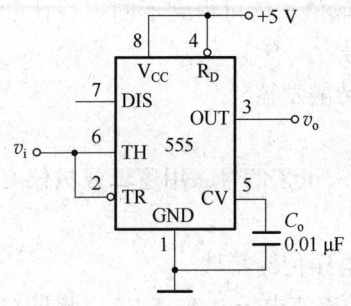

图 40-4　555 构成施密特触发器

回差电压：$\Delta V = \frac{2}{3}V_{CC} - \frac{1}{3}V_{CC} = \frac{2}{3}V_{CC}$。

四、实验内容及操作

1. 用555定时器构成单稳态触发器

（1）按图40-2连线，信号源接10 kHz，取 $R = 10$ kΩ，$C = 0.1$ μF，用逻辑分析仪观测10 kHz和OUT输出端v_o的波形，测量输出脉冲的宽度，并与理论值比较。

（2）调整R、C观察结果有何变化。

2. 用555定时器构成多谐振荡器

（1）按图40-3接线，先取$R_1 = 470$ Ω，$R_2 = 10$ kΩ，$C = 0.01$ μF。用逻辑分析仪CH0、CH1通道观测并记录v_c和OUT输出端的波形。测量输出信号的频率和占空比，并与理论值比较。

$$f = \frac{1}{(R_1 + 2R_2)C\ln 2}, \quad q = \frac{R_1 + R_2}{R_1 + 2R_2}$$

（2）将R_1的值与R_2对调，C不变，重复上述操作和计算。

*（3）组成占空比可调的多谐振荡器。

电路如图40-5所示，它比图40-3电路增加了一个电位器和两个引导二极管D_1、D_2。D_1、D_2用来决定电容充放电电流流经电阻的途径（充电时D_1导通，D_2截止；放电时D_2导通，D_1截止）。

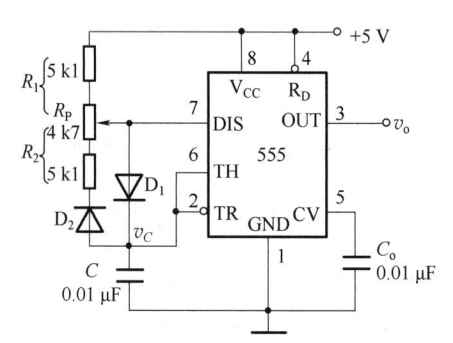

图40-5 555构成占空比可调的多谐振荡器

图40-5输出信号的占空比为

$$q = \frac{T_{W1}}{T_{W1} + T_{W2}} = \frac{0.7 R_1 C}{0.7(R_1 + R_2)C} = \frac{R_1}{R_1 + R_2}$$

由上式知，改变R_1、R_2的取值，就可得到不同占空比的矩形波信号。若取$R_1 = R_2$，则可输出占空比为50%的方波信号。

3. 用555定时器构成施密特触发器

1）波形变换

按图40-4线，从输入端输入正弦信号，用逻辑分析仪CH0、CH1通道观察并记录输入信号v_i和输出信号v_o的波形。

*2）测量施密特触发器的电压传输特性

先从输入端输入逐渐增大的直流电压（0→5 V），测量OUT输出端的电压；再从输入端输入逐渐减小的直流电压（5 V→0），测量 OUT 端的电压。

画出电压传输特性，分析回差特性，求出回差电压 ΔV。

五、实验预习

（1）复习 555 定时器的工作原理及应用。

（2）拟定实验中所需的数据、波形表格。

六、思考题

（1）用 555 定时器构成的反相施密特触发器与一般的非门有何不同？

（2）占空比可调的多谐振荡器中，二极管的作用是什么？不用二极管可行吗？

附录：集成时基电路常识

555 定时器最先是美国 Signetics 公司于 1971 年研制的用于取代机械式定时器的集成电路，因输入端设计有 3 个 5 kΩ 的电阻而得名。它是一种模拟和数字功能相结合的中规模集成器件，其应用远远超越了定时的功能。555 定时器外接少量的电阻、电容、二极管元件，就可以实现单稳态触发器、多谐振荡器及施密特触发器等脉冲产生与变换电路。

用双极性工艺制造的定时器称为 555，用 CMOS 工艺制作的定时器称为 7555，两者的结构和工作原理相似，逻辑功能和引脚排列相同。除了单定时器外，还有对应的双定时器 556（内含 2 个 555 定时器）、7556（内含 2 个 7555 定时器），它们的结构和工作原理相似，逻辑功能和引脚排列也相同。

555、556 定时器是双极型器件，电源电压范围宽，可在 4.5~16 V 工作，输出驱动电流可达 200 mA。7555、7556 是 CMOS 器件，电源电压范围更宽，可在 3~18 V 工作，但输出驱动电流不大，一般不超过 10 mA。

参考文献

[1] 王新春. 模拟电子技术实验指导 [M]. 成都：西南交通大学出版社，2014.
[2] 王新春. 数字电路实验 [M]. 成都：西南交通大学出版社，2014.
[3] 秦曾煌. 电工学：上 [M]. 北京：高等教育出版社，2009.
[4] 陈先荣. 电子技术基础实验 [M]. 北京：国防工业出版社，2007.
[5] 康华光. 电子技术基础：模拟部分 [M]. 5版. 北京：高等教育出版社，2006.
[6] 康华光. 电子技术基础：数字部分 [M]. 5版. 北京：高等教育出版社，2006.
[7] 李立. 实用电子技术基础实验指导 [M]. 重庆：重庆大学出版社，2017.
[8] 孙梯全，龚晶. 电子技术基础实验 [M]. 2版. 南京：东南大学出版社，2016.
[9] 崔红玲. 电子技术基础实验 [M]. 成都：电子科技大学出版社，2014.
[10] 张志恒. 电子技术基础实验教程 [M]. 北京：中国电力出版社，2017.
[11] 张锋，杨建国. 模拟电子技术基础实验指导书 [M]. 北京：机械工业出版社，2016.
[12] 丛红侠，郭振武，刘广伟. 数字电子技术基础实验教程 [M]. 天津：南开大学出版社，2011.